新媒体运营学院指定教材

新媒体运营
职业技能一本通

张文强 ◎ 主编

石油工业出版社

图书在版编目（CIP）数据

新媒体运营职业技能一本通/张文强主编.—北京：石油工业出版社，2018.6

ISBN 978-7-5183-0459-2

Ⅰ.①新… Ⅱ.①张… Ⅲ.①传播媒介－运营管理 Ⅳ.① G206.2

中国版本图书馆 CIP 数据核字（2018）第 059259 号

新媒体运营职业技能一本通
张文强　主编

出版发行：石油工业出版社
　　　　（北京安定门外安华里2区1号楼　100011）
　　　网　　址：www.petropub.com
　　　编辑部：（010）64523616　64252031
　　　营销部：（010）64523603　64523604
经　　销：全国新华书店
印　　刷：北京晨旭印刷厂

2018年6月第1版 2018年6月第1次印刷
710×1000毫米　开本：1/16　印张：17.25
字数：280千字

定价：36.00元
（如发现印装质量问题，我社图书营销中心负责调换）
版权所有，翻印必究

前言 / Preface

2017年，是新媒体爆炸式发展的一年。可以说，随着互联网信息技术的革新，媒体形式已经发生了翻天覆地的变化。从传统媒体到网络媒体，再到自媒体，从社交媒体到媒体平台，从视频直播到AR、VR虚拟现实，信息的传播方式一次又一次地被推至颠覆的高度。

回顾信息媒体形式发展的历史，最早的媒体就是我们熟知的，也是最简单的口口相传。解放初期，我国大部分乡镇村落可以说都有一个自发的聚集地点，大爷大妈、大叔大婶们闲暇之时，经常汇集在某一处闲聊，家长里短，各自述说各自的小道消息，彼此分享村里村外发生的事情。这样的传播途径涉及范围小，影响力有限，信息的真实性、不对称性极为严重。很多时候，一件事情传着传着，真相就走丢了。这也是"耳听为虚，眼见为实"的由来。

随着时代的发展，报纸、书籍、广播、电视等媒介的兴起，信息的传播方式变成了文字、图片、语音和视频，信息传播速度不断变快，信息的准确度也不断提升。但这些媒体的单项传播性质突出，而且普通人无法操控用于传播自己想要表达的信息。广播、纸媒时代，不是谁家都有电视机，也不是谁都有实力撰写书籍。而且像电视、书籍这些媒介，本身所传递信息的时效性就比较低。某地发生某事，某人做了某事，过了好久你才知道。就算是时效性相对较高的报纸和广播，也无法真正做到实时发布，这在一定程度上就失去了新闻或事件本身的发布意义。加上这种传媒方式在人与信息之间竖起了一道厚厚的高墙，就是发布信息的权利集中到极少数人手中，这就造成了另一种信息的不对称。

而互联网的出现，将一切信息不对称的壁垒逐一打破，人们不仅可以随心所欲地在互联网上获取到自己想要的信息，还可以自由发表观点、看法，共享自己的思想、理念。门户网站、搜索引擎、电子商务、垂直社区、博客、论坛就是典型的代表。这种媒体传播形式虽然解决了信息不对称的问题，但时空上仍具有相当的局限性，因为信息的发布、传达会有延迟，尤其是新闻事件，需要特定的编辑、排版甚至审核才能发表，地域性、即时性、真实性没有得到很好的解决。

直到移动互联网的到来才彻底解决了这一切信息传递的问题，新媒体的迅猛发展，使每一个人都是信息的生产者、消费者、传播者，每个人都是自媒体，通过微信、微博、朋友圈、公众号、秒拍、直播和弹幕，用户可以随时随地、随心所欲地畅游在信息的汪洋大海中，尽情享受新媒体时代带来的便利。不存在信息不对称、不存在地域限制、不存在是不是在线等问题，新闻、时事、事件、趣闻随时随地可以用手机即时拍摄、即时编辑、即时发布、即时传播，每个人都是一个信息发散中心，也是一个资源连接点，人作为信息传递过程中的重要枢纽扮演着无可替代和无所不能的角色。

而正因为"互联网+"时代的到来，媒体传播方式在改变，新媒体大变革也汹涌而来：用户阅读兴趣变了；用户消费场景变了；内容生产方式变了；内容服务方式也变了。

新媒体就是这样一个神奇的存在，它可以利用极其普及的设备，让我们倾听世界上其他人的声音，同时也让我们有途径向世界上其他人发声。而这个极其普及的设备就是我们大家再熟悉不过甚至形影不离的智能手机。

移动互联网为媒体带来了一场全产业链的变革，在这场变革中，我们无法回避，更不可能阻止时代前行的步伐，我们必须拥抱变革，拥抱新媒体，拥抱崭新的未来。

目录 / Contents

上篇　基础知识篇

第一章　新媒体的基本概念 …………………………………………… 3
 1.1　什么是新媒体 ……………………………………………………… 3
 1.2　新媒体的发展趋势 ………………………………………………… 6

第二章　新媒体常见的类型 …………………………………………… 11
 2.1　门户网站与微网站 ………………………………………………… 11
 2.2　电子邮件 …………………………………………………………… 13
 2.3　微信与微信公众号 ………………………………………………… 15
 2.4　博客与微博 ………………………………………………………… 18
 2.5　新闻客户端 ………………………………………………………… 20
 2.6　搜索引擎与百度 …………………………………………………… 22
 2.7　论坛与知乎 ………………………………………………………… 23
 2.8　社群 ………………………………………………………………… 27
 2.9　秒拍与直播 ………………………………………………………… 29
 2.10　VR 虚拟现实 ……………………………………………………… 32

第三章　企业与新媒体 ………………………………………………… 35
 3.1　新媒体的企业本质 ………………………………………………… 35
 3.2　企业新媒体的发展趋势 …………………………………………… 38
 3.3　新媒体的负面效应 ………………………………………………… 43

3.4　新媒体和网络舆论管理 …………………………………… 46
3.5　新媒体和大数据 ……………………………………………… 50

第四章　新媒体运营 ……………………………………………… 54
4.1　新媒体运营基础工作 ………………………………………… 54
4.2　新媒体运营定位 ……………………………………………… 58
4.3　新媒体文案排版技巧 ………………………………………… 61
4.4　新媒体表单设计技巧 ………………………………………… 65
4.5　新媒体平台图片处理技巧 …………………………………… 68
4.6　音频视频编辑技巧 …………………………………………… 73
4.7　H5运营技巧 …………………………………………………… 77

下篇　实战技巧篇

第五章　微信与微信运营 ………………………………………… 85
5.1　了解微信 ……………………………………………………… 85
5.2　个人微信与企业微信 ………………………………………… 91
5.3　微信的营销价值 ……………………………………………… 94
5.4　个人微信号的运营实战 ……………………………………… 97
5.5　微信好友 ……………………………………………………… 104
5.6　赢得微信好友的信任 ………………………………………… 109
5.7　朋友圈内容发布技巧 ………………………………………… 115
5.8　微信公众号基本操作技巧 …………………………………… 122
5.9　微信公众号后台基本功能设置 ……………………………… 129
5.10　微信公众号后台管理 ………………………………………… 136
5.11　企业微信公众号的定位 ……………………………………… 145
5.12　公众号的品牌策略和推送策略 ……………………………… 154
5.13　微信公众号信息排版技巧 …………………………………… 158

第六章 微博与微博运营 ····· 166
- 6.1 微博的特点 ····· 166
- 6.2 微博运营的营销价值 ····· 173
- 6.3 微博运营的基本操作技巧 ····· 179
- 6.4 微博基础信息设置技巧 ····· 184
- 6.5 微博运营策略 ····· 189
- 6.6 如何增加微博的粉丝量 ····· 194
- 6.7 如何提升微博的活跃度 ····· 199
- 6.8 微博软文及广告植入技巧 ····· 203
- 6.9 企业微博运营 ····· 207
- 6.10 微博营销工具 ····· 210

第七章 社群与社群运营 ····· 214
- 7.1 社群的概念和特点 ····· 214
- 7.2 如何保持社群的活跃度 ····· 219
- 7.3 社群线下活动的策划与实施 ····· 223
- 7.4 社群运营团队如何快速壮大 ····· 227
- 7.5 社群运营商业变现的模式 ····· 231

附：新媒体运营师认证考试复习大纲 ····· 237
新媒体运营师认证考核模拟题（一） ····· 244
新媒体运营师认证考核模拟题（二） ····· 252
新媒体运营师认证考核模拟题（一）参考答案 ····· 260
新媒体运营师认证考核模拟题（二）参考答案 ····· 262
参考资料 ····· 264

上 篇
基础知识篇

/1/ 新媒体的基本概念

1.1 什么是新媒体

1967年，美国哥伦比亚广播电视网CBS技术研究所所长戈尔德马克率先提出新媒体的概念。虽然提出了概念，但是却没能给出一个比较权威的定义，直到如今，新媒体的定义或是内涵也没能统一。于是各种组织机构、专家学者、新媒体的使用者都从各自所处的不同领域、从不同的视角对新媒体进行定义。例如：专业期刊上新媒体文章的研究对象就被定义为互联网媒体、数字电视和手机媒体，而网络上新媒体文章的研究对象则更倾向于博客、微信、微博和新闻客户端。

作为很多普通大众，在提及新媒体时，往往会相对于传统媒体进行定义。传统媒体又是什么呢？大家可能第一时间会想到"报纸""广播"和"电视"，于是新闻客户端相对于报纸就是新媒体，直播平台相对于广播就是新媒体，智能电视相对于电视就是新媒体。常见的新媒体形式还有门户网站、电子邮件、个人博客、微信、微博、微信公众号、微信朋友圈、新闻客户端、电梯电子屏、手机充电站的广告屏。这些都是相对于传统媒体进行数字化升级变化而来的，所以被称为新媒体。

传统媒体代表

新媒体代表

那么，究竟如何定义新媒体？这里引用联合国教科文组织的定义，即新媒体是以数字技术为基础，以网络技术为载体的信息传播的媒介。这个定义指出了新媒体的两个关键要素：数字技术和网络。

作为一名将要或已经在新媒体领域任职的准专业人士，需要对新媒体的概念有一个更加深入、更加全面的理解。这里进行了一个较为全面的归纳和总结供大家参考。新媒体是基于数字网络出现之后的媒体形态，是利用数字技术、网络技术，通过互联网、宽带局域网、无线通信网络等渠道，通过计算机、智能手机、平板电脑、数字电视机、数字穿戴设备等数字或智能终端，向用户提供信息和服务的传播形态。通俗地说，数字化时代到来后出现的各种媒体形态，都应该被称为新媒体。需要强调的是，新媒体是建立在数字技术和网络技术基础之上的，是一个相对的概念。对于传统媒体，如果利用数字化技术或信息化技术对其运营模式进行改造，使其符合所描述的新媒体的特性，那么这个被改造后的传统媒体也将成为一种新媒体形式。数字电视就是传统电视经过运营模式改造而形成的一种新媒体形式。

手机卫士能算作新媒体形式吗？

手机卫士不是杀毒软件吗？的确，在以前，手机卫士只是一个杀毒软件，查杀手机病毒，识别垃圾短信，拦截骚扰电话。但如今其运营模式发生了很大变化，它可以为用户推荐其他软件，推送新闻消息，甚至还能够根据用户的好恶推荐符合用户习惯的美食信息、旅游信息和购物信息。正是这些运营模式的改变，使得手机卫士在传统工具属性之上，又具备了媒体化的属性，于是它成了一种新媒体。

那么，在面试过程或任职过程中，要如何回答关于新媒体的一些问题呢？

问题1：如何认知新媒体？

参考回答：（简单说出新媒体的基本概念）新媒体是以数字技术为基础，以网络技术为载体的信息传播的媒介。（阐述自己对新媒体的理解）我认为数字化时代到来后出现的各种媒体形态，都应该被称为新媒体。

这样的阐述会彰显你在这个问题上的思考，如果被追问，就可以将前面讲述的内容有选择性地讲给对方听。

问题2：对于企业来说，哪些新媒体是最重要的？（由于你把新媒体定义的范围扩大化了，别人很可能会问这个问题。）

参考回答：微信、微博、公众号、社群等，还有官方网站、电子邮件、新闻头条号以及企业的智能宣传终端。

除了定义，还会遇到的另一个大概率问题是：如何运营企业新媒体，或者新媒体运营工作都包括什么？很多应聘者会随口说出"发微博、发微信朋友圈、组织转发"之类的新媒体运营工作，似乎新媒体在他们的脑海中只有微信和微博。显然，这个回答是片面的。

问题3：如何运营企业新媒体，或者新媒体运营工作都包括什么？

参考回答：发微博、发微信朋友圈、组织转发之类（这是基本运营工作）。对于企业来讲除了运营维护微信、微博、官网等，还有一个非常重要的工作就是对企业传统媒体宣传的新媒体改造：改造原有企业的纸质介绍，改造企业产品和服务原有的宣传方式，改造企业原有的文化宣传形式，等等。

这样的回答就是要让对方感受到你对新媒体的认知程度要较一般人更深入。当然这里不要太过于刻意，以免弄巧成拙。

此外，还要多熟悉一些时效性相对较强的新媒体成功案例，例如樊登读书会、罗辑思维等。在向对方列举这些案例说明新媒体相关问题的同时，也体现了你平时拥有自主学习的习惯。准备案例的时候，尽量选择正向案例，不要过多列举娱乐领域的案例。同时也不要刻意准备企业案例，除非这些案例是你亲身经历的，或者你确实是一个行业经验非常丰富的老手。

在面试过程中，切忌流露出刻意准备的痕迹，一定要让对方觉得你在很自如地阐述自身的积累和沉淀，你本身就是一个新媒体领域的爱好者。这样会大大提升你应聘成功的机会。

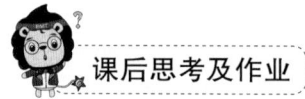
课后思考及作业

你是一位刚入行的新媒体运营人，面试某公司的新媒体运营专员，当面试官问你如下问题时，你要如何回答？

1. 如何认知新媒体？
2. 对于企业来说，你认为哪些新媒体是最重要的？
3. 如何运营企业新媒体，或者新媒体运营工作都包括什么？
4. 如果让你负责新媒体运营工作，你将如何做？

1.2　新媒体的发展趋势

新媒体的发展已经对人们的生活产生了重大影响。新媒体的发展趋势主要表现在三方面，即吸引目标人群的注意力、注重移动载体和头部内容、提升用户参与感。

新媒体的基本概念

> ➤ **吸引目标人群的注意力**

信息载体一直发生着巨大的变化。从最早的岩壁绘画到竹木书简,从纸质书籍到广播电视,从计算机到智能手机,载体能够承载的信息量在不断增大,阅读屏幕在不断缩小,单条信息的阅读时间变得越来越短。

与书刊报纸这种沉浸式阅读模式相比,计算机和移动阅读都是交互式的,人们需要一步一步地筛选所要阅读的内容。在这种交互模式下,人们往往缺乏耐心。回想一下当你在看手机新闻时,如果某个内容需要花费很长时间才能打开,你是不是会失去耐心,甚至在等待过程中选择放弃,直接退出。而这种现象在读书过程中是非常少见的。于是有人就此归纳出"三秒钟原则",意思是如果在三秒钟过后,内容还是没有刷新出来,阅读者就有很大的可能性选择退出。

因此,如何更好地抓住目标人群的注意力,就成为了新媒体发展的一大趋势,也成为新媒体运营者要思考解决的问题。这里可以从以下几个方面着手思考。

首先可以从技术角度解决,如增加服务器带宽或提升服务器运算能力。还可以从媒体类型方面解决,例如图文消息对图片体积进行优化,音频消息对语音增加缓存机制,视频消息可以对视频文件根据播放平台实际需求进行适应性转码或转换格式等,同时还可以使用H5动态图文信息形式代替传统的视频形式。除此之外,还可以通过增强阅读者的好奇心来抓住注意力,大多数人都会愿意为自己非常感兴趣的内容多等一会儿。为此,可以拟定一个吸引人的标题和配图,这就是人们所说的标题党、图党。同时还可以把长文字内容分解成若干小节,每个小节之间都设置一个吸引人的扣子,就像长篇连播的评书一样,让目标人群都希望"请听下回分解"。还可以通过漂亮的排版、优质的图片、精彩的短视频以及有趣的H5互动小游戏来提升内容本身的质量,从而抓住目标人群的注意力。

总而言之,不管采用什么方式什么方法,目标只有一个,抓住阅读者的注意力,然后加上自己想要添加的内容。

➢ 注重移动载体和头部内容

新媒体发展的另一大趋势是移动载体和头部内容。智能手机的出现，取代了很多媒体形式的传统载体，就像书刊报纸、广播电视。电脑的很多媒体功能也可以通过这个小小的移动载体来实现，包括现在很多的工作交流，邮件收发，看微信、刷微博和 H5 信息的内容制作等。随着智能手机的普及，碎片化阅读模式也逐渐占据了主导地位。在公交上，在地铁上，在餐馆中，在等人时，在开会时，甚至在课堂上，只要有一点点碎片时间，人们就会拿出手机，秒变"低头一族"。可见，移动载体是新媒体发展的一大趋势。

由于信息量暴增，人们对于内容的注意力往往集中在头部，也就是首屏。头部内容最能够吸引阅读人群的注意力，从而对目标人群产生影响。由于当今人们讨论和分享的内容趋于同质化，对于很多新媒体形式而言，头部内容已经成了"兵家必争之地"。

➢ 提升用户参与感

除了注意力、移动载体和头部内容，新媒体还有一个发展的趋势，就是参与感，即从被动阅读到积极参与。从没有互联网到如今移动互联网普及，阅读的内容量和更新速度发生了翻天覆地的变化。首先是信息总量，以往的报纸杂志所能承载的信息总量是非常有限的，而当今的门户网站和新闻客户端所承载的信息总量几乎趋于无穷。再有就是内容更新速度，从早期的每月更新，到后来的每日更新，再到现在的实时更新，更新速度不知翻了多少倍。内容量的飞涨和更新速度的飞升对阅读者的参与程度产生了巨大的影响。从最早的写信投稿，热线电话，短信投票，到现在的在线评论和弹幕直播，提升用户参与感无疑成为吸引目标人群关注度的一个重要手段，因此，新媒体内容的策划方式早已从简单的传播性设计向高黏性的参与感设计发展过渡。所以，参与感也是新媒体发展的重要趋势。

根据新媒体发展的三大趋势，在求职或工作中要如何策划应用新媒体呢？

问题：如果让你写一篇文章在微信公众号上推广，你会怎样策划？

参考答案：结合新媒体的三大发展趋势，策划方案中至少包括一个能够吸引人的有场景带入感的标题，同时选择或制作一张既能直击内容核心又能吸引眼球的配图，还应考虑加入时下最潮的表情包作为点缀，配以符合主题和大众审美的背景音乐，发起一个有趣的互动游戏或者话题投票，并尝试联合其他合作媒体，争取登上首页或头条等。

除了吸引目标人群的注意力、注重移动载体和头部内容、提升用户参与感三大发展趋势，新媒体还有一个核心发展趋势，那就是培养信任。

> 培养信任

不论是新媒体还是传统媒体，这个核心发展趋势都适用。信任经济是未来新媒体发展的核心趋势，也是必然趋势。究其原因，其实不难理解。不论是新媒体还是传统媒体，最终都是要追求宣传效率，也就是转化率，传统媒体一般称为"到达率"，网站更喜欢用"访问量"，而新媒体业内一般称之为"导流"。随着网络实名制的逐步普及，现如今流量的价值越来越高，因此导流的难度也逐渐增大，在这种趋势下，谁拥有更多用户的信任，谁就掌握了网络流量的走向。这也就催生了现今比较火的一个词"信任经济"。

那么如何获取用户的信任呢？简单地说就是优质的内容，优质的运营，优质的服务，还有就是要以对方的视角去审视你要提供的产品和服务。

来看一个实际案例：淘宝店主张大奕，可能很多人都知道这个创造了互联网电商销售神话的小女生。她开的淘宝店，开业一年就成为五颗皇冠的名店，她的私服搭配在社交平台上深受粉丝喜爱，其电商店铺上线新品2秒钟内即被顾客"秒光"，月销售额达百万级。

为什么能够取得如此的成绩？答案无疑就是大家信任她，信任她的眼光，信任她的审美，信任她的产品质量。同时她还能很好地维系大家对她的信任。

作为新媒体运营工作者或求职者，一定要深入思考，把握媒体发展趋势，这样才能真正做好新媒体运营工作。

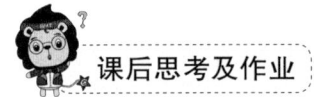

请根据本课内容，策划一篇微信文章。

/2/ 新媒体常见的类型

2.1 门户网站与微网站

提到门户网站,你首先想到的是什么?新浪?网易?搜狐?腾讯?的确,这四个网站是中国的四大门户网站。其他如百度、新华网、人民网、凤凰网等也是较为著名的门户网站。

➢ 互联网时代的门户网站

门户网站是互联网时代的第一代新媒体。互联网在中国广为人知的时间是1998年,随着互联网的逐步发展,在一段时间内兴起了门户网站建设热潮,人们都热衷于创建门户网站,当时人们的热情绝对不亚于现在人们对移动互联网的热情。什么是门户网站呢?门户网站通俗地讲就是进入互联网的入口,你可以在门户网站获取你想要的信息或者前往你想去的网站。

门户网站最初只是一个提供简单搜索功能的网站目录,例如1994年的美国雅虎网站就是一个链接集合,当时号称为用户整合了互联网上几乎所有优质的网站链接,并不断更新。就是这样一个简单的功能设置,在当时却为广大网友大大地节省了查找网站的时间。早期的中文门户网站也是一样的,1998年的网易基本上就是模仿雅虎。相比之下,今天的门户网站已经发生了翻天覆地的变化。当今的门户网站已经被打造成为栏目多元化的综合性服务网站，服务内容包括电子邮件、新闻发布、搜索引擎、网站链接、在线调查、专栏话题、社区论坛、个人博客、网络游戏、电子商务。随着功能越来越多，架构越来越复杂，如今各个大型门户网站架构和功能趋同，仅仅保留少许特色，例如网易的邮箱、评论，搜狐的地产、教育，新浪的新闻、微博，腾讯的娱乐、游戏。

如果给门户网站分类，根据所能获取的信息不同大致可以分为以下两大类：一类是综合型门户网站，就像新浪、搜狐、网易、腾讯；另一类是垂直型门户网站，主要是专注某一领域的门户网站，例如专注于IT领域的"中关村在线"。还有一类常见的网站就是网址导航类网站，目前基本已经不再将其归为门户网站的行列。

> **移动时代下的门户网站**

随着智能手机的普及，移动互联网时代到来，人们更多时间是通用手机查询和阅读信息，于是针对手机设计的门户网站也应运而生了，也就是常说的微网站。微网站源于WebApp和网站的融合创新，兼容iOS、android、WP等各大操作系统，可以方便地与微信、微博等应用链接，是适应移动客户端浏览市场对浏览体验与交互性能要求的新一代网站。

微网站能够自动适应不同分辨率的终端设备，更适合用户利用碎片化时间进行阅读。微网站与传统门户网站有一个巨大的区别，那就是传统门户网站的首页信息非常丰富，而微网站受载体设备的限制，无法将大量信息植入首屏。众所周知，首页信息传播的效果最好，首页可以放置最优广告位，可以放置不同子栏目的导航，可以放置最热点的新闻和图片，同时还可以设置各种弹窗广告、文字链接、图片链接。这些方式可以诱导你去网站想让你去的页面而不让你发觉，只会让你认为是自己手滑点错了而已。但微网站首页能够展示的信息量非常有限。除了首页承载的信息量不同以外，操作形式也有很大的区别。在浏览传统网站时，可以一口气打开很多页面，然后等待他们慢慢刷出来，逐个阅读，逐个关闭，非常方便。但是手机屏幕很难支持这种多页面操作，人们只有看到感兴趣的内容才会打开阅读，然后层层进入。这种操作好的方面是，一旦打开一个页面，在相对较短的时间内很少被干扰，可以给予相对较长的专注时间，获得比较专注的阅读体验，但不幸的是，像之前课程讲过的，如果页面打开的时间过长，便有很大被关闭的风险。

作为一名新媒体运营工作者，一定要掌握这些区别，在实际工作过程中根据需要选择更适合的方式。

课后思考及作业

请实际操作对比一下，分析出传统门户网站和微网站的区别。思考方向：可以从使用终端、展示风格、所包含的内容、传播方式、维护难度等方面进行分析。

2.2 电子邮件

以互联网产品的平均寿命来看，电子邮箱真的是一个"老古董"。很多人在罗列新媒体类型时，也常常把电子邮件抛得远远的，其实电子邮件也是一个重要的新媒体类型。

回顾一下，中国第一封电子邮件是在1987年9月20日发出的，是有着"中国互联网第一人"之称的钱天白先生从北京经意大利向当时的联邦德国卡尔斯鲁厄大学发出的中国第一封电子邮件，内容是"穿越长城，走向世界"。可以把电子邮件注册看成是第一代网络沟通工具。

电子邮件可以以非常快的速度将文字、图片、声音等各种形式的媒体信息发送到世界上任何一个有互联网络的角落。正是由于电子邮件使用简易、投递迅速、收费低廉、易于保存、全球畅通无阻的特点，电子邮件被极其广泛地应用。目前，电子邮件已经成为很多企业，尤其是跨国企业最主要的沟通方式。

那么作为办公工具的电子邮件怎么就成了新媒体了呢？这是因为在电子邮件广泛普及的基础上，很多企业或商家利用电子邮件以文字、图片、语音等媒体信息为用户提供信息和服务，宣传自己的企业和产品，这无疑将电子邮件纳入了新媒体的范畴。同时，人们还进一步利用电子邮件新媒体的传播属性，从邮件中挖掘出一种新的营销手段——邮件营销（EDM，Email-direct-marketing）。于是越来越多的企业利用电子邮件向自己的客户或者目标人群提供免费或收费的订阅服务，包括时效新闻、行业资讯、广告服务和新产品推介等。

电子邮件作为营销手段具有很多优势，主要有群发效率高，传播快，易于转发，推广周期短，见效快，用户查收查看不受时空限制，目标客户精准，针对性强等。同时，由于电子邮件相对微信更加官方，更加正式，所以更加适合节假日营销活动，例如特殊节日、客户的生日或纪念日，等等。

当然，电子邮件也具有一些劣势，例如过度群发容易被标记为垃圾邮件，甚至会导致企业的邮件服务器被电子邮件运营商封杀；没有精心策划的邮件会引起受众反感，会降低品牌可信度，影响声誉。所以作为新媒体运营工作人员，一定要明确营销邮件与垃圾邮件的区别。营销邮件一定要提前取得用户的许可，并提供真实的对于用户有价值的信息，同时还要允许用户退订，只有这样才能提升企业的品牌形象，构建品牌的公信力。

最后来看一个电子邮件作为新媒体营销手段的成功案例，就是咱们熟知的苹果公司。可以说，苹果公司是一家非常重视邮件营销的公司，一旦你成为苹果公司的用户，苹果公司都会要求你去官方网站注册成为会员，同时询问你是否愿意接受苹果公司的邮件，如果苹果公司有新品推出或者有重大活动，订阅苹果邮件的用户都会收到苹果公司推送的邮件。使用苹果电子产品的伙伴们，不妨回去关注一下，看看苹果公司是如何利用电子邮件来进行营销宣传的。

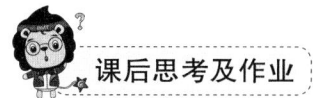

扫描二维码，阅读本文，请写一封EDM邮件。

《想学做新媒体？你的EDM先得及格》，文章来源：搜狐科技。

2.3 微信与微信公众号

微信已经是人们最熟悉的一种新媒体形式了，说微信前必然先说QQ。腾讯QQ，IM软件的绝对代表，IM就是即时通信（Instant Messaging），实时传言，是一种在网络上进行私人聊天室交流的实时通信服务。IM通常还能够提供类似电话簿一样的用户清单，除了文字，IM还支持语音和视频通信的能力，从功能上已经完全取代了传统的电话。与电子邮件不同，IM不用等候，也不需要一遍又一遍地点击收件按钮，只要两个人同时在线，就可以实时进行文字、文档、声音和影像的传送。当前，有一定用户量的即时通信软件包括腾讯QQ、微信、阿里旺旺、YY语音、MSN、易信、京东咚咚、百度HI、移动飞信。

众所周知，中国即时通信市场几乎被腾讯垄断，2017年第一季度数据显示，QQ月活跃账户数达到8.61亿，微信月活跃账户数达到9.38亿。别看当下腾讯这么辉煌，在1999年，腾讯的QQ险些易主。由于当时的拨号网络严重制约了即时通信工具的使用，带宽低，费用高，让这种需要挂网使用的小工具的发展举步维艰。在当时，只要QQ用户量增加，就要扩充服务器，这种投入让腾讯总裁马化腾一度难以维持，最后决定将QQ卖掉。不幸的是，或许应该说幸运的是，当时只有深圳电信局愿意出60万收购QQ，但马化腾坚持要100万，最终因价格没有谈拢，导致谈判失败。就这样，一个当今估值2772.38亿美元的公司的核心产品，当时100万没卖出去。

可以说，微信问世之前，在即时通信领域，国内没有人能够挑战腾讯的地位，结果腾讯自己挑战了自己。2011年1月12日，腾讯推出为智能移动终端提供即时通信服务的免费应用——微信（WeChat）。这款明星产品，在短短两年之内覆盖了中国几亿用户，而且还走出了国门，成为今天世界上一款主流IM应用程序。

微信最初的成功无疑是依赖于移动网络的迅猛发展，但最终的成功还是要归功于微信尽善尽美的用户体验。发文字、发语音、发图片、发短视频，微信公众号，微信朋友圈，消息推送，号码搜索，摇一摇，发红包，还有万能的二维码，这一系列用户体验超级优秀的功能造就了微信的成功。在中国，微信基本覆盖了95%的智能手机；在世界上，微信用户覆盖了200多个国家及地区，使用的语言已经超过20种。

2017年，腾讯公布了第一季度业绩报告

这么拉风的微信，可以说是时下最火的新媒体平台。借助微信实现营销和宣传的模式可以说是多种多样，其中主要是微信公众号的营销宣传。现如今企业和个人都能够开通属于自己的微信公众号，甚至还可以根据实际需求开设不同类型的公众号，例如每天都能发消息的订阅号，二次开发空间非常巨大的服务号，以及更加符合集团化运作的企业号。企业会根据实际需求开设自己的公众号，针对自己的客户进行精准的信息推送，优秀文章的阅读量经常超过 10w+，宣传效果杠杠的。除了公众号，微信朋友圈的营销宣传效果也非常了不得。通过朋友圈发布导购信息是目前最常见的朋友圈营销行为，你甚至可以直接在微信平台上开店，把自己的产品和服务放在微店上，通过微信宣传，最终达成交易。微店让微信营销行为更加规范，同时进一步保障了买卖双方的权益。除了公众号和朋友圈，还可以在微信上做广告。有些朋友可能不太了解，微信针对中小业主推出了广点通服务，开通服务后，可以直接在微信公众号文章底部插入产品的广告链接。利用这些方式，可以在微信这个超级媒体平台上进行各种高效的推广和宣传。

需要注意的是，到企业做微信运营，与运营其他形式的新媒体一样，都必须要找准目标人群，根据目标人群的特性推送能对其产生影响、激起共鸣的信息。同时，消息的形式、排版、配图也非常重要，这也是后面将提到的文案写作技巧。

如何写一篇 10w+ 文章？扫描二维码，参考阅读。

《我们分析了近百篇 10w+ 的微信爆款文章，并写下了这份 10w+ 教程》，文章来源：三节课微信公众号，作者：吴越。

2.4 博客与微博

博客是第一代自媒体，英文名字 Blog，源于 Weblog，指的是网络日志。是一种以网络作为载体，由个人管理的，可发布文字、图片、视频的媒体形式。其实博客就像一个在线日记，记录事件，分享信息，抒发感情，传播思想。人们会在博客上分享自己的所见所闻、身边发生的事情、知识技能、思考和感悟，等等。可以说看一个人的博客，就可以大概了解一个人的喜好，当时的情绪，身边发生了什么事情，甚至可以走进他的内心，充分了解他的世界观和人生观。与论坛相比，博客更加真实，让个人的真实面目和真实性格清晰可见。正因为如此，博客更容易得到大家的认可和关注。于是就很自然地衍生出了很多通过博客获利的模式，比如通过写公关软文为企业品牌背书，获取商业回报；或者在博客页面嵌入广告，获得广告费的分成；现如今还可以通过内容打赏获得收入。早先博客没有打赏功能，博主靠阅读付费的获利模式是不存在的，因此，在当时很多博主靠博客制造影响力，然后到相关专栏的门户网站实现回报。

微博是 Microblog，即微博客，是一种简化的博客，是一个基于用户社交关系的信息分享、传播及获取平台。微博用户可以通过微博平台发布 140 字左右的文字信息，并实现实时分享。自 2009 年微博迅速发展，其后的三年时间，微博成为最热门的新媒体。微博的火爆，很大程度要归功于移动互联网和智能手机的迅速发展，让大家可以随时随地通过微博发布文字、照片、音频和视频等不同类型的信息，同时以短消息的方式，把自己的更新内容发送给关注者。

由于微博的入门更加简便，140 个字符要求大大降低了写作和分享的门槛，很多微博用户表示写博客太难了，还是微博更好，可以随时随地地进行更新或发布新消息，更好地利用碎片化的时间。正是这个客观原因导致拥有很多用户的微博逐步取代博客。同时，相较而言，微博的互动性更强，140字，一句话或者一张照片，让发布者和阅读者都能在很短的碎片化时间完成发布或阅读，加快了交流速度，降低了交流成本，最终强化了人与人之间的互动交流，加上移动设备的普及，使得人们的碎片化时间得以更加充分地利用。

与博客相同，微博同样允许用户根据自己的喜好对所感兴趣的人进行关注或邀请其成为互粉好友。同时微博也会显示关注自己的人（粉丝）都是谁，让你可以随时随地很方便地去了解他们，而他人对你发布的文章或信息的转发和评论会即时通知到你，方便你与之互动。

随着微博用户的不断增长，微博所能发挥的效用也越来越大。知名人士、政府机关、企业官方的不断进入，让微博不再只是个简单的交流平台，而更多地承载了官方媒体的属性，这也从正面更好地促进了微博的发展。

那么作为新媒体运营工作者，是否能够利用微博进行营销宣传呢？答案是肯定的。由于微博有超级大量的用户基础，因此微博成为企业开展营销宣传活动的重要阵地。

那么该如何实施呢？在这里只是简单做一下介绍，具体运营方法和技巧，后面的课程有详细的介绍。比如运营企业的自建微博，传统的方式有发布优质的文章吸引粉丝关注，通过微博开展一些线上线下活动激发粉丝活性，同时植入产品营销的相关信息，也可以通过微博打造购物闭环，现如今微博不仅可以做产品或品牌宣传，还可以直接引导消费者进行在线支付购买或预订。过程中还可以将自己的官方微博拟人化，设计一个形象，如小米的米兔，这样便会使你的品牌形象更加具有亲和力。

微博最显著的特征就是传播迅速，因此可以请明星、名人、大V博主帮助转发自己的活动微博，你会发现宣传效率相当惊人。不管使用什么方法，要明确企业运营自己的微博，目的就是要推广自己的产品或品牌，高效发布活动信息，但是最终的目的只有一个，那就是实现产品的销售，从而获取收益。

因此，如果到企业去做微博运营，首先就是要明确最终的目标，然后在实施过程中创新地使用各种方法和手段，同时一定要整合资源，联合各类大号，只有这样，才会在大方向不发生偏移的基础上，事半功倍。

课后思考及作业

扫描二维码，阅读参考文章，思考如何运营好一个公司的官方微博。

《新浪微博副总裁曹增辉：新浪微博二次崛起的 5 大运营心得》，文章来源：36 氪，作者：曹增辉。

2.5 新闻客户端

随着互联网的发展与普及，移动阅读已经成为用户获取资讯的最主要手段。今天，不管是互联网门户网站还是传统媒体，都纷纷涌向了移动新闻客户端，争夺资讯入口。

在介绍新闻客户端之前，先说说报，报纸的报。众所周知，报纸绝对算得上是非常传统的媒体了，而且在相当长的一段时间内，可以说它是新闻的唯一载体。直到 2004 年 7 月 18 日，《中国妇女报》彩信版正式开通，成为中国国内第一份手机报。手机报，在大家的记忆中还能找到吗，英文名 mobile newspaper，是从手机短信发展而来的，但与手机短信不同的是，手机短信编辑字数限制在 70 个汉字以内，而手机报可以推送长达 1000 字的文章和小于

50K 的图片。其实手机报是电信增值业务中的彩信与传统媒体结合的产物，虽然承载的信息还是比较有限，但它确实给传统新闻媒体的发展带来了划时代的革命性意义。

但遗憾的是，手机报最终没有发展起来。对其进行分析，可能是因为出现得太早，用户还没有形成手机阅读的习惯，当时设备也不能给予优质阅读体验的硬件支持。同时移动互联网还处在低带宽时代，昂贵的流量费用不足以支撑大量信息的传输，由于受到带宽和流量的限制，wap 移动网站视觉和体验效果都很差。另外手机报的内容相对简单也是其中一个原因，大多是传统媒体复制推送自己网站的内容，没有根据客户需求去打造适于移动阅读的产品。

自 2012 年开始，各大媒体网站相继推出自己的新闻客户端，手机报就这样不温不火地退出了历史舞台（目前类似产品还在运营的，本人熟悉的只剩移动公司的"生活好管家"了）。

新闻客户端的推出，就是为了适应移动阅读模式，常见的有网易新闻客户端、腾讯新闻客户端、搜狐新闻客户端、新浪新闻客户端、今日头条、一点资讯、凤凰新闻等，这些借助数字技术、信息技术和移动技术，安装在智能移动设备上的新闻类服务程序，人们统一称之为新闻客户端产品。

相对于报纸和门户网站，新闻客户端更加适合碎片化阅读，也更加适合于手机载体，受众可随时随地阅读相应信息。新闻客户端非常注重突出头条新闻，注重引入独家原创内容，围绕精准定位推送文章，抓住目标人群。新闻客户端还强化个性化推送，依据用户阅读习惯，智能推送用户喜欢阅读的文章。同时，对于所关注的内容分类订阅简单，还可以设置自动弹出关注信息的更新提示。与知乎一样，新闻客户端鼓励转发，强化交流与分享属性，打通了与包括微博、微信在内的几乎所有的常见新媒体之间的通道，从而具有非常强大的媒体营销和推广效果。

那么作为新媒体运营人员如何看待新闻客户端？其实能够利用新闻客户端做很多事情，例如投放广告、制造话题构建品牌影响力、发布专业评论或专业文章、创建企业自己的新闻头条号，等等。

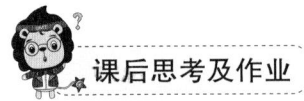

作为新媒体运营人员如何利用新闻客户端宣传企业？

2.6 搜索引擎与百度

对于大家来说，搜索引擎（Search Engines）是一个相当熟悉的名词。它指在WWW（World Wide Web）环境中能够响应用户提交的搜索请求，返回相应的查询结果信息的技术和系统，是互联网上的可以查询网站或网页信息的工具。它包括信息搜集、信息整理和用户查询等部分。

暨南大学教授谭天认为搜索引擎是一个有几层意义的概念，一是技术平台，是一项网络技术；二是信息平台，提供信息服务的公司，本身不生产内容；三是媒介平台，传媒公司，既是信息技术服务商，也是内容服务提供商，向综合性平台公司发展。

很多人会有疑问，难道搜索引擎也能算新媒体？事实确实如此，搜索引擎不仅是新媒体的一种类型，而且还是非常重要的新媒体类型。众所周知，谷歌（Google）是国际上公认的最有名也是结果准确度最高的搜索引擎，在国内，人们使用最多的则是熟知的百度，还有搜狗、必应等。

基于搜索引擎的SEM（搜索引擎营销）的一些功能和特性，可以用来实现对企业品牌、产品或服务进行的推广和宣传。说得通俗点，就是在搜索结果界面植入营销信息，诱导目标用户点击。大家不妨可以去亲自尝试一下，在百度搜索的结果页面，前几个条目全部都是商业推广，而非自然搜索结果。人们所熟知的百度推广和百度竞价排名，也都是为此应运而生的。

除了付费排名，SEM方法中还包括SEO，就是搜索引擎优化，由于SEO显示的结果是自然结果，不需要向百度付费，于是很多人认为SEO是一种免费推广手段，其实不然。由于SEO需要持续不断的优质维护，同时还需要和其他同行网站进行排名优化竞争，需要付出大量的人力和精力，所以不能简单地认为是真正的免费。可见，如何做好企业的SEO，同样是新媒体运营工作中一个重要的组成部分，所以大家未来在实际工作中，一定不能忽略搜索引擎这个新媒体的存在。

扫描二维码，阅读参考文章，请思考如何利用搜索引擎营销推广你的网站。

《如何利用搜索引擎营销推广你的网站？》，文章来源：知乎。

2.7 论坛与知乎

论坛大家应该都不陌生，尤其是经历了第一代互联网发展的朋友们。论坛，英文缩写是BBS（翻译过来是电子布告栏系统），也被称为网络社区，可以简单地理解为就是个发帖回帖，讨论话题的平台。从技术角度上讲，论坛是互联网上的一种电子信息服务系统。它提供一块公共电子白板，每个用户都可以发布、查阅和回复信息，说出自己看法。可以看到，论坛是一种交互性强、内容丰富而且及时的互联网电子信息服务系统。

论坛的火爆自1997年开始，与互联网的繁荣几乎同步。具体时间是在1997年的11月，一位痴迷足球的福州男人老榕带着同样痴迷足球的9岁儿子乘飞机到大连金州看世界杯预选赛。兴高采烈的他们最终以失望收场。几天后，老榕坐在电脑前义愤填膺地写下了一篇几乎让所有球迷落泪的文章《大连金州没有眼泪》，然后贴到了当时四通利方论坛的体育沙龙上。四通利方就是新浪的前身。这个论坛聚集了一批体育迷，也是许多体育记者和编辑寻找新闻线索的地方。这篇帖子随即传遍了足球界和网络界。在发布两周后，这篇文章被《南方周末》于1997年11月14日整版转载。四通利方连同论坛版主名字"Gooooooal"第一次上了报纸，版主就是后来新浪网的第一位编辑，曾任新浪全球执行副总裁、总编辑的陈彤。这次事件让大家第一次感到论坛巨大的传播力量和网络影响，传统媒体第一次关注起这个摸不着边儿、拿在手上没有分量的新媒体。

1998年以后，随着网络的发展和普及，除了新浪、搜狐、网易这三大门户网站的论坛之外，天涯、西祠胡同、猫扑等中文论坛逐渐兴起，甚至连搜索巨头百度也建立了"百度贴吧"，加入互联网社区行列。

通过不断的发展，论坛也慢慢开始进行领域细分，出现了如文学领域的榕树下及红袖添香、IT领域的DoNews、手机领域的手机之家等大量专业论坛，中文论坛步入历史上繁荣的一页。

随着人气的大量汇聚，网络论坛不断发展成熟，一时间"灌水、置顶、加精、斑竹"等网络论坛用语甚是风靡，在很长一段时间内，论坛可以说是很多网友的精神家园。但非常遗憾的是，论坛一直未能为自己找寻出一个合适的商业模式来实现真正的盈利，单纯的广告收入难以维系获取这些广告收入所必需的大流量、高活跃度和高知名度。于是自2009年开始，各大论坛社区开始走下坡路。同时，随着互联网舆论监管越发严格，以往在论坛上可以随便胡说八道的日子一去不复返了。还有就是论坛的管理机制是只要注册就能发表评论，这就难免导致在一些热门话题下灌水现象极为严重，论坛管理员无法对所有的回复或讨论内容进行完全监控，致使没有实际意义的水文泛滥，让论坛文章的质量越来越差。过高的管理成本，不清晰的盈利模式，最后导致论坛只能依靠发布营销广告来维持论坛运营。然而各种广告贴进一步拉低了整体的文章质量，很多忠实用户也慢慢离去。优质用户的离去，势必导致活跃度下降，最终连赖以生存的广告收入也慢慢减少甚至消失。

除此以外，论坛还有一个致命的硬伤，那就是信息搜索困难。信息量不大的时候矛盾还不凸显，但在信息量暴增的情况下，这个缺陷就显得尤为严重。大家知道，论坛的文章是根据最近一次回帖的时间进行排序的，很多以前发布的优秀文章在经过一段时间后都会沉底，用户想要查找相关内容时很不方便，仅仅靠置顶和加精功能，根本无法彻底解决这个问题。基于上述这些原因，众多高质量论坛版主或写手都去博客写文章了，博客相对于论坛更容易管控，同时也更易于构建个人品牌。随着技术的进一步发展，微博、微信公众号、新闻头条号、中文小说网站也成为很多优秀写手的最终归宿。论坛优质用户锐减，导致基础用户不断减少，最终走向没落。

就在论坛慢慢沦为过时的新媒体的时候，2010年12月创立的网络问答社区——知乎，异军突起。

知乎是一个真实的网络问答社区，相对于传统论坛，知乎摒弃匿名注册，要求实名认证，从根本上避免恶意拍砖现象。同时，它采用精英人群带动普通人群的策略，先联系各行各业的精英人士，分享高质量的专业知识，然后再带动普通用户逐步加入，大家都在分享彼此的专业知识，构建理性沟通的文化氛围，保证高质量的信息。值得一提的是，知乎利用关键词搜索机制对话题进行管理，贴合了现今网民的搜索习惯，提高查询检索的效率，同时还可以控制搜索结果，淘汰垃圾内容；技术上，强化了对低质量内容和垃圾内容的屏蔽功能，过滤毫无意义的"路过帖、沙发帖、mark帖"。可以说知乎的设计更加符合移动互联网的特性，查找快捷，阅读方便，回复简单，同时打破传统论坛的自我封闭的特性，主动与其他平台进行交互，例如支持微博转载、微信转发、新闻客户端通道，等等。

知乎可以说是人、话题和问题的相互联系，倡导合适的人去回答合适的问题，帮助提出问题的人找到相对靠谱的答案，构建了一个专业、诚信的沟通环境，这就使得问题得到解决的人，也更加愿意帮助别人解决问题，实现了良性循环。知乎的成功说到底还是因为其深挖客户实际需求、构建信任经济，这种条件下，就算是付费会员，也会有广阔的市场。

有人会问了，作为新媒体运营工作者，如何利用论坛进行企业或产品宣传？举个小案例，一个网名simon阿文的知名答主，在回答一个主题为"有哪些软件堪称神奇，却不为大众所知"的问题时，巧妙地植入了自己的微信号和自己付费的在线课程《和阿文一起学信息图表》，实现了不俗的销售业绩。

不妨效仿一下，如果自己在回答问题上确实不擅长，也可以直接找那些有一定公信力的知名答主，合作一把，效果如何，相信不会让你失望的。

大家回去不妨也练习一下，通过论坛这种新媒体形式实践一次产品信息宣传推广或营销策划。可以从话题选定、文案撰写、内容投放等几方面进行策划。其中话题一定是能引起关注度的，适合长期讨论的；内容则一定要能够吸引目标客户，同时将品牌、产品、活动内容植入文案，还要避免被当成广告帖删掉，争取持续传播，如果能引发新闻事件，实现连锁反应就更完美了；然后选择一个合适的论坛平台，进行投放，过程中可以策划一些付费合作，例如合作的渠道商和合作的散发伙伴；最终要设计效果检测方法，是按照阅读数量来评价投放效果，还是按照被搜索的情况来评价，等等。

现在来想一下这个场景，在日常生活中，人们有疑问的时候第一反应是什么？对，是找个人问问。身边没有人可问，才会借助搜索引擎或者问答社区。相对于文字交流，人们更希望进行语音交流。

基于这个客观需求，在2016年5月15日，付费语音问答服务平台"分答"在微信公众号上线。相对于冰冷的文字，专家针对性的语音服务让众多用户觉得为所获得的服务付费是值得的。

 课后思考及作业

请分析"分答"作为一个新媒体类型，在企业宣传或产品推广的过程中能够产生怎样的效果和效益。

2.8 社群

早在1987年，就有社会学者提出社群的定义，当时社群被解释为地区性的社区，用来表示一个有相互关系的网络，是一种特殊的社会关系，包含社群精神或社群情感。当然，这个定义并不适合现在所讲的互联网"社群"。

那么现在社群的概念是什么呢？很多朋友第一个想法就是微信群，要是再让他想想估计还会再添上一个QQ群。的确，互联网时代的社群的主要形式就是微信群和QQ群，可能微信群还会更多些，但是也不能简单理解为微信群就是社群。建一个群、把大家拉进来，这只能说是一个群，而称不上为一个社群。一个真正的社群必须包含同好、结构、输出、运营、复制等五个要素。

> 同好

同好决定了社群的成立基础。同好是对某种事物的共同认可或行为，可以基于某一个产品，如苹果手机、锤子手机、小米手机。

> 结构

结构，即要对社群的结构进行有效的规划，结构包括组成成员、交流平

台、加入原则、管理规范。

> ➢ 输出

输出决定了社群的价值。社群有了同好和结构也不一定能维持社群存活，还需要有优质内容的不断输出。优质内容的产生可能来源于社群主，也可来源于群成员。社群需要给群员提供稳定的服务输出，群员只有获得输出价值，才愿意长期留在社群里，并贡献自己的价值。

> ➢ 运营

运营决定了社群的寿命。社群的运营需要强调"四感"，即仪式感、参与感、组织感和归属感。

> ➢ 复制

复制决定了社群最终的规模。在复制多个平行社群前，经营者需要构建好社群文化，组建好核心架构，形成社群的管理体系。

运营得好的互联网社群不再是那种联系程度低的弱关系社交，而是逐渐从线上交流走入线下互动。社群成员熟悉度高、联系度高，由于有相同的目标取向，因此对群内的问题讨论都愿意积极参与，甚至通过网络虚拟协作，创造更多的可能性。

可以说，一个经营得好的社群会给所有的群成员带来收益。任何成功运营社群的企业，也都可以通过社群变现。主要表现在：依靠专业的优质内容输出形成社群圈层，并建立中心化的信任关系，依靠专业度建立信任感，从而实现产品的推广、宣传。再有，依靠社交平台沉淀社群关系，这样就能够识别出积极的群成员，并与之进行高频互动。最后，在充分了解目标人群的基础上，提供和目标人群属性匹配度高的商品和服务，从而实现流量变现。这里需要强调的是，与常规的营销行为不同，针对社群的营销，必须要注意所提供的产品和服务要和目标人群的兴趣、关注点及人群属性有较高的匹配度，因为"同好"是社群存在的基础。

如今，社群和社群经济已得到广泛认可，自带粉丝光环的名人明星天生就具有社群化的优势。因此，很多名人，明星主动抓住机遇，将从前简单的自媒体升级为社群媒体，获得持续的内容生产和变现能力。

作为企业的新媒体运营人员，通过对社群这个新媒体形式进行运营并取得预期的宣传营销效果，需要从哪些方面着手？

2.9 秒拍与直播

秒拍是一种视频新媒体。大家肯定都熟悉视频，常规的视频媒体可以用于企业宣传、文化宣贯和产品介绍，等等。但受限于庞大的体积，使得视频在移动终端的使用和推广受到了限制。2015年，微博上开始兴起了以秒拍为代表的短视频，很好地打破了这个局限。秒拍的宣传语是"10秒钟拍大片"，以60秒为限，拍摄出优质的短视频，在朋友圈分享，在社交圈传播，甚至在媒体领域推广，秒拍视频成为了一个重要的新媒体宣传营销模式，当然对于企业的品牌宣传和产品营销绝对是一个不错的选择。

秒拍怎么做营销宣传呢？首先可以在视频中直接或间接植入你想要宣传的内容和信息，至于如何植入，植入的方式是否巧妙，能否引起观众的注意力和共鸣，这得看一个媒体运营者的功力是否深厚。

此外，作为新媒体运营者，需要去了解一些广告的知识和技巧，多看看优秀的产品，有机会大家多看一看泰国的经典广告，其创意让人觉得脑洞大开。有时候一个短短的广告，可以像病毒一样迅速传播并产生预期的影响力，所以在新媒体运营过程中，应该将秒拍视频作为一个重要的新媒体形式，并为己所用。

参考视频

阅读参考文章，观看泰国经典广告视频。

文章来源：知乎。

了解了秒拍，再看一看"直播"。2015年以来，互联网上最热的新媒体无疑是网络直播。一说网络直播，估计大家最先想到的就是美女主播，的确，太深入人心了。其实网络直播就是一群人，在同一时间通过网络，在线观看真人互动节目。网络直播最早的鼻祖应该是优酷、土豆等视频网站上传的个人小视频，严格地讲，这应该算是录播，不算直播。随着技术的发展，出现了类似六间房等网页端的"秀场"形式，到如今，直播平台已经进入了"随走、随看、随播"的移动视频直播时代。

网络视频直播最大的特点是可以让用户与现场进行实时连接，具备最真实、最直接的体验。从信息传播的角度来看，文字可以捏造，图片可以PS，就连视频也能剪辑制作，唯独直播真实性相对最强，下一秒主播和用户会进行怎样的互动是无法提前安排的，这才会给用户足够的想象空间和惊喜，吸引用户收看，其强大的互动性也拉近了粉丝和主播的距离。如果运营商请的直播主持人有影响力或者是大明星，那么直播绝对可以创造出超高的财富影响力，如

果能在直播时与粉丝进行充分的实时互动，带动更多用户一起参与进来，必定更具传播力。

现如今，网络直播只需要通过一部手机便能够实现，大大降低了传播门槛。通过直播，人们能够将自己的日常生活发布到网站上，以新鲜、奇特的内容吸引更多人的关注。同时通过策划和设计，完全可以在直播过程中将希望传递的信息附加进去，实现产品推广和宣传，感兴趣的人可以通过购买行为让直播者实现流量变现。如果你在直播平台上有足够吸引力的话，你就能成为人们心目中的网红，就具有引导流量变现的能力。因此，网络直播营销成为现在最受热捧的一种新媒体营销方式。

现在越来越多企业也非常青睐直播营销，而且已经着手打造自己企业的网红品牌。直播之所以能够受到企业认可，分析主要有以下几方面的原因。

> **直播具有极强的实时互动性**

过去企业发布产品信息或服务信息，受众主要是通过海报、广告牌、微博、微信公众号等方式了解信息，可以说企业一旦发出产品广告就不能立刻修改，更谈不上实时互动。但是直播却很好地摆脱了这种困境，在直播过程中，商家可根据受众的喜好和建议做出实时的反馈，使广告效应最大化。

> **直播可以获取精准用户**

对于企业来讲，客户就是衣食父母，通过直播，企业可以让关注直播话题的用户集中出现在某一特定的时间，然后通过筛选比对，锁定忠诚用户，这样无疑会使后面的广告信息产生更大的价值，减少无效流量投入。

> **直播可以实时产生转化**

直播不仅能够让企业看到用户的覆盖面和粉丝的增长等数据，同时还可以实现用户边看边买，或配合促销活动导流相应的电商平台购买，从而直接从关注实现转化，即实现产品的立即销售。

> **运营成本低**

直播这个媒体宣传手段,其所需的网络运营成本很低。过去举办一场产品发布会,可能需要其他城市区域人员的配合,沟通协调成本高。而现在有了直播平台,只要做好宣传推广,不管用户在哪里,都可以在线参与,产生实时互动。

总体来说,直播作为营销宣传的新媒体,其所特有的互动性、实时性、真实性可以让用户在接受品牌的营销信息时,也能感受到一种平等和尊重,而不是被粗暴地强制观看。同时,商家也能通过直播宣传,使自己的品牌深入每一位受众心中,从而达到更好的销售目标。

不过,直播也有一个"高门槛",就是对直播主持人魅力要求很高。优秀主持人的影响力会有效辐射到企业形象或产品形象上,这也是企业把优质"网红"的培养和争夺当作主要战略资源竞争的原因。

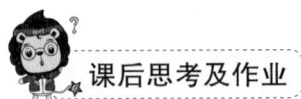
课后思考及作业

请策划一个以直播形式进行的新产品推介宣传活动。

2.10 VR 虚拟现实

VR,即虚拟现实,是一个超酷、超炫、超时髦的新媒体形式。所谓虚拟现实是综合利用计算机图形系统和各种现实及控制等接口设备,在计算机上生成的可交互的三维环境中提供沉浸感觉的技术。其中,计算机生成的可交互的三维环境称为虚拟环境。而虚拟现实技术是一种可以创建和体验虚拟世界的计算机仿真系统，它利用计算机生成一种模拟环境，是一种多源信息融合的交互式三维动态视景和实体行为的系统仿真，使用户沉浸到该环境中。

虚拟现实的沉浸感究竟是什么样的体验呢？其实就是从视觉、听觉、体感等各方面，全身心地感受另外一个世界的体验。不论是充满科幻气息的未来世界，还是昏暗幽怨的森林古堡，还是充满奇幻动物植物的外太空星球，只要带上一个VR头盔，这些画面都能非常容易地展现在你的眼前。尤其是当VR和体感设备结合在一起时，就有可能创造出全新的体验，这种体验目前已经出现在一些游戏应用上，一旦在游戏中得到普及，就会逐步让很多人意识到并将其引入工作和生活中，从而为人类交互创造全新的可能。

虽然现在所看到的VR市场大面积被游戏厂商掌握，人们看到VR这两个字母的第一反应也是游戏或者视频，但其实VR除了在游戏和影视方面应用以外，还可以用在很多方面。

> 视频展示

在计算机上看演唱会实录根本就体会不到现场的火爆，演唱会的最大魅力就在于现场的氛围，有了VR，用户就可以身临其境地感受演唱会的气氛了。同样地，企业产品发布会、企业展会、年会，包括企业文化宣传片也可以考虑借鉴。

> 教育培训

利用VR教学，各种难以描述的历史背景、化学实验、物理原理都能很简单地呈现出来，使知识更加通俗易懂。不同于目前在线教育较为枯燥的授课方式，虚拟现实带给用户的将会是更浸入式的体验，授课对象不再是冰冷的机器，而是真实的人。课本提到的环境也可借由VR技术深入体验，如看到荷塘月色、触摸到长城等。还有就是特殊行业的虚拟实现，例如医疗、建筑和科研，等等。联系到企业培训，VR在未来也会大有作为。

以上是较为常见的几方面，事实上VR能够运用到更多的地方，包括日常生活中的购物、信息传播等很多领域，提前了解和关注 VR 在这些领域的发展，将有助于运营者了解和掌控未来的发展趋势。

请畅想一下，你能够用 VR 这个虚拟现实的新媒体类型，为企业做点什么？

/3/ 企业与新媒体

3.1 新媒体的企业本质

大多数企业进行新媒体运营的主要目的，就是为了宣传和推广，宣传企业品牌和企业文化，推广企业产品和企业服务。新媒体运营对于企业而言，核心意义就是做营销，对外部做营销和对内部做营销，狭义上讲，就是常说的"做广告"。那么就一起来看一看这个企业尤为关心的，新媒体时代下的"广告"。

广告产业作为主要以媒体为依托的一种产业形式，其发展是与媒体传播息息相关的。

传统媒体时代，广告传播主要依赖报纸、期刊、广播、电视、出版和电影。频道、频率、版面等媒体资源价值就是广告的定价依据，媒体覆盖的广度就是广告资源质量和广告传播效果的评价标准。广告效果在一定程度上也是有预期、可量化的。

但到了新媒体时代，广告的形式发生了变化。新媒体的不断涌现为广告主提供了直接向受众和消费者传播信息的新的传播渠道，社交化传播效应又可以让新媒体广告效应得以倍增。数字化的新媒体技术为广告内容的表现提供了更为丰富的方式，互联网网站平台、移动互联网平台、社交媒体新平台、户外广告平台等媒介平台形式层出不穷。

随着科学技术的不断发展和数字化信息技术的不断更新，手机与互联网技术开始成为社会生活与工作中必不可少的信息传播工具。从 PC 到移动互联网，新媒体广告一直在追求精准营销的价值。如何帮助广告主将每一分钱投入到吸引目标人群上，降低无效传播的损失，对媒体平台来说既充满挑战，也蕴藏着巨大的机会。同样地，为了适应新媒体时代的变化，企业也需要了解新媒体时代广告的新特点。

> **互动性**

传统广告传播方式的特点是由广告信息传播者向广告受众的单向传播，例如：报纸广告。报纸作为印刷媒体，从开始向人们传播信息之日起就是这种传播方式，这主要是由广告传播的载体所决定的。广播广告和电视广告的受众在接受广告信息之后也很少有机会参与到信息的互动当中。在传统广告中受众听到和看到的信息都是传播者精心安排好的内容，广告受众很难与广告传播者形成互动。而新媒体打破了传统媒体的单向传播模式。在新媒体时代，手机媒体与互联网媒体成为媒体传播的主要模式，广告受众可以通过点赞、评论与广告发布者深入互动，也可以通过分享、截屏、发弹幕等方式和在微信、微博等社交传播媒体进行传播等行为，带动更多人与新媒体广告发布者进行良性互动。

> **多样化**

新媒体广告的表现方式越来越多样化，可以将文字、声音、动画、超链接等结合起来，以丰富的表现带给受众多种感官的刺激。新媒体广告的受众层次也越来越多样化，广告企业在对广告进行设计与制作时也不再只以大众群体的喜好为依据，还会兼顾小众群体的品位和特点，使广告信息的传播更加有效和精准。新媒体广告的传播渠道也呈现出多样化的特点。新媒体本身就是多种媒体形式的总称，具有多样化的特点。其中仅对视频传播而言，就有网络视频、网络电视、公交移动电视、楼宇电视、视频直播等多种多样的传播渠道。

> **海量化**

受传统传播媒介的限制,传统广告信息传播的内容、版面、时间和时段都是有限的,但数字媒体上的广告突破了时间和空间的限制,也突破了具体形式的限制,不同的新媒体广告类型之间的差异不再明晰可辨。

除了广告本身发生了很大变化,广告的传播也发生了翻天覆地的变化。因此,在了解新媒体广告新特性的基础上,还需要了解新媒体时代广告传播所具有的新特点。

> **新媒体广告的传播定位更加精准**

1971年,大卫·奥格威在《纽约时报》上刊登广告,列出了创造"有销售力广告"的38种方法。排在首位的是他所说的"最为重要的决定",即"广告运动的效果更多地取决于对产品的定位,而不是怎样去写广告"。这个道理同样适用于新媒时代的广告传播。无论媒体环境怎样改变,技术发展怎样快速,对广告受众的细分和准确定位依然是广告传播的精髓。

针对受众的移动性、多层级、个性化的新生活形态,广告传播要能结合新媒体高传输速度、互动性、个性化、定制化服务等优势,将受众的特性与产品、品牌更好地匹配起来,针对不同特征的人群及其不同的生活轨迹,让广告主精确地找到想要的目标受众,充分降低传播成本。

如户外广告的发布要覆盖消费者的全部生活场景,形成完整覆盖面。如走出家门时的电梯平面广告,在上班路上的公交车、候车亭和户外LED广告,办公室电梯口的液晶电视广告,办公室内的互联网广告,晚上光顾的休闲娱乐场所的液晶电视广告,卖场、超市的液晶电视广告,机场内的广告等,都应该纳入投放的考虑范围。

> **新媒体广告的传播秉承内容为王**

广告内容化趋势是新媒体的新形势下的一个重要特点。在新媒体平台上,广告企业对广告信息传播的控制力不断变弱,基本上主要依靠广告自身的趣味性来进行传播。因此，广告传播者必须改变传统的广告创意策略，通过创意将广告融入媒体，使广告看起来就像是媒体资讯或娱乐新闻的一部分，让受众在愉快的体验中自发传播，从而带动品牌的传播和产品的销售。当广告融入媒体、成为媒体内容的有机构成部分后，广告就不再是不受欢迎的存在，而是观众需要和感兴趣的资讯和娱乐。这时的观众将不是在观看广告，而是在亲身体验广告。

> **新媒体广告的传播非常注重整合**

广告主在投放广告时，通常会采用多样化的传播渠道，拓宽与消费者双向沟通的路径，传递统一的产品信息，树立稳定的品牌形象，最大化地满足消费者体验，实现广告信息的有效传递。所以从广告投放的角度来看，应注重多种传播方式的整合。比如新媒体广告和传统广告各有千秋，优点与缺点并存，对它们加以组合运用，可以扬长避短，优势互补，从而达到更好的广告效果。

未来整合营销、大数据营销将成为主要的广告投放方式。如何抓住社交网站、微博、视频网站、微信、App 等近年来兴起的数字媒体接触点，通过新的营销方式将其整合进广告投放的全媒体战略之中，是营销推广策划的重点内容之一。

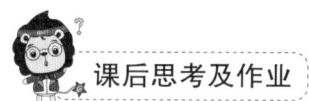
课后思考及作业

企业新媒体运营，到底做什么？怎么做？

3.2 企业新媒体的发展趋势

2014 年 1 月 21 日凌晨，《南都娱乐周刊》主编陈朝华通过微博爆料称：海尔集团发邮件通知媒体，今后不再向杂志投放硬广告。在此之前，海尔集团董事局主席张瑞敏在公司年会上称，对海尔来说无价值交互平台的交易都不应存在。停止硬广投放后，海尔继续投放杂志内文植入广告和新媒体广告。海尔成为首家放弃杂志硬广而转向新媒体广告的传统家电企业。可以说，海尔的选择是无数传统企业广告投放方向变化的一个缩影。

2016年8月7日，万达集团发布《万达新媒体广告投放蓝皮书》明确指出，随着消费者行为习惯的变化，中国广告的投放重心已经从传统媒体转向新媒体。集团董事长明确要求，集团所有业务要向新媒体转变，要求增加新媒体在项目营销推广工作中的比重，新媒体费用须达到媒体推广费用的70%以上。

移动互联网深刻改变了现代人的生活模式，现代的消费者都有了一个专有名词——"低头族"。在多数场合，往往都能看到消费者在使用手机和外界联系和交流，其注意力已经慢慢从线下和计算机转移到了移动端。正是因为人的注意力从线下转移到线上，从传统媒体转移到网络新媒体，要吸引消费者的注意力，特别是消费能力更加旺盛的年轻人的注意力，企业的广告投放也必须从传统媒体转移到互联网新媒体。不仅如此，移动互联网解放了人们使用网络的物理限制，使社会主流消费人群的生活习惯被移动互联网深刻改变。在移动化场景下，利用碎片化时间阅览，利用社交关系传播和高频快速互动开始成为主流消费人群的新媒体使用模式，这就要求新媒体的自身进化要全面适应这一趋势，以此赢得更多消费者的青睐和使用。

在新媒体推广过程中，有一些观点认为新媒体广告投放成本低，投放手段灵活，目标对象更精准，而且可以根据投放效果实时调整推广方案，相比传统媒体拥有了巨大的优势。新媒体推广有图文、语言、视频、音频、交互式游戏等多种形式，是传统媒体难以企及的。同时，绝大部分新媒体的投放都可以按访问时间、访问地区、人群特征、上网设备、访问关键词等要素进行，相对传统媒体，此种投放模式到达目标人群的精度大大提高。另外，策划得当的新媒体广告还可以很容易地借助社交关系制造传播效应，一旦成为传播热点，就会带来爆发性扩散，成为话题事件，引起更多的注意力。

但认为新媒体投放一定比传统媒体更有效也是一种误解。众所周知，目标人群定位精准是新媒体传播方式的一个主要特性，但大家要保持清醒，要知道任何媒体渠道都有自己的受众，强调精准首先要考虑自己的投放渠道是否和目标人群匹配，其次也要看自己追求的市场是否足够大，"品牌越大，你就越需要更广大的受众，而不是更小的目标群体"。

对于大众产品，通过广告提高品牌在大众心目中的知名度是有必要的，这会让消费者进入消费模式时把你的产品列为选项之一。但精准广告会导致品牌淡化，从而间接影响销量。所以精准广告用在特定人群、特定事件、特定产品上，或者作为品牌广告的相互支撑体系更为合适。

因此，在企业中作为新媒体运营人员，不能一味地认为新媒体一定会比传统媒体有效，而是要根据企业的品牌、文化、产品和服务的特性去选择合适的媒体类型。

同时，在运营初期还要学会系统地策划运营方案。要知道媒体运营并非有流量就有效果，尤其是新媒体形式的运营，更需要系统策划。可以说，越是有优质流量，越要精心策划爆款话题，形成社交媒体的口碑传播效应。

众所周知，在碎片化阅读模式下，手机用户往往会受到周边环境的干扰，如果你的新媒体创意不足以吸引人，那么就很容易被信息流湮没，宝贵的流量推送就会白白浪费。

因此，媒体策划团队必须认真地在文案设计、图片选择、互动内容上下功夫，在正式推出之前，内部要客观评估。针对目标人群，在对应的载体上用什么展示形式效果更好？怎样的话题才有针对性，能引发大家关注和交流的欲望？如何设计才能让大家自发传播？如何把流量自然导入自己的产品推广中？在什么时间段推送效果更好？是否要设计诱导评论？能否借势植入热点话题？热点话题对品牌形象有无正面加分效应？如果能够得到有效精准流量，如何引导用户进行更深入的咨询——是收集潜在客户信息还是马上转入在线互动？是提供在线咨询服务还是电话跟进？每天的流量转化效果如何？如何针对不同的流量平台评估效果？如何动态调整运营策略，提高转化率？在不同阶段，针对不同内容应该如何选择不同的合作平台？

这些问题都需要反复研究，并在实践过程中不断积累成功的经验，以便在后期策划中加以灵活运用。要知道，一个优秀的媒体运营工作者所面对的主要的实际问题不外乎如此。

随着"互联网+"思维深入人心，互联网企业纷纷和传统企业结合，传统企业结合互联网会创造更大的竞争优势，并在实践中产生巨大的成效。目前，传统企业运营新媒体最头痛的问题是缺乏合格的人才。懂新媒体运营的人才更愿意去互联网企业工作，因为那里待遇高、环境好，而且更容易与同事找到共鸣，但即便是这样，互联网企业也会感觉到缺乏合格的、能胜任新媒体的人才。那么，抛开企业和产品，单纯想立志成为一名优秀的新媒体运营人才的朋友们，除了贮备理论知识外，还应该从哪些方面努力呢？

> **提高"网感"**

提高"网感"，就是要提高对网络的敏感度，了解互联网文化，懂得一些影响媒体传播的因素。只有这样，才能在发生一些热点新闻事件的时候，可以及时地跟踪并且做出反应。要提高"网感"，平时就要及时了解互联网动态，关注热点事件的演化，分析其背后的传播规律。

如何才能及时地了解互联网动态呢？具体来说，要从以下几方面努力。

时刻关注"微博热搜榜"，每天花点时间看看微博上大家都在搜索什么，基本上就可以大概了解每天的热点情况。

关注百度新闻的"热搜词"，这个其实跟"微博热搜榜"有点像，但百度涉及的范围更广，数据来源于每天人家在百度搜索的词汇情况。

关注一些专业的微信公众号，首先推荐虎嗅网、钛媒体、新榜、创业邦杂志等，这些微信公众号每天都会推送互联网行业的资讯，通过它们，可以更深入地了解互联网的前沿动态。

除了这些专业的微信公众号，还推荐关注微信周边的一些微信公众号，这样你就可以及时知道微信公众号是否进行了政策性的调整或者有什么新的功能更新。这些公众号包括微信公众平台、微信派等。在提高"网感"的基础上，运营者还要提升专业度，训练互联网思维，要主动地、系统地阅读有关传播学、营销学、社会心理学以及游戏设计方面的图书。如果你能把书里面的思维放到互联网上，就会产生极佳的复合效应，让你的运营工作更加得心应手，事半功倍。

> **培养策划能力**

对于新媒体运营者来说，要对互联网产品和技术有较强的理解力，能够根据需要制订相应的媒体方案并推动实施。不论是活动内容还是创意策划，从想法的产生到执行再到复盘，都要能独立完成，并且实现粉丝增长或品牌曝光的目标。

想要提高策划能力，建议试试以下几点方法。

- 学习同行业活动

寻找同行业中一些做得较为突出的微信公众号或者微博，看看他们是如何策划的，看是否有可以借鉴的地方。

- 多与其他团队进行灵感碰撞

要求跳开专业、跳开行业的约束，从各领域、各行业中汲取灵感，哪怕是一些很小的点子，也要积极地交流。也许就是这几个不经意间的小点子，经过头脑风暴和灵感发酵，最终产生出人意料的效果。

- 多和微信运营行业内的人交流

在平常做活动或者关注微信公众号的过程中，可以尝试寻找微信行业的联盟并加入其中。在和大家的交流中，可以学习到不少新点子、新创意和一些当下比较流行的活动策划。

总之，只要用心学习、用心思考、用心交流、用心经营，新媒体运营工作一定会被经营得风生水起。要知道，世间无难事，只怕"用心"二字。

课后思考及作业

作为一名优秀的新媒体运营人员，应如何抓住新媒体发展趋势，做好企业新媒体的运营工作？

3.3 新媒体的负面效应

众所周知，新媒体的出现，极大地促进了人类社会的信息传播和互动，给信息传递带来了极大的便捷，但正是因为新媒体内容形式以及传递手段的丰富多样，使得新媒体信息的传播难以监管。新媒体传播渠道广，扩散速度快，难免会导致一些低俗的信息，甚至网络谣言的快速传播，这便是新媒体发展所带来的一些负面效应，其主要的表现包括以下几方面。

> **新媒体对语言产生负面影响**

每年新媒体都会产生一些网络热词或流行语，例如 2017 年的热剧《人民的名义》中达康书记说的 "GDP 我来守护你"，网络热语 "人家拿小拳拳捶你胸口"，还有 2016 年奥运会上傅园慧说的 "洪荒之力"，还有之前的 "神马都是浮云" "然并卵"，以及 "漂漂" "东东" 之类的随意性的，甚至低俗性的语言。这些超越常规的网络语言随着网络技术的发展仍然浮荡在不断追求个性、不断追求创新的洪流中。网络语言在丰富现代汉语的同时，也给现代汉语的规范和发展带来很大的挑战。如现在很多人敲打成语 "泪流满面" 时，想到的似乎是 "内牛满面"。简单草率的网络语言对中国语言文化的优雅内涵造成了巨大冲击，网络上语言中的戾气给人带来的心灵创伤也不可低估。所以，可以说不规范的网络用语的快速传播是新媒体带来的一个负面影响。

> **新媒体对阅读品质和写作、工作习惯产生负面影响**

网络是新一代年轻人最青睐的信息传播媒介，伴随着网络长大的青年人受到的影响最大，其影响尤其表现在阅读品质方面。过去人们习惯阅读报纸和观看电视，其内容多是精心筛选的。现在人们几乎不读报纸，也很少看电视，人们已经习惯于从网络获得新闻及相关信息。虽然互联网信息量大、信息交互性强，但是信息内容却良莠不齐。再加上现在的人们急功近利，心浮气躁，在翻阅信息的时候习惯于快速地浏览，只关注标题，失去了静心阅读的耐性，容易受标题党和朋友圈刷屏文的影响，从而降低阅读品质。这种阅读习惯会造成大众对文字表面刺激的网络小说的热捧，而忽略对经典文学的追求。

影响阅读品质的同时，写作习惯也不可避免地受到了影响。在过去的书面阅读学习过程中，人们养成了书写和查阅工具书的习惯，而在如今的学习过程中，复制是最常用的方法，不管什么作业，都先通过搜索引擎查找资料，然后复制、粘贴。长时间这样不但养成了一定的惰性，还大大降低了独立学习的能力，也容易养成盲目引用低劣信息源信息的习惯。

除了对阅读和写作的影响，新媒体对工作习惯也产生了负面的影响。新媒体对人们工作造成的最大的负面影响是分散人们的注意力。不断出现的弹窗新闻、邮件消息、QQ消息、微博消息、微信消息等会让工作中的人被迫中断当下的工作，去关注所谓的热点，或者点击提醒查看消息，以防错过紧急的事情。这种工作习惯导致工作效率下降，久而久之势必造成学习和工作中注意力不集中的问题。还有的人沉湎于网络游戏，不仅大量挤占自己的正常休息时间，还在工作和学习时偷玩游戏。

> **新媒体对人际交往产生负面影响**

由于网络和手机等新媒体的出现，传统的人际交往方式发生了翻天覆地的改变。传统的书信没有了，取而代之的是微信语音；传统的面对面交流方式也被QQ、微信的视频交流所取代。平时人们都在朋友圈里点赞、发评论，节假日人们不再来回走动，也不再动手写贺卡，只要打开计算机或者动一下手指点击手机屏幕就可以把网上铺天盖地的套路化祝福语转发出去。

目前流行的"宅男""宅女"称呼，也反映了一部分人过于依赖网络，缺乏与人交往的能力的现实。习惯了这种超越时空的互动方式的"宅"们，大多觉得与人们交往是一件很费劲的事情。他们凡事都离不开网络，离开了网络就像丢掉了魂一样，烦躁不安。时间长了，不仅会出现视力下降、颈椎病等各种健康问题，严重的甚至会导致抑郁症和孤独症等。

> **新媒体对社会安定产生负面影响**

随着网络日益深入生活的各个领域，人类社会逐渐过渡到以互联网为基础的社会，与网络有关的犯罪问题也越来越严重。网络骗子利用一些人好贪小便宜或者容易轻信他人的弱点，不断升级各种诈骗行为并屡屡得手。新媒体的先进性为犯罪分子提供了更先进、更隐秘的犯罪渠道，如使用信用卡进行网络购物时，容易出现信用卡被盗用等问题。由于网络的开放性和虚拟性的特点，网络诈骗案侦破难度很大，有些案件根本无法审理，给人们的生活带来了极其严重的影响，也给社会的安定造成了很大的影响。

此外，网络销售中常见各种夸大其词的虚假宣传，商家利用巨额奖金或者奖品诱惑消费者浏览其网站，或者以低价为噱头进行宣传，实际上消费者并没有以此价购买到商品。还有一些不法商家为了骗钱，做一些不正当交易，甚至在收到买家的汇款以后，不及时给买家邮寄货物。由于采用的是网络购物的方式，买家并不知道卖家的地址，上当受骗后也无法找到当事人。

了解了新媒体发展所带来的一些负面影响，不是意味着人们应该远离新媒体，回归传统媒体，相应的传统媒体也存在着各种不易控制的负面影响。所以要明确，作为新媒体运营工作者，应该全面了解自己运营的产品，了解其优势和劣势，只有这样才能真正做到扬长避短，从而最大限度地发挥新媒体的积极作用，为自己所有，为企业所用。因此，一定要辩证地看问题，辩证地思考问题，由此及彼，由表及里，去粗取精，去伪存真，最终达到运营目标。

课后思考及作业

如何应对新媒体带来的负面影响？

3.4 新媒体和网络舆论管理

说到网络舆论，不得不先说说互联网。2017年8月4日，中国互联网络信息中心在京发布第40次《中国互联网络发展状况统计报告》（以下简称《报告》）。《报告》显示，截至2017年6月，中国网民规模达到7.51亿，占全球网民总数的五分之一。互联网普及率为54.3%，超过全球平均水平4.6个百分点。同期，中国手机网民规模达7.24亿，较2016年年底增加2830万人。网民中使用手机上网的比例由2016年年底的95.1%提升至96.3%，手机上网比例持续提升。可以说，中国网民尤其是手机网民正呈现出"井喷"式的发展趋势。

在这个"人人都是通讯社"的时代，许多社会舆论事件都始于网络，并产生巨大的社会影响。随着中国社会转型的深化，一些社会矛盾开始凸显，这些社会矛盾很容易借助新媒体的传播而放大，造成网络舆论失控。于是就需要对网络舆论进行管理。

互联网赋予了公众参与社会管理、发挥舆论监督的权利，促使网络舆论快速发展。但同时，一些虚假、有害的信息和错误的观点也充斥在其中，扰乱了网络舆论功能的正常发挥。如果任其无序发展，不但会破坏网络和谐、中伤无辜，也会对个体的正当利益造成损害。此外部分媒体在网络时代为了追求收视率，对网络热点事件加以炒作，打着伸张正义的旗号，披着关怀弱者的外衣，理直气壮地来追求新闻的冲突价值，造成网络舆论复杂多变。因此，网络舆论管理在此背景下也被提上日程。

互联网作为一个交互性极强的媒体，每时每刻都在进行着大量的信息更新，既有转载的传统媒体信息和网络媒体自行采编的信息，又有网民提供和发布的大量信息。它以最快的速度和最大的容量反映社会动态变化信息的同时，也集纳了社会各个层面群体的立场和观点、意见和建议、情绪和诉求。建立及时、准确、全面的互联网舆论报告制度，将网上所反映出的社会问题、热点事件、网民情绪、公众意见等快速报告给各级政府，以便决策者采取相应措施，对于树立信息透明、反映及时、处置公平的政府形象是有极大意义的。

俗话说"你不关注网络，网络也关注你"，近段时间以来，网络舆论事件层出不穷，给社会管理带来巨大压力，客观上要求各级政府或民生企业不断提高网络虚拟社会管理水平，健全网络引导机制，积极防范和应对网络公共舆论危机，提升网络虚拟社会管理水平和危机驾驭能力。

可以说新媒体时代下网络舆论的本质与特性就是参与和发声。

当前，以社会阶层为核心的社会结构，也处在一个重新建构的过程之中。在这样的社会环境下，门槛较低、限制较少的网络环境给人们提供了一个场所，以表达社会转型期中强烈的不适应情绪，以及对社会认同的内心追求。

同时，新媒体时代下的网络舆论与传统媒体的不同。一直以来，传统主流媒体所打造的舆论氛围都是整个中国社会的主要舆论反映。然而，随着网络的普及以及社交媒体的发展，民间舆论氛围借助网络平台日益强大，对代表精英话语体系的传统主流媒体形成了不小的挑战。在网络媒体出现以前，是以电视、报纸为主的国家媒体关注什么，人民大众才关注什么。而现在是网络关注什么，社会媒体就关注什么。与传统舆论形式相比，网络公共舆论中一个热点事件的存在很快可以成为点燃一片舆论的导火索。

网络媒体兴起也有对推动社会进步有利的一面，也就是人们所说的网络舆论的正面引导性。随着"表哥、房叔"等在网络的曝光中相继落马，让人们再一次见证了网络监督的力量。如今，中国社会的舆论环境已经发生了前所未有的变化，网络媒体已经成为公众行使知情权、参与权、表达权和监督权的重要渠道，成为集中反映民意的通道。据对中国210起重大舆论事件的相关研究，网络舆论在近七成的事件中起到了推动政府解决问题的正面积极作用。社交媒体传达了公众对社会腐败的追打和国计民生的关怀，体现了公平正义。

但是，网络公共舆论在政府引导与管理缺位的背景下，也有可能演变成"公共舆论危机"，加剧社会管理难度。例如，在2011年7月24日铁道部新闻发言人王勇平说了几句让网友难以信服的话——"这只能说是生命的奇迹""至于你信不信，我反正信了"，造就了轰动一时的"高铁体"。在当晚一名网友发动的造句大赛中，就有7000多名网友参加，大多数造句都是对铁道部的质疑和讽刺。

主流媒体通过吸收网络民意和网络表达，使得两个舆论场逐渐契合。传统媒体利用网络语言，使其成为一种新的新闻发布的方式，是对新闻理念、报道业务的一种突破。随着主流媒体的转变，两个舆论场开始打破界限，有意地互通起来。例如，"7·21"北京大雨，人民日报官方微博就北京大雨发出第一条微博，引发各方关注；十八大期间，"屌丝"一词登上《人民日报》的十八大特刊；"元芳，你怎么看"也曾出现在《人民日报》上。可见对于传统主流媒体而言，理解网络的特征，重视社交媒体与传统媒体的融合将成为未来很长一段时间的发展方向。

作为企业或组织的新媒体运营工作者，就要了解和掌握对于网络舆论的正确应对与疏导的一些方法，从而更好地管理网络舆论。

首先要消除网络"恐惧"。要做好网络舆论的处置，先要深刻理解网络传播规律，正确认识网络虚拟社会的新特点，努力消除"谈网色变，避网烧身"的网络恐惧症，切实改变危机面前"要么不予理睬、要么采取不正当手段压制"的局面。

深入去看，"元芳，你怎么看"是"事有蹊跷"的潜台词。网络上每一次"你幸福吗"的调侃，总带有网民"我并不幸福"的内心独白。两个疑问背后都带有网民大量的质疑。通过一次次地问出"元芳，你怎么看""你幸福吗"，人们在网络上走到一起，用质疑式的情绪宣泄，表达对现状的不满和忧虑。同样的，对于企业来讲，如果客户和关注者对企业或组织也有着频繁的质疑，那么运营者就要考虑，这是不是一次网络舆论危机的前兆，同时正视现状，努力进行应对和必要的挽回。

应对网络舆论危机，首先要尊重网络民意，但同时也要对网络民意进行科学甄别，既不能一味删帖、屏蔽，甚至报复，堵塞民意渠道，也要防止被网络民意所束缚，甚至被挟持。要知道，网民表达的意见，具有一定程度的非理性和不确定性，带有较强的个人感情色彩，尤其在一些侵犯公众利益的事件中，这种情绪化的表达尤为激烈。人们习惯于"被代表""被发展""被幸福""被平均"，自身经历着充满无力感、缺乏尊严感的真实生活，与主流观点所赋予的生存状态形成了鲜明反差，自称"屌丝"成为很多人去社会阶层化诉求的表述方式，成为目前中国社会结构特征在网络上的投影。

另外，对于一些负面舆论，如果在没有把握逆转或转危为机的前提下，一定要控制网络舆论的散播范围。由于网民在集体无意识的狂欢中，谁都有可能成为蝴蝶翅膀的下一次扇动，不论是微博发言、博客爆料、外媒报道、社会调查，还是误读或虚假情报，都可能成为爆发舆论的导火索。若传统媒体对事件进行不断渲染，某些网络舆论便得到扩张。针对上面的情况，要强化人机联防，设专人专岗开展舆论监测，组建网络通信员队伍，担当"侦察兵""消防员""引导者"。在企业重大事件或决策出台前甄别舆论风险，做好舆论的预判。

最后，如果负面舆论的爆发不可避免，运营者要做的最重要的就是沉着冷静应对，针对负面事件善于诚恳地承认问题和不足，赢得态度上的理解和支持。同时，还要善于化被动为主动，采取强有力的措施化解疑难问题，例如主动公开透明，营造良好舆论环境。同时还要主动跟进网络舆论，正确引导舆论。正确舆论的引导要从策略上调整舆论引导工作方式，提升客户或网民对事件整体的理解度，并通过使用公众流行的网络语言，及时发布、跟进、参与和反馈热点舆论，协调事件干系人之间的关系，共通的语言本身就会产生亲近感，这对于事件双方的沟通，至少在方式、方法上是有效的。同时，主流媒体应针对网络舆论所蕴含的社会结构和社会群体心理进行充分的理解剖析，进而合理采用客户或网民熟悉的表达方式，拉近与其之间的距离，从而达到化解危机的最终目的。

化解网络舆论危机的最有效的策略还是真心、诚心和用心。网络世界毕竟也是由人的参与构成的，说到底还是人与人的相互沟通和相互理解，只要能够秉承真心、诚心和用心的态度，同时选择合适的方法和手段，相信一定能够处理好在新媒体运营工作中的各种网络舆论危机。

思考移动互联网时代企业如何进行品牌舆情管理与危机应对。

3.5 新媒体和大数据

经过一年的蓄势待发,在2013年,大数据概念彻底火了。有媒体将2013年称为"大数据元年"。几乎所有世界级的互联网企业,都将业务触角延伸至大数据产业,无论社交平台逐鹿、电商价格大战,还是门户网站竞争,都有大数据的影子。2012年3月,美国政府投资2亿美元启动"大数据研究和发展计划",更将大数据上升到国家战略层面。大数据正由技术热词变成一股社会浪潮,影响着社会生活的方方面面。

在大数据时代,媒体的转型发展既是技术问题,也是战略问题,将对未来的媒体形态和格局产生深远的影响。

首先,信息爆炸推动媒体转型,大数据并不是一个新概念,大数据时代伴随着近年来信息爆炸式增长而来。互联网上,每天新浪微博用户发博量超过1亿条,百度大约要处理数十亿次搜索请求,淘宝网站的交易达数千万笔,联通的用户上网记录一天达到10TB……数据量的爆发式增长也带来了数据储存方式的革命。"今天我们花不到100美元就可以买到1个T的存储,成本只是10年前的1%。"微软亚太研发集团首席技术官孙博凯说。在2000年,数字化储存的信息只占全球数据量的1/4,而在2007年,所有数据中只有7%是储存在报纸、书籍、图片等媒介上的,其余全是数字数据。

有人曾说过，新媒体的本质就是大数据分析。可以说人们已经从信息时代走到了数字时代和智能时代，如果数据被赋予背景，它就成了信息；如果数据能够提炼出规律，它就是知识；如果数据能够借助于各种各样的工具在分析的基础之上为人们提供正确的决策，它就是资源。

众所周知，大数据时代，信息的内涵已不仅仅是消息等新闻，而是各种各样的数据。这就要求媒体必须适应新的信息生产和传播方式，以多元化媒介来承担信息传播的职能。生产、分析、解读数据，探索一条为受众和用户提供分众化服务和体验的媒体发展之路，将成为媒体竞争的必备技能。另外还要赢得大数据时代的主动权，大数据时代的媒体转型和发展，需要结合自身特色，走一条符合传播规律、符合自身实际、符合受众需求的发展之路。可以说，这对媒体既是机遇也是挑战。中国社会科学院信息化研究中心秘书长姜奇平曾说过："数据量的快速增长，需要在带宽和存储设备等基础设施方面加大投入，这令很多媒体进退维谷。"不转型，就会丧失主动权，就会被淘汰或边缘化；要转型，就要对当前的报道形式和运行体系进行全面改造。这将考验决策者的胆魄和智慧。

大数据催生了媒体转型发展新思路，媒体通过对数据的整合和分析，针对不同的受众需求，满足个性化和专业化的要求。腾讯网总编辑陈菊红说："目前门户网站之间、网络媒体之间同质化非常严重。未来的媒体和门户网站应充分利用大数据和关系链，在为用户筛选、推荐最适合的内容，提供近乎量身打造的新闻资讯的同时，使他们体验社交媒体的感受。"

从理论到实践，大数据的发展为掌握了大量数据源的媒体和门户网站提供了转型的良好契机。国内几家大的互联网企业纷纷调整自己的发展战略，迎接大数据时代的到来。

随着技术的不断更新，各种新媒体层出不穷，新媒体以形式丰富、互动性强、渠道广泛、覆盖率高、精准到达、性价比高、推广方便等特点在现代传媒产业中占据越来越重要的位置，积累了大量用户和用户行为数据，这就成了做用户分析的大数据的基础。

大数据不只是一个概念，数据目前已变为十分重要的资源和资料。大数据已成为新媒体的核心资源——不仅是新闻报道的重要内容，也是媒体统计和分析受众心理、需求以及行为习惯等的重要依据。分析、解读数据，探索得出一种为受众和用户提供个性化服务的新媒体运营方式，将成为新媒体在大数据时代竞争的趋势。

可以说，大数据与新媒体之间是相辅相成的关系。新媒体的功能属性可对社会进行解读以及分析预判，而大数据能通过挖掘、分析和使用数据，得到全面的社会信息并对其产生深刻的了解。所以，未来新媒体将形成"数据为主"的观念。那么大数据给新媒体带来的新变化究竟有哪些呢？

> 大数据下的新媒体传播中心更广阔

相对于传统的媒体传播来说，新媒体有去中心化的趋势，在大数据的背景下，这种趋势得以放大。正是因为大数据技术的支持，各种终端、平台才会层出不穷，使用户在意见的表达和信息的发布中开始占据一席之地，使得新媒体传播中心更广阔。

> 大数据云计算推动新媒体的发展

云计算作为一种新兴的技术，以其十分强大的计算能力、近乎无限的存储能力以及低廉的成本，对提升和优化大数据、大信息的处理有着巨大的作用。从新媒体的业务发展来看，它有这样一些需求或者特点：新媒体的数据存储量庞大，数据信息处理量巨大，终端多样化，数据格式多样化，数据共享额外存储的需求非常大。这些特征正是云计算的特长，云计算在系统处理数据的投资成本和性能弹性扩展等方面具备优势，云计算能处理海量的数据，能更加方便地对业务系统进行升级、扩展等管理，而且还能够对数据冗余进行处理，能够按照需要进行资源的分配，协同管理应用平台等，可以为新媒体发展提供稳定而高效的保障。

总之，大数据在信息传播中很重要，以至于新媒体终端及其承载的内容都是以"数据"为基础的。终端的创新是为了更好地处理数据，并呈现给使用者更人性化的人机交互界面、平台；内容的改进实质上就是数据的优化组合，呈献给受众或丰富详尽、或言简意赅的信息，或大众的、或个性的服务。因此，大数据时代，新媒体的发展将对未来的媒体形态和发展格局产生深远影响。

课后思考及作业

新媒体和大数据都是数字技术和网络技术发展的产物，是相辅相成相互支撑的，在工作中，运营者应该如何综合利用它们的特点，最终达成运营目标？

/4/ 新媒体运营

4.1 新媒体运营基础工作

现如今，招聘市场上，越来越多的企业开始招聘新媒体相关工作人员，尤其是新媒体运营专员，其需求量一直比较可观。在很多应聘者心中，他们所想象的这份工作的工作职责，无外乎就是发发微博，写写微信公众号，然后转发个朋友圈，大不了再建几个微信群，发发红包。事实究竟是不是这样呢？这里找了一份某企业招聘新媒体运营实习生的岗位职责说明，注意哦，招的可是新媒体运营的实习生。

工作内容主要包括：

微博和微信日常运营，包括公司微博、微信公众号的内容运营、头条文章撰写、品牌推广文案撰写。贡献你关于内容营销的创意和点子，不局限于微信公众平台，如果你的想法足够优秀，绝不用担心资源和队友不够。

然后附带了一个更高的要求，但不做强制要求，即希望你有：出色的中文文笔，喜欢写作，能在短时间内独立完成原创文章写作或编译工作，投简历时可以附上一篇自己满意的作品。社交媒体深度用户，知乎、微信、微博、豆瓣等皆可，对热点敏感。最好有微信运营经验。专业不限，新闻广告类专业优先考虑，有奥美等广告公司实习经验的优先考虑。

后面又写了一段"这段经历结束后,你的简历上可以写什么",其实就是希望应聘者能够达成的目标。其内容是:你所有原创内容的数据都是你未来在这个行业的敲门砖,没有人会小看能创造 10w+ 内容的人,其实就是希望你在实习期间能够创造出访问量达到 10w+ 的原创文章。你会在一次次与文章和数据打交道的过程中明白什么样的内容才足以打动人心,这将成为你在这个行业中的核心竞争力,其实就是希望你的文笔能够打动其他人,也就是能够打动目标人群。关于新媒体营销的系统方法论,不限于公众号、新媒体的内容营销思维,其实就是希望你在实习期就能够掌握关于新媒体营销和宣传的系统的方法,很显然,这种方法不会一下子自己冒出来,肯定是在实际工作中慢慢学习和积累出来的,而这个学习和积累的过程所蕴含的工作量,大家可想而知。

新媒体运营
实习生

工作内容:

1、**微信日常运营。**包括微信公众号"LinkedIn"(ID:Linkedin-China)的内容运营、头条文章撰写、品牌推广文案撰写。

2、**贡献你关于内容营销的创意和点子,不局限于微信公众平台。**如果你的想法足够优秀,绝不用担心资源和队友不够。

希望你有:

1、出色的中文文笔,喜欢写作,能在短时间内独立完成原创文章写作或编译工作。(投简历时可以附上一篇自己满意的作品。)

2、社交媒体深度用户,知乎、微信、微博、豆瓣等等皆可。对热点敏感。

3、最好有微信运营经验,没有的话,我教你呀。

4、实习期始于8月中旬,每周至少4天,至少3个月。最晚入职时间9月12日。

5、专业不限,新闻广告类专业优先考虑,有奥美等广告公司实习经验的优先考虑。脑洞大的优先考虑。

从这份招聘启事可以看出，新媒体运营工作不是简简单单地发微信，发微博，搞活动，吸引注意力，这些只是众多工作中的一部分，新媒体运营工作还包括能够对热点话题进行借势，善于整合大号资源并与之合作，精通内容事件分析，同时还能够理解产品、策划宣传、广告公关，等等。

下面就来详细地看一看，作为一个合格的新媒体运营工作者，究竟需要掌握哪些知识和技能？

首先，作为一个合格的新媒体运营者，要能够深入分析和理解自家的产品。媒体运营的目的是宣传、推广和营销，那么脱离产品的营销，也就是脱离产品的新媒体运营是没有意义的。脱离了产品，新媒体运营变成段子手、鸡汤锅，就算内容非常吸引人，转发评论量上去了，产品销量也上不去。因此，作为一个合格的新媒体运营者，你首先要分析自家的产品，了解产品的优势在哪里，哪里最吸引人。同时还要分析目标人群的特点，例如他们的性格特征、年代阅历特征、使用产品的场景、使用过程会遇到什么问题、会产生哪些实际需求，然后对症下药，创造出能够吸引目标人群，并激发他们购买或尝试的欲望的文案。当然，还要注意所选用的新媒体形式，需要官方感强的，可以选择官方微博；若需要更加亲切一些的，可以选择微信公众号或朋友圈。

在了解产品的基础上，作为一名合格的新媒体运营工作人员，还要积累网络感觉。网络感觉就是能够快速抓住网络流行热点并创造出内容的能力，包括尽可能早地捕捉到热点话题，以及会使用热点词汇和热点表情包。较好的网络感觉需要基于长期对网络话题的数据分析，以及对收集优质内容信息的渠道的积累。尤其是对网络趋势的把握，这对于企业新媒体运营来说非常关键。运营者需要借助热点话题之势，想方设法使之与企业品牌协调匹配，借势宣传。当然，这些都需要新媒体运营工作者在了解产品、了解用户的基础上具备良好的网络感觉。

除此以外，作为一名合格的新媒体运营工作者，还需要善于整合资源。虽然写出好文案是基础，但是好文案能够快速扩散，关键还是在于整合各方优势资源，仅通过自有平台成为爆款的案例几乎是凤毛麟角。因此，如果想获得预期的营销宣传效果，就必须整合各种优势资源以助力传播。这里所谓的优势资源包括粉丝众多的优质微博大号，被关注度高的微信公众号，活跃度高的相关社群，公信力强的门户网站以及用户基数大的新闻客户端，等等。当然在整合优势资源的过程中，关键要建立起互惠互利机制，争取长期合作，构建相互信任。

除了上述所说的几方面，作为一个合格的新媒体运营人员，还有两项基本功，其中一项就是内容的策划。可以说新媒体的展现形式有千千万万种，比如微博吸粉儿强帖，微信引爆朋友圈，H5页面大气磅礴，效果震撼，分类社群精准定位，等等，但万变不离其宗，好的内容绝对是关键，只有好的内容加上适合的形式才能产生好的效果。至于最终如何找到吸引人的传播点，如何设计好的传播形式，以及如何引爆传播内容，就需要内容策划去一一解决这些问题。

以一个每周都进行推送的微信公众号信息为例，看看作为一个新媒体运营人员应如何进行策划？

首先需要确定内容主题，然后拟定标题，标题要吸引眼球。接着需要搜集素材，顺便看看有没有热点事件可以借势。然后需要确定形式，例如选择多图文的形式，就需要准备好标题图、首页图和尾图（一般是宣传用的二维码图案），紧接着是正文的排版，选择使用长图、还是PPT、抑或是文字+图片的形式。决定好排版形式，还需要考虑跳转设计，也就是正文下方可以增添的"阅读原文"跳转设置，可以跳转至一个投票活动或测评活动，同样也可以设置为一个长文信息的跳转链接，用于放置背景文章或相关拓展信息，以帮助读者更好地理解正文内容。当然也可跳转至一个有趣的视频，或者一个互动性很强的H5页面，用以提升阅读者的参与感。

作为新媒体运营工作者两项基本功的另一样就是活动运营。包括如何组织推广、散布和互推？通过什么方法和手段实现与其他优势账号的合作？如何组织线下活动？如何适当地发放福利？如何引导网站导流、社交媒体导流和传统媒体导流？

综上所述，前面讲过的理解产品、积累网感、整合资源、以及内容和活动的策划，都是作为一名合格的新媒体运营工作人员应该具备的基本素养和基础技巧。

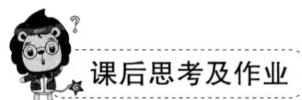

如果你去应聘案例中的新媒体运营实习生岗位，你认为自己还需要在哪些方面做出努力？

4.2 新媒体运营定位

在面试过程和在岗工作过程中，运营者要掌握优质的新媒体运营应该注意的几个重要环节。

> ➤ **对目标人群进行精准的定位**

首先要对运营的新媒体形式所要影响的目标人群进行准确的分析和定位。因为不同形式的新媒体（包括传统媒体）所覆盖的人群是不同的，同样，不同的人群受到的不同形式媒体的影响力也不同。举个简单的例子，如果宣传推广或营销的目标人群是"60后""70后"，那么就应该选择对"60后""70后"影响力较大的媒体，例如广播电视、中央一套；当宣传推广或营销的目标人群是"80后"时，就应该倾向于选择微信、微博和各种新闻客户端；而当宣传推广或营销的目标人群是"90后"时，QQ空间或哔哩哔哩等直播平台也许才是第一选择。

可见，目标人群的类型，对于媒体形式的选择有着很大的指导意义，因此经营者必须根据目标人群的特点，选择能够覆盖到他们的媒体形式进行针对性投放、针对性运营，从而达到精准营销和宣传的目的。

> 对使用场景进行精准的定位

在不同场景下的相同的目标人群,也会对媒体运营模式的选择产生巨大的影响。例如,目标人群同样都是"80后",针对他们上下班途中对媒体的不同使用场景,就需要选用不同的媒体形式对其进行宣传和影响。对于采用步行、慢跑和骑行等方式上下班的人,应该选择音频平台、广播和语音直播等媒体方式对其进行宣传和影响,因为在其步行或骑行的过程中,拿出手机看微信和微博的概率非常小,就算看一眼,也不会专注地看、认真地看,因此微信和微博在这个使用场景下的运营质量是相对比较差的,影响力很低。相反地,对于乘坐公交和地铁这个使用场景,他们可以非常方便地进行手机信息的阅读,因此微信、微博、新闻客户端都有可能对其产生较好的宣传效果和影响力。而对于开车上班的人来说,也许只有广播能够对其产生一些影响,毕竟在驾驶车辆时是不允许驾驶员分散精力的。

上下班途中如此,闲暇休息时同样如此。在闲暇休息时人们对媒体的使用场景也是截然不同的,有看电视的,有看书的,有健身锻炼的,有聚会就餐的,还有逛街购物的。所以,作为新媒体运营工作者,必须关注使用场景的定位,使用场景的定位就是要仔细分析目标人群所处场景的具体情况,选择合适的媒体,设计合适的媒体传播计划。

> 对媒体风格进行精准的定位

什么是媒体风格?所谓媒体风格就是你在进行媒体运营过程中所选择的媒体形式具有的内涵和气质。媒体风格是否和目标人群的价值观、生活习惯、性格特质相契合,很大程度上决定了媒体运营的效果好坏和成败。试想一下,在哔哩哔哩这个媒体形式上进行老年健步鞋广告的宣传,效果怎样可想而知。

了解了媒体运营过程中必须注意的三大定位,再来思考一下媒体宣传的本质是什么?其实不管是新媒体还是传统媒体,其宣传的本质就是让目标人群接纳这个媒体的影响,实际上就是让目标人群认可这个媒体,从而认可这个媒体在运营过程中所传递的媒体形象。换句话说,媒体通过持续准确的运营,打造出自己在目标人群中的公信力,从而能够说服目标人群信任自己所传播的内容。因此,信任是媒体运营始终追求的重要目标,只要能够让目标人群产生信任,那么对目标人群的影响力就大。相反地,如果媒体本身缺乏公信力,就算其覆盖的人群再广,就算流量再大,其流量转化率肯定不会高,就像有些地方电视台在很多时段频繁播出的轰炸式的无良保健品宣传一样。

因此,在大家面试或从事新媒体工作过程中,如果遇到类似询问如何高效进行新媒体运营的问题时,大家应该讲出对目标人群精准定位、对使用场景精准定位、对媒体风格精准定位的三大定位要求,同时还要表达出将构建媒体公信力放在核心工作中的重要性。

其实在实际工作中,作为新媒体运营人员,不要刻意区分新媒体和传统媒体,运营者要做的就是保证媒体传播的效率和影响力,因此,应该根据目标要求和实际情况选择合适的媒体类型。由于新媒体相对于传统媒体具有很多优势,例如新媒体大多不受时间和空间的制约,能够跨时空进行互动消息的传播,能够及时捕捉目标人群在接收媒体影响后的后续操作(比如消费行为,转发点赞等),能够和目标人群进行实时互动,能够大大提升媒体转化效率等,运营者会优先考虑采用新媒体形式,但这绝对不是说不可以使用传统媒体形式。运营者应该在学习新媒体相关知识的同时,不断融合传统媒体,创新出更加高效的媒体运营模式。

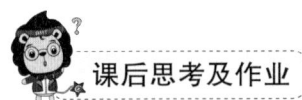
课后思考及作业

淘宝通过大数据发现,晚上 10 点是一天流量的最高峰值。于是淘宝团队打造了一款以淘宝美食为主题的财富栏目,名字叫"一千零一夜"。2016 年 8 月 10 日晚十点,"一千零一夜"第一集《鲅鱼水饺》

上线，在朋友圈引爆。据了解，视频播出后，截止到第二天中午12点，这家水饺店在14个小时内卖出了6400份饺子，按照以前的速度，这些饺子得卖13年。同时，淘宝食品行业成交增长了11.86%，水饺所在的栏目的热度更是暴增了488%，绝对算得上一次好的营销活动。

问题：阅读案例，思考回答以下问题：

1. 在此次活动运营过程中，运营团队对于目标人群、使用场景、媒体风格是如何精准定位的？
2. 媒体是否具有公信力，公信力从何而来？
3. 如果选择的是另一家水饺店，能不能产生同样的效果？
4. 思考营销结果与产品和媒体运营的关系。

4.3 新媒体文案排版技巧

文字是社交媒体内容的核心，而排版是社交媒体内容呈现不可或缺的部分。读者除了对内容质量有要求之外，更看重阅读体验，因此文字排版尤为重要。

文字排版的原则是熟悉基础排版、适当优化排版、避免过度排版，以微信为例。

➢ 熟悉基础排版

排版的目的不是让读者关注排版，而是通过排版呈现内容，便于读者理解。因此，遵循基础的排版规则，将文字舒服自然地呈现在读者面前即可。

基础的排版内容包括颜色、字号、行间距、段间距、字间距、页边距、文字链等。

首先是颜色，纯黑色字体相较于白色屏幕，会形成强烈的对比冲突，反差太强显得刺眼，阅读体验不佳，因此正文字体颜色尽量不用纯黑色。相较之下，字体颜色使用灰色较为适宜。

关于字号，不同的手机屏幕尺寸不同，但是从视觉效果上看，字号的大小会影响阅读体验。在微信编辑器内，常用字号为 14 号、16 号。由于 15 号并没有显示在字号选择区，可以直接在字号选择区手动输入 15。

行间距是文本中上下行之间的距离。由于默认行间距在手机上显示时上行与下行较为拥挤，可以把行间距设置为 1.5 倍或 1.75 倍，视觉体验效果会比较好。

段间距是上下段之间的距离，包括段前距和段后距。当字号为 15 号时，正文段前距或段后距设置为 10 或 15 较为明显，且阅读体验较好。

字间距是字与字之间的距离，微信自带编辑器并不支持对字间距进行编辑，需要第三方的编辑器编辑后复制至微信编辑后台。正文字间距一般设置为 1 或 2 较为合适。

页边距是文字两端与页面边缘之间的距离，这里表示为文字两端与屏幕边缘之间的距离。

文字链是内容超链接的一种形式，以文字的形式进行呈现，通过单击文字实现链接跳转。从呈现效果上看，文字链比传统链接更简洁、更高效，可以避免文字与长串网址的混乱排版。

> ➢ **适当优化排版**

在遵循以上微信基础排版规则的基础上，可以对文字排版进行适当优化，为公众号加分。优化排版主要有以下两个目的：

- 突出品牌形象

统一使用独特的排版，会让粉丝产生亲切感，并熟悉品牌风格。无论公众号文章出现在朋友圈、微信群，还是被其他公众号转载，有特色的排版会被粉丝第一时间"认出来"。

- 促进转化

好的文字排版可以突出重点，辅助内容可以引导网友做出相应的动作，如关注、转发、点赞、购买等。

常见的文字排版优化内容包括顶部关注、底部引导、文字强调等。

打开微信文章直接看到大量的文字，容易让读者产生阅读压力，阅读体验过于生硬。因此，可以在文字顶端增加引导关注的图片或文字，友好地提醒未关注的读者先关注公众号，再向下阅读。

与顶部关注类似，如果文章结束后直接收尾，会让微信文章太突兀，因此需要在底部进行动作引导。常见的引导包括关注公众号、提醒阅读原文、引导相关阅读等。

再有就是文字强调，由于网友阅读微信文章的场景各不相同，有的在上班路上，有的在赶飞机，有的在咖啡厅，因此必须将文章中用于强调的文字突出显示，便于读者第一时间找到重点。常用的文字强调方法包括加粗、变色、加文字框、加下划线、变样式等。

> ➤ 避免过度排版

排版的目的在于促进阅读体验，经过优化的排版会让读者读起来舒服，理解起来容易。但过度排版会让读者把注意力放在排版上，过于花哨的排版甚至会引起读者的反感。

常见的过度排版共有四大类，包括动态背景、颜色过多、风格不定和样式繁杂，在排版时必须尽量避免。

常见的动态背景如漫天飘落的雪花、不断燃放的烟火、循环游过的小鱼等，其最大的弊端在于无效地吸引注意力，读者的注意力被背景吸引而忽略正文。

一篇文章中的文字颜色应尽量不超过三种，否则读者无法确定哪一种颜色是强调部分，导致找不到阅读重点。

作为公众号，偶尔变化一下风格，会让读者会心一笑，感觉耳目一新。但是推送出的每一篇文章的字体、分割线等风格都不相同，会弱化公众号在读者心中的整体形象，从而无法让人记住公众号的风格。因此将排版风格在一定程度上进行固定，可以更好地统一品牌形象，提升识别度。

样式繁杂主要是因为对编辑器的使用不当。在使用编辑器进行文章排版的时候会接触到大量的样式，但是在使用样式时必须注意求精而不求多，过多的线条、文字框、箭头等堆砌在一起，反而无法将想要表达的内容说清楚。

除了文字，在进行图片排版时也要注意。微信公众平台对文章图片的建议尺寸是 900 像素 ×500 像素，上传后图片会自动压缩为宽 640 像素，高度则按比例进行压缩；图片大小限制是 5MB，当图片超过 5MB 时，需要对图片大小进行压缩才能上传。另外，微信编辑后台对于图片格式的要求为 BMP、JPG、GIF、PNG 四种，当图片格式不符合微信要求时，通过美图看看可以实现格式转换。

当图文内容中图片过多时，过长的篇幅让操作体验和阅读体验都大打折扣，这时，可以通过固定区域的滑动图片来浏览图片，从而避免这一问题。但需要借助第三方编辑工具，如 i 排版，就可以直接在素材库选择类似模板，添加至文章指定位置，然后替换模板中的图片即可。

至于音频和视频的排版，在微信公众平台素材编辑窗口右侧，可以直接单击添加视频、音频或音乐。其中，视频可以自行上传，文件大小不能超过 20MB，视频时长不能超过 10 小时，也可以复制视频网址进行添加，不过目前仅允许添加腾讯视频的链接。音乐可搜索相关歌名或作者进行选择和添加，音频需要自行上传，要求大小不超过 30MB，时长不超过 30 分钟，每篇图文消息只能添加一条音频。

在音频和视频排版方面，虽然微信后台编辑器提供了简单的添加方式，但内容美化不足。通过第三方的排版工具，可以轻松实现对音乐和视频内容的美化。操作方法与图文排版类似，这里就不再赘述了。

新媒体运营 /

扫描二维码，阅读参考文章，思考什么样的文体用户最能看下去？为什么说80%的好内容都被标题浪费了？运营者应该具备什么样的标题观？大部分被用户疯狂传播的好内容有哪些特点呢？

《如何把内容运营做透？这3位新媒体大牛给出了15条中肯建议》，文章来源：馒头商学院。

4.4　新媒体表单设计技巧

新媒体表单是以新媒体为基础的表单形式。与纸质表单以及传统网络调查问卷相比，新媒体表单更适合在微博、微信等平台传播，同时借助传播平台的开放接口，可以让数据更精准、数据分析更多样化。

调查问卷与投票是新媒体平台常见的表单形式，作为一项有目的的研究实践活动，表单设计质量的高低直接影响调查结果的准确性。设计表单前至少需要思考以下两个关键点。一是明确表单设计的主题，是满意度调查、活动报名，还是其他主题。二是明确通过表单要获取的信息，是姓名、电话、微信号，还是其他信息。

至于表单的结构，大致可以分为表头、内容、结尾三部分，上述两个关键点需要贯穿于表单结构中。

➢ 表头

表头的主要作用在于介绍表单的项目背景，表明收集表单的意图和初步筛选填写表单的人群，要能节省沟通时间和提升收集效率。表头主要包括标题与导语两部分。

标题应遵循"明确和简洁"原则，在调查对象收到表单时，一定要让其知道这份表单的设计主题，如调查问卷、订单支付、招新报名、签到汇总等。这就要使用精练的标题进行概括，如某协会招新报名、某高峰论坛报名，表单目的一目了然，这样既缩短了向调查对象介绍表单的时间，也节省了对方理解表单的时间。

其次是表头导语。导语的撰写是非常关键的，它关系到调查对象对表单的第一印象。导语部分内容可以撰写表单设计者的身份介绍、表单目的介绍、填写说明、用途说明以及调查周期。如果填写内容涉及一些隐私，为打消填写者的疑虑，还需向对方保证信息不会泄露等。这一切都展示了表单设计者的研究素养，所以务必要引起重视。

➢ 内容

内容部分，则需要遵循以下几个原则：一是可问可不问的坚决不问，要明白问卷表单容量是有限的，填写者的时间也是有限的，理想的问卷设计应是通过最少的问题获取最多的研究信息。二是无关研究目的的不问，时刻谨记一点，问卷表单是为研究目的服务的，切勿本末倒置。三是创造性地设计问题，问卷表单的研究目的是抽象而宏观的，而设计的问卷则是通过具体的提问将研究目的进行微观层面上的分解，因此如何通过询问一个个背后有理论支撑与研究目的的问题来获取想要的信息，就需要设计者在问题设置上下功夫。四是设计结构循序渐进、板块化，倘若问卷中的问题是突兀的、无逻辑的，不仅让填写对象难以回答，在后期进行问卷分析时对于研究者而言，也是一个不小的麻烦。

> 结尾

在表单的结尾，出于礼貌，一定要对调查者表示感谢，包括感谢语、祝福语、时令关心语等。如需在后期追踪调查，则应设计在最后的收尾部分，降低填写者的戒备心。调查者必须开诚布公地留下联系方式，再要求对方留下自己的联系方式。社交网络如此发达的今天，在联系方式方面，可以给对方多一些选择的余地，供填写者自由填写自己的各种社交网络账号，如微博、微信、QQ、邮箱、电话等。

一份表单设计完成后，最好不要直接发布，而是先进行检查，要在研究同伴之间填写，然后进行小范围内的预调研。这样做的目的在于发现形式上的错误，避免思维固化。因为研究同伴之间毕竟有一段时间思维完全是与此表单相关的，可能会掉进固定思维的小圈子，而其他非研究者则不同，他们的思维可能更加灵活，可能会考虑到表单设计时遗漏的地方，斟酌每个问题的提出是否紧扣问卷表单的目的，进一步从内容到形式完善问卷，如概述、致谢、页码等。

这里给大家介绍几个表单工具及应用，方便大家使用，包括麦客网、金数据和问卷星。随着表单工具的不断完善，表单的使用场景越来越丰富，同时也让人们的工作效率越来越高。由于在线表单通常具备强大的模板工具以及个性化修改功能，使用熟练后完全可以自定义空白模板，针对企业实际情况进行设计，使表单更有针对性。

新媒体运营常用的表单设计工具有哪些？请总结各种表单设计工具的特点。

4.5 新媒体平台图片处理技巧

图像处理是新媒体素材采集和应用中的一个重要组成部分，新媒体主流平台的图片，包括封面图、信息长图、图标图片、九宫图、GIF 图等。

➢ **封面图**

封面图不是靠一张简单的图片就可以解决的，不同的平台对于封面图的要求各不相同，有的对图片格式有要求，有的则对图片尺寸有要求。

微博头条文章是微博针对发送大量文字和图片的需求推出的图文编排工具，它对封面图尺寸要求为 1000 像素 ×562 像素，信息安全区尺寸为 1000×400 像素。封面格式为 JPG/PNG/GIF，封面图大小不超过 5MB。而微信公众号的封面图，其尺寸要求为 900 像素 ×500 像素，格式为 JPG、PNG、GIF，封面大小同样不能超过 5MB。头条号对封面图片的尺寸没有要求，封面可选择"自动""单图""三图"三种模式，"自动"即从图文中随机抓取一张图作为封面图，"单图模式"和"三图模式"都需要上传相应的图片，同时"三图模式"仅在 Wi-Fi 环境下显示。

通过搜图找到的图片，通常会遇到文件过大以及尺寸不合适的问题，这就需要对图片进行裁剪以及压缩。需要注意的是，在制作封面图时，先做图片尺寸裁剪，再做图片压缩是较为合理的制图步骤。裁剪图片尺寸的工具有很多，包括 QQ 截屏、Photoshop、美图秀秀等，甚至可以巧用 PPT 对图片进行修改。根据画面篇幅"自定义"幻灯片大小，设置好幻灯片尺寸后，插入所需要的图片，调整图片完全覆盖幻灯片，再根据对封面图的要求，添加文字或图标等，然后另存为图片格式，就完成了对图片的剪裁和简单加工。

需要注意的是微信公众号的封面设计，当转发一篇图文到朋友圈或转发给好友时，封面图往往会被压缩成一张长方形的图，这就需要考虑压缩后的显示效果，确保当转发时封面图的主要信息仍旧能被准确地看到。

通过 PPT 进行裁剪并制作封面，这种方式的优点在于，一方面可以把图片进行尺寸裁剪，另一方面可以压缩图片大小。可以说通过 PPT 进行封面图的设计,大大降低了图片设计的难度。但其缺点也非常明显,当使用 PPT 制作封面图时,各种设计各种元素需要自己准备好。这对于平时没有素材积累的运营者来说,是非常痛苦的。那么有没有既方便操作,又有大量素材供选择的制图方式呢?答案是肯定的。

创客贴就是一款极简的在线平面设计工具,它无须下载任何客户端,只要计算机处于联网状态,打开浏览器进入网站即可使用。而且它还拥有非常丰富的、可自定义的并且是全部免费的可商用图片、图标、字体、线条、形状、颜色等素材,无疑大大降低了平面设计的难度。

进入创客贴的主页面,单击"开启设计"按钮,进入选择模板页面。图片模板是按照使用场景进行划分的,包括社交媒体、广告印刷、工作文档、生活、其他,每个类别又以不同平台的图片尺寸要求进行细分,这样的模板设计对于新手来说非常实用。单击图片场景,即可进入图片设计页面。进入设计界面,最左侧为"素材分类区",中间白色部分是"设计操作区",最后右侧几个图标为"多功能编辑区"。这里重点说下"素材分类区"。

创客贴设计页面

"素材分类区"的导航栏分为五类,可以在"模板"中挑选合适的模板套用。由于模板数量庞大且未分类,在挑选模板技巧上可以将模板进行拆分,模板的构成有背景图、文字、线条等元素三大部分，从这三大部分入手分析其与图文内容是否匹配以及修改后是否满足需求。

> ➤ 背景图

看背景图是否与文章表达内容有"关联性"，这个关联性可以与文章标题、文章主旨、关键词等相关。背景图是粉丝打开公众号首先看到的图片，图片质量的高低，直接影响着文章是否被打开。目前创客贴暂不支持背景图的搜索功能，只能翻页查看。

> ➤ 文字

文字部分的字号大小、字体、字体颜色、样式等都可以自定义甚至更换，因此文字部分可以着重看设计版式，不合适可以微调。

> ➤ 线条等元素

可以根据实际需求对模板中的线条等元素进行修改或删除，也可以通过最左侧的"检索"功能进行搜索添加，部分检索出的元素可以进行自定义颜色等。

以上是选择模板的一些技巧，没时间翻阅大量模板时，可以根据以上方法，找到相对合适的模板进行简单调整即可。

这里补充一个在平面设计中关于图像的基础知识，就是位图和矢量图。

位图图像也称为点阵图像，是由一个一个像素点产生的，当放大图像时，像素点也放大了，但每个像素点表示的颜色是单一的，因此在位图放大后就会出现马赛克状。

矢量图是根据几何特性来绘制图形的，是用线段和曲线描述图像的，矢量可以是一个点或一条线。矢量图只能靠软件生成。矢量图文件占用内存空间较小，这种类型的图像文件包含独立的分离图像，可以自由无限制地重新组合。矢量图形与分辨率无关，将它缩放到任意大小和以任意分辨率在输出设备上打印出来，都不会影响清晰度。

> **信息长图**

长图的设计分为直接设计长图和设计小图并拼接两种。使用 Photoshop 直接设计长图对于新媒体从业者而言难度较大，但采用 PPT 这样的办公软件设计小图再拼接就大大降低了长图设计的难度，只需把设计并导出的幻灯片图片通过工具进行拼接，即可得到一张长图。用 PPT 设计信息长图，可以分为两步：小图设计和图片拼接。

使用 PPT 设计小图时需要明白，每一张幻灯片是整张长图拼接中的一部分，因此在设计单张图片的时候一定要注意，图片整体风格是纵向的，在设计每一张小图时要避免在拼接的过程中由于上下页的风格不一致而导致拼接不完整。在设计小图时，图片背景应避免使用渐变色，避免使用复杂的线条等元素，这样可以大大减轻长图拼接时的工作量。多使用纵向的线条、纯净的背景色等便于拼接的元素，重点突出整张长图的核心信息，避免复杂的背景对要表达的信息喧宾夺主。

长图按照上下结构分为封面、内容和封底三个部分。封面统领全图。封面包含主标题、副标题、图片说明等元素，从视觉元素及标题文案技巧入手，着重突出长图内容要义。内容是长图的核心。对于主要放在长图中间的内容信息，并非仅仅做文字排版，可以通过视觉化的图表来代替枯燥的数据，使用形象的图片元素代替冗杂的文字描述，在内容纵向引导上，使用线条、序号、色块等视觉逻辑标识引导读者逐渐向下阅读。封底部分对内容进行总结。可在封底提炼内容核心观点或注明内容出处、制作单位与制作人、制图时间等，根据实际需求进行设置。封面、内容、封底设计完成后，导出图片并拼接长图。

使用 PPT 自带功能导出图片，然后通过美图秀秀打开一张导出的图片，选择"拼图"，按照图片的既定顺序"添加图片"来进行图片拼接。为了保证各张小图间的无缝衔接，需要将边框大小调整为"0"，然后视情况调整画质（默认画质为 90），选择保存路径，"保存"长图，完成拼接。利用第三方微信编辑工具也可以将若干张图片进行无缝拼接，方法类似，这里就不详细介绍了。

> 图标图片

即 icon 图标。icon 图标是 Windows 的图标文件格式的一种，在计算机应用中 icon 文件名的后缀为 ".ico"。

icon 图标一直深受 PPT 制作者的追捧，它不仅仅是一种图形，更是一种标识，具有高度浓缩并快捷传达信息、便于记忆的特性。无论设计封面图还是信息长图，icon 图标能够为图片增色不少。一方面，icon 图标能够最大限度地取代文字信息，满足视觉化设计需求；另一方面，icon 图标的使用可使长图的逻辑线更加清晰。那么哪里能够找到各种精美的图标图片呢？

给大家介绍几个常用的图标网站，大家可以根据自己的实际需求进行搜索和下载，有 easyicon，还有千库网，FlattyShadow，ICONFINDER 等。至于如何制作图标图片，可以说专业级图标的设计要求非常高，而一般新媒体运营过程所需要使用的图标图片，使用 PPT 也完全可以应付。

使用 PPT 设计制作图标图片的方法非常简单，就是在 PPT 环境中根据自己的设计需求完成图片和文字素材的添加和编辑，然后选中所需的所有元素，点击右键选择另存为图片，如此就可以得到一个自己设计好的并且背景为透明的 PNG 图片，随后可以将其使用到任何需要的地方。此种方法既简便又高效。

> 九宫图

九宫图又名九宫格图，其形状以九个方格组成，借用九个方格之间的关系，可以在海报设计以及社交媒体配图设计方面发挥更多创意。

九宫图也是媒体平台上常见的配图形式，之所以常常被使用，源于以微博、微信朋友圈为代表的社交平台均对于配图的数量进行了限制，要求所发图片不得超过九张图，于是这个九张图的配图限制就衍生出了九宫图这样的图片创意。

九宫图的创意关键在于最终展现的效果的完整性和统一性，很多时候，为了操作简单，运营者直接将一张完整的图片平均分割成九张小图，并分别上传至媒体平台，形成九宫图效果。至于切割的方法和工具，这里就不再赘述了，用美图秀秀或者 PPT 都可以轻松实现。

> GIF 图

GIF 分为静态 GIF 和动画 GIF 两种，扩展名为".gif"，这是一种压缩位图格式，支持透明背景图像，适用于多种操作系统，"体型"很小，网络上很多动画都是 GIF 格式。

其实 GIF 图的动画效果是将多幅图像保存为一个图像文件，最常见的就是通过一帧帧的动画串联起来的搞笑 GIF 图，所以归根到底 GIF 仍然是图片文件格式。GIF 只能显示 256 色，和 JPG 格式一样，是一种在网络上非常流行的图形文件格式。其优点在于它的体积很小，可插入多帧，从而实现动画效果，还可以设置透明底色，以产生浮于背景之上的效果。缺点则是由于采用了 8 位压缩，最多只能处理 256 种颜色，故不宜应用于真彩色图片。

常用的 GIF 图资源网站包括 GIPHY、嗨图、花瓣网、GIFBIN、多玩图库等。还有一个非常快捷的获得 GIF 图片的方法，就是利用 QQ，在电脑端登录 QQ，好友或群友发送的各种 GIF 动态表情，都可储存到电脑上，变成自己的 GIF 素材。

请根据实际工作内容，为文章设计不同的图片，包括封面图、信息长图、图标图片、九宫图、GIF 图。

4.6 音频视频编辑技巧

新媒体运营，内容是关键。新媒体的内容包括文字、图片、音频、视频等，其中文字与图片是内容的基础，用于表达观点或发布资讯；音频、视频是内容的加分项，用于丰富内容。

> **新媒体音频和视频的作用**

现阶段网民的阅读诉求已经从"有图有真相"的阶段过渡到"图片可以修，视频才是真"的阶段，新媒体音频和视频的作用主要有以下三方面。

- 解释内容

例如，在微信推送一篇活动文章，可以在活动规则下方放置视频，更形象地阐述活动玩法、奖品设置、评分规则等。

- 加强内容

一篇励志类文章只用文字很难打动人，加入相关演讲的视频或音频，则可以让读者更快进入场景。

- 补充内容

在微博发布内容，用最精练的语句简单阐述即可，详细内容可以利用视频或图片进行补充。

> **新媒体音频和视频的处理**

常用的新媒体音频和视频处理主要包括下载、制作、编辑。

新媒体音频和视频下载就是获取音频、视频的方法，首先说说如何获取微信文章内的视频。

微信文章内的视频，通常来自腾讯视频。因此，获取微信文章视频的直接方式是在腾讯视频搜索。但是视频标题很可能与微信文章的标题完全不同，导致无法检索到。解决这一问题，可以采用浏览器获取的方式。在微信电脑端打开图文消息，并通过电脑浏览器打开视频，利用浏览器查看网页源代码，并搜索关键词"v.qq.com"，搜索结果就是图文消息中视频的链接。

新媒体运营工作者需要具有对素材随时保存的习惯。在翻阅微信朋友圈时，好的短视频可以收藏或下载，留存备用。将微信朋友圈视频"保存"至手机，然后导出至计算机的方法如下。

方法其实非常简单，安卓手机在微信中打开视频，长按该视频或单击右上角的更多图标选择"保存视频"即可，同时屏幕下方会提示保存位置，可以进入文件管理界面查看手机保存的视频，也可以进入相册查看已保存至相册的视频。苹果手机打开朋友圈视频，单击右上角更多图标，也可以保存视频，屏幕也会提示已保存至"系统相册"。

导出至计算机的方法也很简单，在电脑端登录QQ，并在手机端登录同一个QQ，通过手机端QQ选择视频并将其发送至"我的电脑"，在电脑端接收到视频后，单击右键"另存为"，即可把视频导出至计算机。

微博视频下载与微信不同，无论在移动端还是电脑端，微博都没有"保存视频"的选项，下载微博视频需要借助其他应用。可以在应用市场搜索下载"GetThemAll"应用，这个应用支持iOS系统及安卓系统，打开"GetThemAll"应用，把微博链接复制进应用浏览器中，这个过程需要登录微博，进入链接解析下载页面，勾选即可下载该视频。导出方式与微信视频类似，这里不再赘述了。

还有一个重要的内容下载，即导出微信群语音。由于微信本身的语音规则限制，使用者常会遇到两大问题。一是单条语音有时间限制，无法利用微信自带的语音功能发送超过60秒的课程、歌曲等。二是语音无法直接下载。为解决这些问题，需要使用辅助工具。

苹果手机的微信语音导出需要在电脑端下载安装"同步助手"软件及苹果官方软件"iTunes"。然后进入微信备份界面"备份最新数据"，并在弹出的对话框中选择保存位置进行备份。备份完成后选择需要导出语音的微信对话框，点击需要导出聊天记录的日期，单击左上角"导出"按钮选择"导出语音"，便可"导出当前浏览时段的语音"，选择保存路径，单击"确定"按钮开始导出。音频片段全部导出之后，在电脑端下载QQ影音软件并安装，打开QQ影音，选择"合并"工具，对音频内容进行拼合。

安卓手机可参照以上方法，使用"同步助手"导出微信语音。

新媒体视频求快、求新与传统的广告视频不同。日常发布的视频完全可以利用手机完成拍摄与制作。手机制作视频，除使用自带的"录像"功能外，还可以使用相机类应用进行更加丰富的视频编辑。优秀的视频编辑工具有VUE、美拍大师和快手。

"VUE"最大的特点是可以制作出大片般的效果,通过"从相册导入视频"或"拍摄"添加素材后,可以选择时长或视频分段数,同时使用不同的滤镜效果及画幅大小达到不同的效果。拍摄完成后,可对视频进行的调节包括画面调节、分镜编辑、背景音乐、添加贴纸等。可自定义的内容较少,最长支持60秒视频录制,最多有6段分镜头。视频制作完成后,通过手机QQ中"我的电脑"导入电脑端,还可以上传至微信公众号后台。

美拍大师作为美图旗下一款主打视频拍摄及编辑的应用,相比VUE在素材、滤镜方面更丰富。在美拍大师中,可自定义的内容包含分段视频的剪辑、动态文字、背景音乐、转场动画、字幕、滤镜,并支持多平台分享,其丰富的自定义内容让视频的创作更加便捷。

同样作为短视频平台的快手与其他应用不同之处在于可以把录制的视频按照帧数进行精细剪辑。在快手中,可自定义的内容包括滤镜、相框、场景、配乐等。"高级"编辑是快手与众不同的地方,通过"高级"编辑可以把录制的视频转化为连续的若干帧图片,并对每一帧图片进行"文字""贴纸""画笔""删图"处理。使用"高级"的剪辑功能,可以更方便地制作与编辑视频内容。

完成视频制作后需要注意微信公众号后台对于推送视频的限制,不得大于20MB。当大于20MB时,需要通过腾讯视频上传。

上传视频　视频不能超过20M,超过20M的视频可至**腾讯视频**上传后添加,也可通过添加视频详情页链接以及公众号文章链接插入视频,视频时长不少于1秒,不多于10小时,支持大部分主流视频格式

上传视频

腾讯公众号后台视频限制

当使用从网络下载的音频、视频和一些设备拍摄的音频、视频时,因为个别网站平台对于格式的要求,不得不对原格式进行转换,以便发布到这些网站

平台。下载并安装"格式工厂"电脑客户端，可以非常简单高效地对音频、视频文件进行格式转换。

课后思考及作业

找一个满意的音频或视频作品和一个不满意的音频或视频，分别指出优缺点。并根据自己的理解试制作一个音频、视频作品。

4.7　H5 运营技巧

谈到近几年互联网的发展，必然会提及一个热词——H5，究竟什么是 H5 呢？H5 是指第 5 代 HTML，也指用 H5 语言制作的一切数字产品。HTML 是"超文本标记语言"的英文缩写。目前上网所看到的网页，多数是由 HTML 写成的。"超文本"是指页面内可以包含图片、链接，甚至音乐、程序等非文字元素。而"标记"指的是这些超文本必须由包含属性的开头与结尾标志来标记。浏览器通过解码 HTML，就可以把网页内容显示出来，它也构成了互联网兴起的基础。

HTML 的第一版是在 1991 年开始研发的，于 1993 年发布。本来每隔一段时间 HTML 都应该进行更新，但是自 1999 年 12 月 HTML 4.01 发布以来，就再也没有更新。此后的十多年，互联网行业发生了翻天覆地的变化，人们逐渐意识到原有的 HTML 已经不能适应互联网的发展了。这时有两个组织 WHATWG 和 W3C 分别提出了新的方案。在 2006 年，双方决定进行合作，创建新一代的 HTML，这就是 H5。经过长达 8 年的努力，2014 年 10 月 HTML 5 标准规范最终制定完成并向全世界开放。H5 标准规范的开放注定成为一个划时代的事件，从那一天起 H5 便成为了全网最火热的新词之一。

H5 之所以能引发如此广泛的关注，根本在于它不再只是一种标记语言，它为下一代互联网提供了全新的框架和平台，包括提供免插件的音频、视频、图像动画、本体存储以及更多炫酷而且重要的功能，并使这些应用标准化和开放化，从而使互联网也能够轻松实现类似桌面的应用体验。

H5 最显著的优势在于跨平台性，用 H5 搭建的站点与应用可以兼容 PC 端与移动端、Windows 与 Linux、安卓与 iOS。它可以轻易地移植到各种不同的开放平台、应用平台上，打破各自为政的局面。这种强大的兼容性可以显著地降低开发与运营成本，可以让企业特别是创业者获得更多的发展机遇。

此外，H5 的本地存储特性也给使用者带来了更多便利。基于 H5 开发的轻应用比本地 App 拥有更短的启动时间、更快的联网速度，而且无须下载占用存储空间，特别适合手机等移动媒体。而且 H5 让开发者无须依赖第三方浏览器插件即可创建高级图形、版式、动画以及过渡效果，这也使得用户用较少的流量就可以欣赏到炫酷的视觉听觉效果。

综上所述，现在大家接触到的 H5 具有以下特点：无须下载安装，即点即玩；不受平台限制；对影音、图像、交互动画等高度支持。

《2016 年度 H5 行业最全报告（含数据分析）》

> **引发 H5 传播的心理因素**

好玩的 H5 总是能够引起广泛的传播，引发 H5 传播的心理因素主要包括以下几方面。

- 好奇心

好奇心是个体学习的内在动机之一，是个体寻求知识的动力。网友出于对未知事物的好奇，总会抱有猎奇心理，并且这些未知的事物能充分地调动网友的情绪和注意力。用户对 H5 的标题好奇，会点击进去；对焦点图好奇，会点击进去；看到某个 H5 被熟悉的朋友转发了，也会点击进去。

- 认同感

认同感是指人对自我及周围环境有用或有价值的判断和评估。人无论怎样都需要被肯定，但是很多人却得不到，更确切地说是一旦评价标准不适合自己，就会体验到疏离感，会出现"我没有用"等认同感缺失的心态。不少测试型的 H5 会被转发，主要源于认同感。例如，通过一系列娱乐性的测试题，来测算出自己如果在古代会是哪个朝代的皇帝，或测测你的人气指数是多少等等。这些娱乐性测试的测试结果切合了网友的认同感心理。

- 攀比心理

攀比心理，根据产生的作用不同，可分为正性攀比和负性攀比。正性攀比指正面的积极的比较，是在理性意识驱使下的正当竞争，往往能够引发个体积极的竞争欲望，产生克服困难的动力。负性攀比指消极的、伴随有情绪性心理障碍的比较，会使个体陷入思维的死角，产生巨大的精神压力和极端的自我肯定或者否定。攀比心理多出现在游戏型 H5 和测试型 H5 中。典型的游戏型 H5，如围住神经猫和 2048，都由于攀比"谁的成绩更高"而被传播得非常广；测试型的 H5，如用自拍照测颜值，会因为"我比别人更好看"而被传播。

- 炫耀心理

从金钱、权力、地位、头衔、物品等独有的或外在的事物来特意凸显强调自己。能满足炫耀心理的 H5 比较多，几乎所有类型的 H5 在某种程度上都可以满足参与者或转发者的炫耀心理，如在比分赛制类 H5 中获得了高分，想要分享出去炫耀一番；比其他人更早发现了一个很有趣的 H5，转发出去炫耀自己走在流行的最前沿等。

> **H5 的五种展现形式**

在微信上见到过的各种各样的 H5，总结起来共有展示型、互动型、场景型、游戏型和测试型五种形式。

- 展示型

展示型是经常看到的 H5，制作难度低，人人可以参与制作。在一些 H5 制作平台上，只需上传图片，就可以套用模板生成。其主要形式是通过滑动来展示内容，展示的内容相对简单，页面互动效果也相对简单。常见的互动方式为由底部向上滑动进入下一页，通过这样不断地翻页来展示页面要表达的内容，即文字和图片。展示型 H5 常用到的场景有活动宣传、出游照片合集等。

- 互动型

互动型 H5 和展示型 H5 类似，都是展示内容，只不过形式不同，展示型的页面互动体验较差，侧重在直接展示的内容上，而互动型则通过互动体验将要表达的内容展示出来，侧重在互动体验。虽然增加了互动体验，相较于展示型 H5 在制作难度上有一定的提升，但是互动型 H5 在 H5 的制作平台上仍可以套用模板。其主要的互动形式是，通过在屏幕上各个方向的滑动、点击、拖曳等动作，完成一定的 H5 设置，才能顺利进行 H5 的演示。同时，手机摇一摇、将手机水平放置和倾斜放置、通过手机麦克风与 H5 互动等，都属于互动形式。

- 场景型

场景型 H5 融入了一些互动型 H5 的成分，在比重上，场景型 H5 更注重 H5 展现形式的场景化，通过互动能进入一定的场景、情景当中，将要传达的信息，植入场景当中，从而使受众较容易接受一些强硬的广告信息。其主要形式是，以第一人称的视角打开 H5，进而跟随页面提示，一步步随着剧情探索下去。

- 游戏型

游戏型 H5 与前面三者的区分方式不同，最突出的一点是展现内容本质上是一个游戏。不论通过屏幕互动还是手机感应器,其目的都是为了完成游戏。通常能够在微信中传播火爆的 H5 多是一些比分类的游戏。常见的游戏型 H5 有围住神经猫、2048、打飞机、黑白块等。这些游戏会引发网友的自发传播,除了上一节分析的四点心理原因之外,其传播诱因还包括简单易上手和获奖激励明确等两方面。

- 测试型

测试型 H5 最显著的特点就是基于测试标准、通过 H5 对网友进行测试对比,在互动形式上比较简单。其主要的形式有上传照片测试颜值、答题测试你最近的运势等,其共同特点是对受众进行一个分值、等级等显性且有明显差异的排名。初学者对于 H5 的设计可采用免代码设计平台进行,在无代码基础的情况下,通过免代码 H5 设计平台,可以方便快捷地设计 H5 作品。无论使用哪种 H5 设计平台,建议用微信账号登录,这样无论 PC 端制作还是移动端制作,都方便统一账号分享,同时在微信中看到 H5 作品时也免去重新登录的麻烦。

H5 的制作工具包括易企秀、we+、MAKA、兔展、iH5 等,设计方法相近。这些 H5 编辑工具大多都有大量的模板,有的还按照场景和行业进行了详细划分。选择模板后,进入 H5 模板编辑页面,添加自己想要的素材,包括图片、文字、音乐和视频等,按照既定的设计完成 H5 作品的编辑,便可以进行预览,看看有什么需要调整的内容,全部调整完成后输出发布,即可得到最终的 H5 作品。

找一个满意的 H5 作品和一个不满意的 H5 作品,分别指出优缺点,并根据自己的理解制作 H5 作品。

下 篇
实战技巧篇

/5/ 微信与微信运营

5.1 了解微信

提到微信，可能大家都不会感到陌生，现在几乎每个人的手机中都会安装这个绿色的App程序，包括自己的爸爸妈妈。2017年第一季度数据显示，微信全球的月活跃账户数已经达到9.38亿。在中国，微信基本已经覆盖了95%的智能手机；在世界上，微信用户覆盖了200多个国家和地区，支持并使用的语言就已经超过了20种。

这么普及的微信到底是什么呢？可能这里很多人就会突然卡顿，很难给出一个相对全面和准确的答案。的确，人们和微信太熟悉了，几乎是天天与之为伴，正因为如此，使得人们往往不再去关心或关注它的一些基本概念。但是作为一个专业的新媒体运营人员，还是有必要了解并记住它的。

微信，英文名称WeChat，是腾讯公司于2011年1月21日推出的一个为智能终端提供即时通信服务的免费应用程序，由张小龙所带领的腾讯广州产品研发中心团队打造。微信支持跨通信运营商、跨操作系统平台，通过网络快速发送免费语音短信、视频、图片和文字，同时，也可以使用通过共享流媒体内容的资料和基于位置的社交插件，如摇一摇、漂流瓶、朋友圈、公众平台，等等。

微信作为一款即时通信服务工具，其所具有的功能已经远远超出了同类产品，可以说微信已经逐渐成为一款生活服务工具，从沟通到购物，从社交到定位，它几乎无所不能。但是真要让你详细说说微信的功能，恐怕一时间还真不容易。下面就和大家一起简单地罗列一下微信的主要功能都有哪些。

- 聊天功能

聊天功能是微信最基本的功能，支持发送文字、语音、视频、图片和表情，支持多人群聊。微信群人数上限为500人，为了避免恶意账号给群带来骚扰，更好地保护信息安全，100人以上的微信群主要是已通过实名验证的微信用户。同时，超过40人时，你的邀请需要对方同意；超过100人时，对方需要通过实名验证才能接受邀请，验证方式主要是通过绑定银行卡进行验证。

- 添加好友功能

微信支持查找微信号添加好友、查看QQ好友并添加、查看手机通讯录和分享微信号添加好友、摇一摇添加好友、二维码查找添加好友和漂流瓶接受好友等多种方式。

- 微信小程序

这是一种不需要下载安装即可使用的应用，它实现了应用"触手可及"的梦想，用户从微信发现中可以看到小程序图标，微信会推荐附近的小程序，也可以通过扫一扫或搜索关键词找到相关的小程序，点击即可打开应用并使用，非常便捷。相信未来微信小程序应该会逐步替代需要安装并且频繁更新的App。

- 支付功能

微信支付是集成在微信客户端的支付功能，用户可以通过手机快速地完成支付流程。微信支付向用户提供安全、快捷、高效的支付服务，以绑定银行卡的快捷支付为基础。

基于支付功能，微信还推出了余额提现、微信红包、面对面收付款、群收款等各种功能。除了提现会收取相应的手续费，其他都是免收手续费，可以说正是微信支付和支付宝支付的广泛使用，才使得中国成为全球第一个有望实现无现金消费的国家，让很多外国的小伙伴羡慕不已。

- 朋友圈功能

用户可以通过朋友圈发表文字和图片，同时可通过其他软件将文章或者音乐分享到朋友圈。用户可以对好友新发的照片进行"评论"或"赞"，用户只能看共同好友的评论或赞。

- QQ 邮箱提醒

QQ 邮箱提醒开启后可接收来自 QQ 邮箱的邮件，收到邮件后可直接回复或转发。

- 腾讯新闻提醒

腾讯新闻每天向你推送热点新闻，方便进行阅读。

- 漂流瓶

可通过扔瓶子和捞瓶子来匿名交友。

- 查看附近的人

微信将会根据你的地理位置找到在用户附近同样开启本功能的人，这是一个 LBS 功能，即基于位置服务的功能。

- 微信摇一摇

这是微信推出的一个随机交友应用，通过摇手机或点击按钮模拟摇一摇，可以匹配到同一时段触发该功能的微信用户，从而增加用户间的互动和微信黏度。

- 群发助手

通过群发助手把消息发给多个人，这个大家应该都比较熟悉。每当过年过节，要发送相同的祝福信息给很多人时，就会用到这个功能。通过群发助手，人们可以群发文字，群发图片，还能够群发语音，非常方便。

- 语音输入

微信语言输入过程中可实现将语音转化为文字的功能，随着技术的不断提升，语音识别率也越来越高。

- 微信运动

可以记录自己的运动情况，同时也可以看到微信好友的运动情况。

- 卡包功能

在这里可以汇总各个通过微信注册的会员卡或通过微信获得的优惠券，极大地方便了卡券的使用。

- 游戏中心

可以通过微信通道玩各种有趣的游戏，同时，还可以和好友一起组队游戏，并在排行榜上与微信好友一较高下。

- 微信公众平台

通过这一平台，个人和企业都可以打造一个微信的公众号，可以群发文字、图片、语音三个类别的内容。

- 账号保护

微信与手机号进行绑定，保护微信账号的安全，需要的时候可以通过手机验证来找回密码。

微信公众号各项功能截图

微信的这些功能相信大家都很熟悉了，其实，微信还有一些不为人熟知的小秘密。

首先，微信的图标是两个"气泡"，从核心 logo 设计上看，采用一左一右的两个卡通化的对话图标，恰当地解析了软件的基本功能——交流。同时，绿色的背景色填充效果，让整个微信图标标志醒目且与众不同。更从侧面揭示了其创立时的宣传效果，即便捷、时尚、免费。

再有就是微信的启动画面，大家应该都有印象，即一个孤独的小人，面对巨大的地球站在那里。这个画面，最近刚刚被更新，更换时间为 2017 年 9 月 25 日下午 5 点至 28 日下午 5 点，这也是 6 年来微信启动页面首次发生变化。据说之后还是会被换回去的。更换之前的启动画面里的地球被云团笼罩，只露出一部分地貌特征，对世界地图比较熟悉的人细心观察应该不难看出，微信启动画面中心部位的所在位置是非洲。问题来了，按照常理，运营者在做产品或者宣传海报时，用到世界地图，都是习惯性地把自己国家置于地图的中心，那么，为什么微信的启动画面上的地球正对的是非洲，而不是中国呢？因为它不是地图，而是一张照片，一张真实的照片，用哈苏照相机在 4 万 5 千米外拍摄的地球照片。这张照片的官方编号是：AS17-148-22727，是 NASA 在全世界范围公开的第一张完整的地球照片，名为"蓝色弹珠"，是人类第一次从太空中看到的地球的全貌。

简单说一下这张照片。大家应该都知道美国的"阿波罗登月计划"。从 1961 年到 1972 年的 11 年时间里，美国持续进行了一系列载人登月太空飞行，其中有 6 次成功登上月球。"蓝色弹珠"这张照片拍摄于 1972 年 12 月 7 日，当时在阿波罗 17 号飞船上，三名宇航员中的一位用一台 80 毫米镜头的哈苏照相机，拍下了完整的地球照片。这张照片非常难得，因为阿波罗 17 号飞船执行的是最后一次"阿波罗登月计划"，同时人类也已经很久没有飞船抵达这个距离对地球进行拍照。人们看到的大量地球的照片都是合成照，而不是太空实拍。站在宇航员的角度，于 4 万 5 千千米之外看过去，地球就像是一颗很小的蓝色弹珠，这就是这张照片名字的由来。

这次更换的这张照片呢，说起来就比较自豪了，它是由中国的"风云四号"拍摄的。"风云四号"搭载了全球首个大气垂直探测仪，并且是国际上首次在单星上同时搭载了多通道扫描成像辐射计和干涉式大气垂直探测仪的卫星，简单地说就是一颗卫星实现了两颗卫星的功能，这是中国气象领域的一项重大成就。

关于选用这两张照片作为素材的原因，微信团队透露称："非洲大陆是人类文明的起源地，我们将非洲上空的云图作为启动页的背景图，也希望将'起源'之意赋予启动页面。而此次展示'风云四号'拍摄画面，也是寓意从'人类起源'到'华夏文明'的历史发展，旨在向亿万微信用户展示我国大好河山风貌。"

不论使用哪张照片，微信的启动画面都是人类在太空中远眺母星的景象。作为一种人际沟通工具，没有其他图像比这个画面能够更好地表达出人类内心的孤独，以及地球家园的美好。所以，整个启动画面有一种孤清中的淡淡暖意，给人文艺的感觉。

了解了微信启动画面照片的来历，很多人会接着问，那个小人是谁呢？起初不少人推断说那个小人是微信的创造者张小龙。从 Foxmail 到 Foxmail 被腾讯收购，再到 QQmail 以及如今如此火爆的微信，张小龙这位互联网圈内极其低调的产品经理，可以说是神一样的存在了。但是经过不少热心网友的论证，又给出了一个看似比较靠谱的答案，即那个小人不是别人，正是腾讯创始人——马化腾。为什么这么说？因为马化腾小的时候就梦想成为一名天文学家，天文一直是他最大的爱好，就算忙得不行，也会抽时间用一个超高度数的天文望远镜看星空。当然也有网友认为，微信这个小人不是张小龙，也不是马化腾，而是人类中的每一个人，每一个使用微信内心孤独渴望真诚沟通的用户。因为地球是热闹的，而每一个人又都是孤独的，人们在面对未知世界时，在思索，也在希望沟通。所以，微信上的小人是地球上每一个人的影子，正在默默地在向世界倾诉自己内心的小宇宙。

课后思考及作业

1. 你认为微信的这个小人是谁呢？说出你的理由。
2. 作为一个专业的新媒体运营人员，在实际运营工作中，能否尝试着在策划初期也埋入一些小小的彩蛋等待其他人来挖掘呢？

5.2　个人微信与企业微信

微信可以说是一款迄今为止最成功的 IM 软件，正如它在官网上宣传的口号"微信，是一个生活方式"一样，微信确实是一个能改变生活方式的产品。之所以能够取得这样的成功，源于微信非常重视用户体验，同时还在不停地刻意地培养用户的使用习惯。每个版本的发布都充分考虑用户对功能的熟悉度，每次增加一点点改进，不断优化，不断培养，可以说微信在完善产品的同时，也是在持续做用户体验的全面运营。

如今，微信已经不仅仅是一款应用，它已经开始渗入人们生活的方方面面。回想一下，在微信出来之前，人们会在社交场合交换名片，会在过年过节的时候发送祝福短信，会到营业厅充值话费，钱包里总要预备一些钱以备各种消费，还会申请网银用来支持网上购物，人们会用 QQ 聊天，会经常打电话询问对方情况，会拍照片然后发在微博上，看到有趣的事情会拍成视频然后进行一系列剪辑编辑后拷贝在 U 盘里分享给朋友观看。而微信出现后，这一切都发生了翻天覆地的变化，人们不再使用名片而是面对面扫描二维码加好友甚至建群，过年过节是直接微信发红包或者群发各种生动有趣的拜年信息。不但电话费可以微信缴纳，现在很多城市的水费、电费、燃气费都可以通过微信进行缴纳，就连信用卡也可以通过微信进行预约还款。

不仅如此，由于微信的出现，让国人无现金外出变成了可能，现在就连街边卖煎饼的小摊都支持微信支付，更不用说超市、商场和网络商城了。再加上微信的即时语音信息、图文信息、小视频以及朋友圈，微信彻底地融入了人们生活的方方面面。

除此以外，微信另一大突破在于，45岁以上的微信用户越来越多。其实很早QQ就支持手机应用，很多年轻人都安装了手机QQ，但是在45岁以上的人群中，手机QQ的渗透率并不高，很多人似乎认为这是小孩子玩的东西。微信的界面简洁大气，很有国际范儿，让商务人士也认为这是一个比QQ、MSN更好的通信手段。微信在各类人群中的渗透率的不断攀升，意味着微信已经成为一款覆盖全民范围的国产移动即时通信软件。微信的使用人群范围如此广泛，作为运营者，就要善于总结和分析微信的用户特征，从而使运营活动能更准确地针对目标客户群体。

微信从使用者和使用目的的角度可以分为个人微信、企业微信和微信公众平台。

对个人和企业而言，微信的用途并不相同，个人开通的微信叫个人微信号，个人微信可以和你的手机通讯录绑定，可以邀请你的朋友们用微信进行交流、联系，还可以通过朋友圈状态进行互动。

微信公众平台是腾讯公司在微信基础平台上增加的功能模块。通过这一平台，个人和企业可以打造自己的微信公众号，并在微信公众平台上向特定群体推送文字、图片、语音、视频等形式的消息，从而进行全方位沟通、互动。

作为微信的运营人员，必须清楚运营企业微信公众号与使用个人微信号的不同，对企业而言，运营微信更多意味着运营微信公众号、微信群，包括培养业务人员到朋友圈发推广信息等。

从连接关系来说，个人微信号基于的是点对点的关系，微信公众平台基于的是一对多的关系。从使用方式上来说，个人微信号主要以手机端为主，而微信公众平台则更加偏重以PC端为主。从主要使用的功能上来说，个人微信号主要就是用于加好友、发消息、发布和查看朋友圈状态以及包括支付在内的一些个人相关的城市服务，而微信公众平台则主要用于提供智能回复和图文回复等其他功能。从用户导入角度分析，个人微信注册成功后，可以自动导入手机通讯录，系统会给你推荐手机通讯录中开通了微信的好友，这就建立了初步的微信通讯录和朋友圈；而微信公众号注册建立完后就像一张空白的纸一样，你拥有的只是一个微信号和一个二维码，后期必须通过推广才能吸引到一定数量的用户。从圈子定位角度分析，个人微信号运用的是熟人圈子，基本都是你认识的人，而微信公众平台主要运营的则是陌生的用户或者粉丝圈子。另外，推广方式也大不相同，个人微信号大部分是通过朋友介绍，或者面对面交流关注的；而微信公众平台需要利用各种渠道进行推广，吸引粉丝关注，这些渠道既包括线上的，又包括线下的。

说完个人微信号与微信公众平台的不同，下面再说在使用微信过程中一个常见的问题。众所周知，微信的标语为"微信，是一个生活方式"，但是社交领域中既有生活领域的社交联系，也有工作领域的社交协作，于是这也一直被人诟病"生活与工作搅在一起分不开"。此外，微信对于工作协作与团队沟通的功能做得也不是很完善。

所以腾讯选择单独做一个App，将办公领域的社交协作单独拿出来，这个App就是"企业微信"。企业微信是一款用于基础办公沟通的IM产品，适用于各种类型的企业和机构用户，拥有贴近办公场景的特色功能和OA工具，如请假、报销、考勤等，让员工可以在手机上处理办公事宜，管理员端后台可以添加自定义应用。

作为企业的新媒体运营工作者，不单单要注重利用新媒体实现对外宣传和营销，同时还要思考，是否可以使用新媒体的方式和手段来对内宣传以及提升内部管理效率。不难看出，企业微信就是这样一个能够帮助提升企业内部运作效率的新媒体工具。企业微信适用于政府、企业等各类组织。企业微信为企业用户提供移动应用入口，帮助企业建立员工、上下游供应链与企业IT系统间的连系；它能够统一企业通讯录，实现企业通讯录的快捷导入、统一管理，保证同事信息准确完善，方便查找；同时具备贴合办公场景的沟通方式，集成电话、简讯、邮件等多样沟通形式，提高效率，还能够提供回执、提醒消息；

最重要的是它能够提供可靠的安全保障，协议全程加密，防止网络窃听，有多重数据安全保护机制，能抵御网络攻击和入侵，等等。

需要大家注意的是，微信公众平台企业号和企业微信都是腾讯推出的面向企业级市场的产品，但它们有着本质的区别。微信公众平台企业号是微信公众平台的一个公众号类型，依托微信的大生态，建立在微信整体架构和关系链之上，是企业和组织服务的连接平台。而企业微信是一个独立的App，是提供给企业使用的一款IM产品，帮助企业用户提升工作效率。分清两者的区别，才能够在它们各自擅长的领域发挥最大价值。

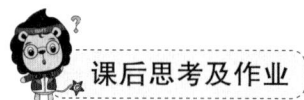

个人微信与企业微信的区别有哪些？在运营过程中，运营重点各有什么不同？

5.3 微信的营销价值

微信的功能特点不再赘述，那么，微信到底有哪些营销价值呢？

➢ 个人微信号的营销价值

- 输出个人品牌

微信最大的价值在于可以输出个人品牌。美国管理学者汤姆·彼得斯提出，21世纪的工作生存法则就是建立个人品牌。也就是说不只是企业、产品需要建立品牌，个人也需要在职场、生活中建立个人品牌。个人品牌的树立是一个长期的过程，在此过程中人们希望塑造的个人形象可以被周围大众广泛接受并长期认同。以微信为代表的社交软件的出现，让个人可以成为传播载体，人们能够在社交软件上展示自己鲜明的个性和情感特征，同时在符合大众的消费心理或审美需求下，这种个人品牌效应完全可以转化为一种具有商业价值的注意力资源。

- 通过微信刺激产品销售

不论是基于熟人经济的微商，还是基于个人品牌效应的微店，"人"都成为了新的商业入口。通过个人微信的朋友圈发布产品信息，用微信聊天为买家提供产品介绍和售后服务，用微信支付功能完成付款……就这样实现了"社交电商"。

- 通过微信维护客户关系

微信是人与人之间便捷沟通的一种手段。如果由于业务关系添加了很多客户为微信好友，通过与之聊天联系或朋友圈互动，就有了与客户加深情感连接、让客户有进一步了解你的机会。但是不论采用哪种营销方式，基于社交网络的营销活动，最需要解决的问题只有两个字，信任。有了信任，才会有商业转化的机会，客户信任你才会选择购买你的产品。客户购买的不只是产品，更是那份信任。

> ➢ 微信公众号的营销价值

企业只有深深理解了微信公众平台背后的每种价值，才能结合消费者的需求来确定怎样通过微信提供服务。

- 信息入口

首先，作为微信公众号的一大营销价值就在于，它是一个实实在在的高效的信息入口。

PC时代，企业需要官方网站提供信息供用户查询；移动互联网时代，企业依然需要这样的官方入口。基于移动互联网的特点，用户不再需要通过点开百度搜索关键词或输入网址来访问，只需要在微信搜索公众号昵称就可以获得企业介绍、产品服务、联系方式等信息，也可以单击公众号中的菜单直接跳转到官网或者微店。

- 提供优质的客户服务

客户关系管理 CRM 的核心是通过自动分析来实现市场营销、销售管理和客户服务，从而吸引新客户、留住老客户以及将已有客户转为忠实客户，增加市场份额。微信作为用户的天然的沟通工具，极大地方便了用户与企业沟通。通过设定好相关的关键词，就可以实现更具专业性和针对性的自动回复，在提高客户服务的满意度的同时，还可以大大节约人工客服的人力成本。

- 实现电子商务功能

未来的零售是全渠道的，企业需要尽可能地让消费者随时随地都能方便地购买到产品，而微信公众号就可以实现销售引导，及时把产品或服务信息送达用户，促成交易，缩短营销周期。若用户在看微信图文时想买某件商品，可以不用跳出微信，直接在微信上下单购买。这样选择下单和支付交易，甚至物流查询、客户服务都能够通过微信实现，而不需要下载 App 或跳转到淘宝、天猫等渠道购买。

- 准确方便地展开用户调研

产品调研是每个企业制定经营策略非常重要的环节，在大型公司里是由专门的产品研发部门来负责的，或者通过付费方式委托第三方公司发放问卷或者电话调研。这些方式不仅成本高而且数据不精准，而通过微信就可以直接接触与自己相关的精准用户群体并可以对其进行针对性调研，不但保证了受众群体的精准性，还能省去大笔经费。

- 品牌宣传

微信公众平台不仅可以承载文字、图片、音频、视频等多元化形式，还能及时有效地把企业最新的促销活动告知粉丝，具有互动性较好、信息传递快捷和信息投放精准的特点。用户不仅可以接收品牌信息，还可以更方便地参与品牌互动活动，从而深化品牌传播，降低企业营销成本。

可以看到，微信对于内外宣传营销工作的价值是非常巨大的，但这里还是要对新媒体运营工作者说一句，在没有微信之前，作为运营工作者也是能够通过各种方式达成运营目的的，微信出来之后，只不过是将之前其他的一些信息传播渠道转移到了微信上而已。所以，掌握一些微信运营的手法，可能会提升效率、降低成本，但绝不是说采用了微信做运营和营销就能够一本万利。说到底，微信的本质仅仅只是一个工具而已。要正确看待工具在运营过程中所占的比重与位置，也就是说，不要期待仅仅凭借一个工具可以给你的运营工作带来多么巨大的改变，工具仅仅是工具，工作成败与否的关键还是在于使用者。再有，不要寄希望于只用一种工具就可以做好新媒体运营，每个工具都有自己的特点，应该要把所有的工具整合起来，发挥每个工具的优势，规避其所具有的劣势，只有这样才能真正做好新媒体运营工作，实现最终的运营目的。

各查找五个不同类型的个人微信号及企业微信公众号，分析他们的运营特点，写出分析报告。

5.4 个人微信号的运营实战

提到个人微信号，大家应该都非常熟悉，它就好比是自己的一张微名片，别人通过观察其他人的昵称、头像、签名以及朋友圈信息，来判断那可能是一个怎样的人，进而决定是否愿意与之接触和交流，所以做好个人微信号装修是很有必要的。下面就来一起研究一下，关于个人微信号的装修。

个人微信号的装修主要包括昵称、头像、微信号、个性签名、地区、朋友圈信息等六个环节。

> 昵称

微信的昵称可以说是互联网中的个人的商标，人与人之间通过微信进行互动，最早接触到的就是昵称和头像。从运营角度来说，优质的昵称，无疑能够提升你在对方心目中的好感度，甚至信任度，从而减少沟通成本。

一般来说，一个优质的昵称的拟定主要有以下几个技巧。

- 与品牌一致，加强重复刺激

如果你已经有了一定的社会影响力，建议最好在任何网络社区都沿用已经被大众熟知的昵称，因为这个时候你经营多年的昵称如同一个商标。

作为一名新媒体运营人员，除了运营微信个人号，还会同时运营微信公众号、微博、QQ、豆瓣、知乎等众多网络媒体，如果要打造品牌，最好在不同网络媒体和社区上都使用完全一样的昵称。

值得注意的是，现在很多社交平台要求昵称不能重复，所以作为企业中负责媒体运营的人员，一定要有品牌意识，要在新媒体平台刚推出的时候就去抢注昵称。要知道，如今优质的昵称已然成为了一种稀缺资源，甚至出现了倒卖昵称的现象，就像当年抢注和买卖网址域名一样。那么运营者一定要尽早规划，抢占先机，避免被别人抢注。

对于准备打造个人品牌的朋友，建议可以将微信昵称设置为自己的网名，这样做的好处是增加真实感，进而产生信任度。如果你的本名已经被很多人记住了，那么直接用本名做昵称也是一个好策略。

- 字数要短，便于搜索

作为一个优质的微信昵称，一定要简单、亲切、好记。如果希望用户能很快地记住你的微信昵称，那么在起名的时候就需要符合用户的记忆习惯，除了品牌名称和个人网名或真实姓名以外，还可以使用人们熟知的英文单词、有规律的数字排列、平仄押韵的古代诗词等，用户越熟悉的东西就越容易被记住，相反，那些用词奇怪、字数过多的微信昵称是很难被人记住的。

- 拼写简单，便于输入

好昵称应该要方便用户快速输入和搜索，除非特殊情况，否则不要出现难写、难拼、难读、难认的文字。如果你希望昵称被更多人记住，那么繁体字、表情、符号、奇异的外国文字最好不要出现在昵称里。

如果你已经有知名度较高的个人品牌了，取自己一贯的名称或本名就可以，此时你的名字就是金字招牌。但如果自己没有个人品牌，建议你加上经过提炼后最重要的后缀信息，如"实名＋公司、地域或研究领域等"的结构，只要你在朋友圈足够活跃、内容有足够的吸引力，那么你的个人标签就会得到持续曝光。

昵称应该是一个人核心或重点的信息，有些朋友将公司全称、多个电话甚至人生格言理念都加在微信名里。这样看起来会非常怪异，有的甚至根本显示不全。

除此以外，微信昵称设置好了之后，就不要频繁更换，因为用户一旦熟悉了你的昵称，你更换后用户需要再花时间和精力去记住你，会增加用户负担，导致用户找不到你，或者由于变更频繁而将你忘掉。

还有一个非常重要的技巧，这便是忘掉技巧，用真诚去起一个充满诚意的微信昵称。网上曾经流传着很多微信起名技巧，这些技巧或许在短时间内有效，但滥用之后就带来相反的效果。如曾经在自己名字前加个"A"或"0"，就能有机会占据在别人通讯录的最前面，而现在加 A 的人有一大堆，效果已经很一般了，并且你的昵称加 A 好像就暗示着你将"营销、微商、卖货"等标签提前告知别人，会让别人对你产生提防心理。可见，有时候所谓的高超技巧反而会将事情搞得更糟，还是多拿出一些诚意，展现自己最真实的一面，从昵称的拟定就开始构建自己在别人心中的信任。

> ➤ 头像

要知道，头像象征品位、印象、信任度，是用户对你的第一印象，所以一定要用心设置，从而尽可能减少社交成本。如何设置微信头像，总结有以下几个注意事项。

- 微信头像图片辨识度要高，清晰自然

如果想让微信头像更好地展示自己，那么作为头像的图片必须要是清晰的，不清晰的头像就像蒙了一层薄纱，难免会给他人造成一种不信任感。同时，图片背景尽量干净，背景元素不能过多，否则会导致头像主体失焦。再有，好的头像一定要识别度高，背景色和主题内容一定要有明显的色彩对比，同时主体和背景的比例要合适，人物不能太小。当图片不是头像要求的正方形时，一定要进行适当裁剪，不要直接使用，否则会因为图片被压缩而产生变形，这会使你的头像看起来非常奇怪，令人不舒服。

- 微信头像的图片一定要是真实的

现实生活中不少人喜欢以网络上搜索到的美女、帅哥的图片作为头像，其实这个做法本身倒没什么，但是如果个人微信号是用于运营的话，还是建议使用真人头像，因为真实头像照片能够给人带来安全感，从而能够帮助建立信任感。

当然，作为头像的照片是可以适当进行美颜处理的，但是一定要把握尺度分寸，不要太过。真实、美好、能表达你自身气质的头像才会给用户带来好印象，让他们信任你，从而更愿意和你交谈。

- 微信头像图片要突出特点，贴近职业，与自身的风格匹配

如果微信号只是加了自己的亲朋好友，选用一些搞笑、好玩的头像无伤大雅，但是如果要去对接客户或合作伙伴，选择网络搞笑图片做头像难免会给自己的形象和专业度减分。所以一般情况下，头像风格的选择要尽可能贴近自己的职业、风格和特点。

➢ 微信号

除了昵称和头像，微信号也是微信重要的基础信息之一。可能很多人不太重视微信号的设置，要知道很多情况下，让对方通过自己的微信号找到自己并加为好友或进行关注是非常高效和方便的。

众所周知，微信号是微信唯一的 ID，设置后不能再进行修改，所以要选择一个好的微信号。一个好的微信号有好记、好识别、好输入的特点。如果微信号不好记、不好拼就会带来一些麻烦，所以尽可能避免难记忆字母组、不明意义的数字长串和有短杠或下划线等不方便输入的符号，等等。

对于微信号的设置，建议使用名称全拼、绑定的手机号。如果你需要运营多个微信号，也可以进行系列化设置，方便运营管理，如"全拼+01""全拼+02"等。总之就是要好记忆、好识别、好输入。

> **微信个性签名的设置**

大家试想一下，如果有个人请求你加为好友，而你看到他微信的个性签名写的是"代办各种银行贷款，个人信用贷，无抵押小额贷，放款快，无风险，代开发票，代购各种品牌进口奶粉，特殊渠道……"那么请问你还愿意单击"通过验证"吗？大多数人恐怕都会躲得远远的，因为在个性签名处已经看出这个人加你的动机不纯。个性签名在添加好友的时候被看到的机会多，直接影响着新增好友的通过率。

微信要求个性签名最多可以设置30个字，文字风格可以严肃也可以幽默，关键是展示自己的个性与特点。但总的来说，一是要忌空，就是不要空着，空着会被认为是一个没有诚意的"僵尸号"。二是忌硬，避免僵硬的广告，全是广告的个性签名会让人有警惕心，好友通过率特别低。

> **地区标注**

除了昵称、头像、微信号和个性签名外，在设置微信基础信息的时候，还有一项内容需要注意，就是体现人们是远在天边还是近在眼前的"地区标注"。

在很多人的介绍里，所在国家和城市写的是冰岛、法国巴黎、马尔代夫等，甚至有很多闻所未闻的国家或地区。其实，这样的设置会给对方带来很不好的感觉。除非是特殊需求或与产品相关，不然把自己说得那么远，这会使客户感到不踏实，没有实实在在就在身边的感觉，所以建议大家还是实事求是，说实话，你写个北京市朝阳区，应该还算不上泄露个人信息，毕竟朝阳区拥有390万常住人口，根据一个微信地域信息找到你的概率还是非常渺茫的。

> 朋友圈

朋友圈是微信上属于每个人的秀场。回想一下，在加完别人的微信后，你做的第一件事是什么？想必大多数人是去翻看新好友近期的朋友圈信息。网络上有人调侃，微信加完好友的通告应该改成"我通过了你的好友验证申请，现在我们可以开始互翻朋友圈了"。

朋友圈中发布的状态就是关于一个人的各种信息碎片，这些碎片会随着一张张图片、一段段文字、一条条转发散布在朋友圈里，把这些碎片拼合起来，哪怕没有见到本人，也能差不多看出个大概。

朋友圈的行为有发布、转发、评论、点赞等，下面就来看看如何运营朋友圈。

俗话说，新的一天从发朋友圈开始。可以说朋友圈这个交流平台真真切切地改变了人们的生活方式，人们可以随时随地地晒美食、晒幸福，但难以避免的，朋友圈暴露了很多个人秘密。所以作为一个新媒体运营人员，想要进一步了解一个人，也许是目标客户，也许是竞争对手，可以多关注他们的朋友圈，看一看，分析他们平时都在朋友圈发什么、发多少、何时发。若朋友圈中经常发一些四处的风景、与朋友们的合影，说明这是一个爱玩爱旅行的人；还有的人朋友圈中每天必发自己的宠物（如猫咪），说明这是一个喜爱小动物的人。所以从一个人发布的内容题材可以看出他的兴趣爱好、性格特征或者工作内容，从一个人配的图片、照片可以看出他的审美或艺术感，从一个人的文字可以看出他的文学修养或创造性……

如频繁晒自拍的人性格外向、自信，喜欢对外界展示自己；如朋友圈的内容都是自己的原创，从不复制粘贴别人的东西的人，一般来说有一定才华，为人处世有自己独立的见解。如经常发跟工作内容有关的东西，一般来说这种人可能是以工作为重心的，说明他们会利用身边一切可以利用的资源来完成工作。如经常在朋友圈中宣泄情绪、抱怨、对生活和社会现象有很多不满的人，一般来说内心不够强大，容易受来自外界压力的影响……

通过一个人的朋友圈，可以深入了解一个人，这样在互动时会多很多话题。同时，作为新媒体运营者应该规划自己朋友圈发布的内容，引导目标人群关注，此外，还要规避在自己的朋友圈透露过多的个人信息。

另外，从朋友圈中状态更新的频率也能看出一些信息。正常情况下人们都要忙工作、拼事业，除了微商，普通人不会一天发几十条朋友圈，所以频繁发朋友圈的人，一般来说要么工作比较清闲，要么生活中一定非常希望得到关注。很少发朋友圈的人一般为人处世比较低调，但发布少并不代表他不看朋友圈，他们生活中喜欢沉默，想要和他们接触只有打开他们的心扉，熟悉了之后你会发现，他们其实也很健谈。

一个人如果发朋友圈大都是关于自己的东西，很少发关于其他人的东西，一般来说这个人比较以自我为中心。而大多发广告的，就不用说了，一定是在做微商。

一个人在朋友圈活跃的时间段一般是这个人比较清闲的时间段，所以从一个人经常发朋友圈的时间，可以看出他的作息特点。从大数据分析可以看出，大家普遍关注朋友圈的时间主要集中在早上 6:00—9:00，中午 12:00—13:30，下午 17:00—19:00，以及晚上 21:30 以后。作为新媒体运营人员，应该总结和分析自己目标客户群的关注时间段，从而更加精准地发布和推送相关消息，以提高消息被关注的概率。

对于朋友圈消息的反馈行为，主要有转发、评论、点赞、收藏以及打赏等五种。后四种主要代表着想深入互动、想简单赞美刷存在感、想深入学习这样的需求。如果一篇文章真的写得非常好，可以评论赞美，也可以收藏留存下来学习，甚至给予一定金额的打赏，那为什么要转发呢？转发行为的背后更多的是向外界表达转发的内容并阐述自己的观点、立场和态度。从一个人喜欢转发的内容里也可以看出这个人的价值观、世界观倾向。而喜欢评论别人的动态、为别人点赞的人，一般来说对生活有热情，很容易满足，也很乐观。他们在人际交往中有更多发言权，而且善于和别人交流。相反，极少与别人互动，即使别人评论了自己也较少回复的人，大多比较内向，或者工作强度很大。

认真关注一下自己的微信和微信中的朋友们,并从一名新媒体运营者的角度去思考一下,微信对于运营者来说究竟意味着什么,当然这里既包括微信公众号,同样也包括常用的个人微信号。

5.5 微信好友

你可以打开你的微信,看看自己有多少微信好友。跟身边的同事、同学和朋友比一比,看看是多还是少。好友数量,从侧面说明你微信交际圈的宽度和广度。那么平时你的微信好友来源都有哪些?可能你之前没有特别在意过这个问题,但是作为新媒体运营人员,找到高效的有针对性的添加微信好友的方法是非常重要的。接下来就来看看,添加微信好友,有哪些方法和技巧。

> ➢ **导入手机通讯录的好友,进行批量添加**

其实,微信好友最直接的一个来源就是原有的好友圈和人脉圈,而这些原有的人际关系一般都会沉淀在手机通讯录中,那么将他们一次性导入到微信好友,无疑是一个非常便捷高效的方法。其操作方法很简单,只需单击"添加朋友"—"手机联系人",就可以添加手机通讯录中开通微信的朋友了。不过要注意,并不是说只要有了对方的电话号码就可以搜到他的微信号,能够用手机号码搜到微信的前提是在"隐私"中的"添加我的方式"中开启了允许"手机号"搜索到我,所以如果你想让别人用手机号码搜索到你,也必须要开启这个设置。

不过对于业务即时性强的人来说，甚至可以考虑关掉"加我为朋友时需要验证"这个设置，这样别人添加你微信的时候，不需要经过验证即可直接与你进行对话。

> ➤ **扫二维码加好友，简单高效**

生活中很多人加微信都习惯通过扫描二维码进行，对于经常需要拓展人脉和客户群的运营人员来说，更是要争分夺秒地调出自己的二维码。一般大家最习惯的是通过点击"我"图标，然后单击右上角的二维码小图标调出自己微信的二维码。也可以在"添加朋友"中单击二维码的小图标调出二维码，还有比这更快调出二维码的方式吗？当然有，曾经有一位有名的微营销达人，他用自己的微信二维码做了一张屏保图片，只需打开手机即可让别人扫码，连手机解锁都不用。

当然，有时候由于手机信号或者交际场景的约束，不方便掏出手机扫码加好友，而社交场景中必不可少的就是与他人交换名片，所以完全可以在名片上附上自己的微信二维码，方便他人回去后进行添加。

> ➤ **通过微信的"发现"功能添加新的朋友**

在微信的"发现"中有"摇一摇""附近的人"和"漂流瓶"等随机添加陌生人为好友的功能，如单击"附近的人"就可以显示附近正在使用微信的人，单击右上角的"更多标志"还可以对这些人进行筛选。

> ➤ **通过各种社交平台、电子邮件等添加好友**

除了微信，作为新媒体运营人员，还可以在所有活跃的社交平台，如微博、QQ、人人网、知乎、美拍等留下自己的微信号，只要你乐于互动，喜欢分享，有趣有料，就会有很多人想进一步认识你，进而通过搜索微信号将你加为好友。另外在电子邮件落款处也可以留下微信号方便别人添加，而且可以精心设计一个落款模板，在电子邮箱的功能中设置好，以后写邮件的时候可以自动加上，既高大上又省事，而且还高效。

另外，如果能够借助有一定名气、威望的人进行推荐，或者借助朋友的口碑推广，通过信任传递的方式，可以快速吸引很多人来关注你。不过要特别注意的是，自己本身一定要有专业性，如果自身没有内涵和价值，加了很多好友也留不住，带来不了转化，还会损害名人或朋友的推介信誉。

> **通过社群添加好友**

回想一下，你有没有一些很好的朋友，是通过一些微信群或者 QQ 群认识的？一个群少则几十人，多则数百人，所似微信群是一个非常好的加好友的入口。不过一般人也不会随便通过陌生好友的申请，所以平时应该先在群里多多活跃、展示自己，让群里的成员对你有印象、有好感，加好友的时候就很容易通过，甚至可以吸引别人来主动加你。

另外不得不提的是，通过微信群加好友有一个很大的好处，那就是相对精准。因为大多数群都是基于某一个共同的兴趣、关系、特征而聚集在一起的，如妈妈群、动漫群、旅游群，等等，所以针对性地进群，找到自己的目标客户就是非常不错的策略。而且在找到一个符合产品定位的用户后，还可以顺势从他入手，顺藤摸瓜打入他背后跟他有一样兴趣的微信群，便可以一下子找到一群目标客户，以这个群为入口，通过深入了解与积极互动，进而可以找到更多定位相仿的微信群，不论是效率还是成交率都可以大大提升，而且屡试不爽。至于如何在社群中进行高效的互动，吸引关注，以及如何自己组建和运营社群，在后面的课程都会为大家详细讲述，请大家持续关注微课堂。

除了主动添加好友，通过高质量软文的推广来被添加也是一个不错的方式。简单地说就是写文章，或者引用好文章，分享自己的故事、分享生活、分享知识等，同时在文章里面巧妙地加入自己的微信号或二维码，并通过微信公众平台、博客、各大相关论坛或贴吧等将文章推广分享出去，引导别人来加你，无疑也是一种非常高效的方法。而且可以肯定的是，所加的好友非常精准，黏性也很高。当然，你还可以尝试将软文内容散布在百度系列产品里，如百度知道、经验、文库等，这样就更容易被使用百度来检索相关产品信息的用户看到。

> 通过线下活动，引流添加好友

作为新媒体运营人员，在需要的情况下，应该多参加一些同学聚会、社群聚会、行业展会、论坛沙龙、业界交流等线下活动，参加的时候多和他人交流，建立关系，尽力拿到他们的微信并添加为好友，这种方式添加的人黏度也很高，毕竟大家有一面之缘，信任度高。

如果自己企业是活动的主办方，那就更不要浪费参会资源与组织优势，一定要想办法让来的客户留下联系方式，哪怕是通过送小礼物或办会员卡的方式，也要让别人添加你的个人微信。要知道，让用户成为微信好友最大的好处就是能把真正关注你商品的客户、随便了解一下的客户、停留几分钟就走的陌生客户都留在微信中，只要他加了微信，不管当时是否有意向，未来都有可能在微信上带来产品和服务的交易转化，这样就可以大大减少平时陌生客户的流失量。

线下引流的关键是引流设计的思维，通过流程设计将线下流量引导至线上，这才是真正的目的。

举个小例子，有一个通过新媒体方式卖面膜的小A，为了达到业绩，需要大量精准的女性好友，她曾经用一个月累积了五万微信好友，她是如何做到的呢？小A找到一个经常给写字楼送外卖的小哥，然后与外卖小哥协商，如果是女士订餐，就赠送她一张小A家的面膜，并通过进一步奖品申领的流程要求她扫描微信二维码加小A为好友。第一天测试，送出去的面膜有200多张，就有超过150人添加小A为好友，不难想象，这些都是非常精准的客户。小范围测试有效后，她就继续复制，又与写字楼附近的肯德基、麦当劳，还有一些送盒饭的快餐店合作。就这样，一个月时间过后，她的十几个微信号足足积累了五万好友，为她进一步实现营销目标打下了坚实的客户群基础。作为新媒体运营人员，是不是也应该考虑如何为产品或服务发展出数目可观的精准的目标客户群体，从而为进一步转化打下坚实的客户群基础。

除了线下互动，运营者还可以使用公众平台引流，发布个人号的方法来添加微信好友。

对于一些起步比较早的企业或个人,如果已经做了公众号,同时公众号中积累了一定的关注用户,可以考虑将微信公众号上的用户引流到个人微信加为好友,由于公众号每天推送的次数有限,而且加上订阅号折叠等原因,打开率一直在下降,所以不妨考虑通过个人微信与用户产生连接与信息覆盖,效果反而更佳。

现在很多公众号都会在关注后的自动回复消息中或者推送的文章末尾处留下相关运营者的个人微信号,如果公众号本身质量比较好,那么引流的效果也会比较不错。

这里,有些管理人员就会担心,如果把公众号的用户引流到运营者的个人微信号中,那当运营者离职,这些用户不就被带走了吗?其实,这个问题不难解决,这些用于添加好友的个人微信号可以由公司或市场部门统一申请,微信号属于公司所有,只是由某个特定的运营人员用个人化的形象进行运营,人事变动后由接岗的运营人员继续运营即可。换句话说,个人微信号也完全可以像官方微博、官方微信公众平台一样公司化运营,只不过凸显个人化的风格而已。

除了上述各种方法外,还有一个简单但很有效的方法,就是大家都喜闻乐见的有奖活动。也就是直接利用奖品激发别人添加好友并做推荐,这种方式见效最快。说白了就是直接用奖品换好友。常见的有集赞活动以及根据推广程度进行积分抽奖等,虽然通过这种方法所召集来的用户黏性一般,但是单就快速聚集人气的目标而言,这个方法还是非常有效的。

课后思考及作业

请总结自己添加微信好友的一些方法,并分析不同方法取得的效果。

5.6 赢得微信好友的信任

互联网已经毫无疑问地改变了做生意的手法，对于运营工作来说尤其如此。今天，最值钱的货币不是美元，而是社交货币。一个人能得到别人的信任越多，他的社交货币就越多，其社交网络和人际关系对于目标人群的影响力就越大。

做微信运营其实和做产品、做服务一样，先要给自己一个明确的定位，然后围绕定位展开一系列的产品、服务、运营、营销和销售的工作。无论你用朋友圈卖产品还是做服务，抑或只是为了推广品牌文化和价值主张，都不能缺少的一个最重要的东西就是信任。

拿微商售卖产品举例，在朋友圈买东西和淘宝不一样，淘宝有一套成熟的担保约束机制，即使买家不知道背后的卖家是谁，但是有了支付宝的担保，就敢买上面的东西，但是微信目前还没有这个功能，完全凭借信任进行交易，只有人们对你产生信任才敢交易。

那么如何让一个陌生的朋友对你产生信任，就显得尤为重要。下面就来介绍几个能够提升信任度的方法和技巧。

> **在好友申请验证环节提升信任度**

微信在申请加为好友的时候，是可以填写申请说明的。很多人要么用默认昵称，要么干脆不写，如果连"你是谁、来找我做什么"都不知道，人们怎么会放心通过你的申请呢？所以反过来，如果你要添加别人为好友，一定要认真写申请说明。那申请说明怎么写更容易通过呢？一般有以下三个思路。

- 争取找到桥梁

在线下社交场合，如果想认识一个人，往往会请一个中间人介绍，其实在线上加好友，这个技巧同样适用。如果你是朋友推荐加的好友，人们当然会通过，之所以如此，是因为有充当中间桥梁的牵线人担保。当一个人与另一个朋友有相同的朋友、相同的背景、相同的社群的时候，就会拉近距离，也容易产生信任。

- 表明身份

如果双方之间确实没有共同的交集，你可以在表明自己身份的同时，用自己的企业或品牌为自己增加印象分，且名头越响亮越容易通过。

- 说清目的

申请加好友时开门见山，直接点明添加好友的目的，也是一种好策略，因为陌生人来申请加好友肯定有目的。不怕加好友带有目的，只怕不明不白，所以在申请加好友的时候用简练的话说清楚目的，也会有助于通过申请。

如果能够成功添加别人为好友，下一步一定要做好信息备注，就是做人脉管理。很多人没有给微信好友修改备注的习惯，微信好友少则一百，多则上千，做运营的就更多，几个微信号的好友数量加起来可能过万，一个普通人根本不可能记清楚所有人的情况，尤其很多人的昵称重复，或是使用英文单词或特殊符号。在这样的情况下，一旦有朋友更换头像就非常容易混淆。如果给重要客户的私密消息发到了别人那里，后果不堪设想，所以必须注重修改备注。

除了微信名称备注以外，对于一些做市场或者需要大量维护人际关系的人来说，将微信名称和真人对上号也是非常重要的，但对于有脸盲症的人来说，经常由于人际关系网过于庞大导致认错人，不但尴尬，可能还会直接影响合作。解决这个问题也有技巧的，就是可以将对方的照片或者与你的合影设置为微信聊天的背景，这样在与不同的人聊天时通过照片的反复出现，可加强记忆，从此告别脸盲症。

除了做好备注，对微信好友进行精心分组也非常重要，尤其是在微信中有一些客户需要重点维护，或是朋友圈中有一些东西只想给个别人看，抑或要给某一个圈子的人发通知总担心遗漏等情况下，给微信好友做分组就显得尤为重要了。至于给好友分组的方法，主要考虑通过备注信息进行分组，或者通过微信定义好友标签进行分组，对于特别重要的好友还可以通过设置星标朋友的方法使其在通讯录的位置置顶，这样只要点开通讯录就可以快速找到星标好友。

不论使用什么方法，目的就是通过精准定位和高效运营来提升运营者在目标人群心目中的信任度，达到被对方信任的目的。

> **通过自我介绍提升信任度**

作为一名优秀的微信运营者,在好友申请通过后是一定要及时做自我介绍的,此规则不仅仅适用于微信,而且适用于所有社交,就跟生活中与别人初次见面要发名片、握手一样,属于基本礼仪。

另外这也是为了减少日后的沟通障碍,因为好友申请被通过,正是说明对方在线,而且对你已经产生了好奇的时刻,可谓相互认识的最佳时间段。但你要清楚,他留给你的时间并不多,所以一定要珍惜这黄金的三分钟。那么在这黄金三分钟应该如何介绍自己呢?

首先就是要简明扼要,如果之前与对方已有交集,那么打招呼即可,如果对方对你完全陌生,就要做一个简要得体的自我介绍。自我介绍切忌过长,100字以内阐明重点就好。最基本的结构就是"我是谁""我能提供什么价值"以及一些礼节性的寒暄。

在进行自我介绍前,为了使自己的自我介绍更出彩,建议可以快速翻阅对方的朋友圈,看看他的兴趣、爱好、特征。如对方总是晒自家的猫,肯定是个猫咪爱好者;如对方每天晒微信跑步排名,肯定是个运动达人;如对方经常晒四处游玩的景色,肯定是个"旅游发烧友"……或者看看评论和点赞是不是能找到共同好友,以这些共同的交集为出发点来作为开场,这有助于双方更快地进入熟悉状态,这些技巧对于线下客户见面会更为实用。

但是并不是说找到对方的兴趣爱好,就强行去聊你可能并不是很懂的话题。正确的做法是结合自己的特长去聊,比如虽然不了解狗狗,但是自己懂摄影,而且是个摄影高手,那么可以教对方如何把狗狗拍得更可爱。

再有就是可以写几条常用的自我介绍的话术存在手机的备忘录中,需要使用的时候直接复制过来,然后局部进行针对性的修改,这样既省事,反应速度也快。

添加完好友了,也做了自我介绍了,对方也基本接纳自己了,后续该如何进行互动呢?其实,这也是困扰着很多运营者的难题。很多人微信加了大量好友,但是犹如一潭死水,看起来有几百上千人,但是平时根本没有互动,没有交流，唯一能够想起来互动的时候就是发广告的时候。换位思考，如果你是那些被添加的好友，你有可能对这样的微信朋友产生信任吗？答案是否定的。那么该如何正确地、优雅地进行微信好友互动呢？

首先，不要群发消息，在发送微信消息时，尽量做到针对性发送。哪怕先写好一个文案，局部小修改后带上对方的称谓——单独发，效果也会远远好于群发。除非万不得已，一般情况下尽可能少用或干脆不用群发，因为每用一次都是对自己信誉和好感的透支，那些每天发一条的迟早会被所有的朋友拉黑屏蔽。

再有，一定要杜绝骚扰，类似群发各种虚假广告、清理微信的信息、纯粹硬广等行为，其实已经对对方形成了骚扰，这样的行为势必会造成对方的反感，被拉黑屏蔽是早晚的事情。

那么，在微信中什么样的互动人人都爱呢？对，就是红包。红包可以说是一种谁都不会反感的互动，作为红包的派发者，千万不要觉得这是一种损失，说实话，在当今生活中几块钱买不到什么，但在红包社交里，几块钱的红包就已经能够让对方惊喜了。所以在表达谢意、节日问候、生日祝福、咨询问题的时候，不妨随手打个几块钱的小红包，可以给别人留下深刻的印象。但切忌发放金额过少的红包，不但不会增添好感，有时候甚至适得其反，令人生厌。

除了发送适当的消息和派发红包，还有一个非常好的互动方式，就是朋友圈消息的点赞和评论。试想一下，你平时发布一条朋友圈状态之后最期待什么？对，就是期待别人的点赞与评论，期待别人对自己的自拍、观点做出评价和对自己今天诸事不顺的情况进行安慰，很少有人会更新朋友圈之后就把手机扔在一边再也不理会。一个人在发朋友圈之后最期待的就是下面有多少人点赞与评论，这是天然的交流状态，所以作为微信运营人员，可以多在微信朋友圈中进行互动，尽可能真诚地、有趣地对目标人群的朋友圈发布的信息进行评价互动，时间长了，你们也就熟悉了，慢慢就成为了好朋友。

细心观察你的目标客户，如果他朋友圈的更新总是固定在某一个时间段，你就可以在这个时间成为第一个为他点赞或是互动的人。但最好的方式还是真诚有趣的评论，点赞比较容易，所以会给人很廉价的感觉，其实这和群发短信的感觉是类似的。

也许有的朋友就会问了，朋友圈中信息那么多，如何才能准确地找到自己应该关注的朋友圈信息呢？这里，建议使用微信的搜索功能，按照联系人、关键词等方式对朋友圈的消息进行搜索，这样就可以优先与自己最关心的目标客户进行及时的有针对性的互动。

另外，别人喜欢你的内容，自己就会转，若别人不喜欢，迫使对方转了就是关系绑架。有的人平时连互动都没有，就推送投票、点赞这样的要求，这是很不礼貌的。其实，所谓互动，也不一定只守着微信，互动的平台很多，可以由微信这一个点慢慢覆盖延伸到其他的平台，只有在任何活动的平台都能看到你，才会觉得你是熟人。所以要用合理恰当的方式做到信息的交叉覆盖，争取在多个平台产生联动效应，一旦拥有与用户长期接触互动的可能就说明已经具备了进行交易转化的可能。

> **在运营过程中加入社群提高信任度**

在群体中做连接也是提高熟识度提升信任度的好方法。心理学上有很多与群体相关的现象，如"羊群效应"，是说人都有一种从众心理，从众心理很容易导致盲从，如："队排这么长，这个商家的产品一定非常好。我也应该买，不买就吃亏了。""同事都在谈论这个牌子，我不买是不是OUT了？"

古斯塔夫·勒·邦告诉人们，尢论构成这个群体的个体是谁，他们的生活方式、职业、性格、智力有多么的相似或者不相似，只要他们构成了一个群体，他们的感觉、思考、行为方式就会和他们处于独立状态时有很大的不同。所以用社群为纽带的好处，是可以进行一对多的互动，群体的氛围又会相互影响，进而促进购买转化。

如上文案例中提到的小A，她通过与快递和外卖合作，几个微信号加了5万个好友，那5万的好友该如何维护？一个人怎么也忙不过来啊，所以她采取了一个方式，每天通过朋友圈中进行互动，然后通过观察把活跃的好友拉到一个独立的微信群里，为了增加自己的名气和信任度，每天分享专业护肤经验，还不定期地送红包，慢慢培养感情。预热了一个月之后，她开始向微信群里的人推荐自己的面膜，第一天就轻松卖出了一万多片。

所以，不管你的人脉圈子有多大，你的专业性才是博取信任的强大的武器。例如，卖一些专业性的东西，比如茶叶、红酒这一类产品；再有提供一些专业的服务，像是培训、影视后期制作这一类服务。那么首先要把你自己树立成这方面的专家，偶尔还要在朋友圈里分享相关的深度文章，解答一些问题，要知道行业专业性是一张非常有力的名片。

某种意义上来讲，微信运营中你宣传的不仅是你的产品，你的服务，你的品牌和你的文化，更是本人。要时刻谨记自己是一个专业信息的分享者，而不是一个硬广的推广者，一个人能解决别人多少个问号，就会收获别人回馈的多少个感叹号。很多人没有什么特别的技巧也可以做得风生水起，只因为所有的技巧都抵不过专业性。

> **微信礼仪**

首先，微信其实跟手机号、家庭住址一样，属于个人隐私。如果你的个人简历或名片未经允许被人贴到了电线杆上，你会有什么反应？所以，未经对方允许，不要将其微信名片推送给他人，如果确实是有急事需要找某个人沟通，可以由你发起建个群进行沟通即可。

另外，不要用语音作为聊天的开始。语音确实很方便，但这种方便是单向的，说的人方便了，但给听的人带来很大的不便。至少在开启聊天的时候不要用语音，因为一上来就发语音，对方可能在上班，可能在开会，可能在嘈杂的马路上，未必方便听。如果一定要发语音，也可以先礼貌地征求一下对方的意见，问问对方此刻是否方便。如果你真的只想用语音，或者只能用语音进行输入，你可以尝试用语音输入法，将语音转化为文字再发出去。

另外，在微信沟通的过程中，要组织好语言。对于时间很宝贵的人来说，开门见山没什么不好，尽量不要第一句就是"在么"。你可能觉得找别人帮忙，挺不好意思的，想先寒暄两句。事实上，联络感情要靠平时，突然套近乎只会显得更突兀，所以有事直说就好了。

如果你要对方的联系方式，提问前请花一分钟看看别人的公开信息（如微信签名、微博简介等），也许你要的联系方式就在其中。

如果你要发送文件给对方，最好将文件上传至网盘，分享网盘链接，或者询问对方邮箱账号，直接发至邮箱。

总之，在使用微信与人交流的时候，多从对方的角度思考，而不要只考虑自己方便。相信如果你能掌握并实践这些微信礼仪，一定会使你在他人那里的信任度提升不少。

课后思考及作业

请用本课介绍的方法提升自己的信任度，并进行分类。

5.7 朋友圈内容发布技巧

众所周知，在当今社会的人际交往中，人们已经非常善于通过朋友圈恰当地向别人展示自己的形象。所以对于自己朋友圈的形象管理是一个非常重要的事情。可以说，朋友圈已然成为自己对外的一个窗口了。

网上有个笑话说，有人在朋友圈卖东西，开始时完全没人搭理他，但功夫不负有心人，他每天坚持上货、拍照、修图，然后发到朋友圈，坚持了整整一个月，终于有了回报：所有人都把他拉黑了。

所以，在朋友圈发布信息的过程中，一定要放弃推销思维，不能一加好友就发广告，第一句永远是求转发，一进群就扔广告，这些都是没有礼貌、让人反感的行为。但作为新媒体运营人员，又不得不在朋友圈中进行关于产品、关于服务、关于品牌和关于文化的宣传和推广，就需要在朋友圈中进行信息推广时把握合适的尺度。

- 注意软度

朋友圈是私人社交空间,就算不得不发广告也不能太生硬,如果总是看到有人发硬广,大家对这个人的印象分会下降。所以在微信朋友圈里做宣传,不建议纯纯粹粹地做广告,可以将其穿插在一些其他类型的内容之中。结合故事就是一种不错的方式,可以让广告变得既有趣又生动,即便大家最后发现了是个广告,也不会感到厌烦,反而有可能会勾起兴趣、引发关注。相反,产品说明书似的广告在朋友圈这个生活化平台里,势必会遭到厌烦。

- 注意频度

即使你发现你在朋友圈做的推广有效,也要克制自己频繁发布的冲动。如果你经常发广告刷屏,很可能被朋友拉黑,得不偿失。

某微商用4个微信号加了10000个精准客户,刷了一年广告,平均一天卖不到10单,以前微商那种靠刷屏赚钱的时代早就已经过去了。可以断言,今后在任何社交平台,这种粗暴的广告刷单模式,都不能长久运营。微信不是淘宝商城,在淘宝大家就是为了买东西而来,你大肆推销产品是可以接受的。微信朋友圈是社交分享互动的空间,大家在里面是看信息,不是去买东西。所以切忌只顾急功近利地"刷屏朋友圈",信任度会急剧下降,口碑很容易就毁掉了。

- 注意长度

要知道微信朋友圈是小屏阅读,因此大家比较缺乏阅读长文的耐心。就像写微博一样,需要在140字内把内容写得轻松有趣,引发大家去和你互动,了解更多信息。朋友圈不是展示文采的平台,而是要去诱导关注,诱发评论、实现互动、创造沟通机会的。

因此,大家要牢记,微信朋友圈发布文字消息,六行内容后会折叠隐藏,信息展示不全,有耐心点开全文查看的概率本来就不大,更何况你发的信息很有可能还带有一定广告性质。

另外,如果是转发消息,转发语本来最重要的目的就是用最直截了当的文字诱导用户点开链接,如果连转发语都需要点开"全文",点开率便可想而知了。

- 注意速度

大部分用户在朋友圈阅读速度非常快，如果你的信息不能很快对他形成刺激，就会淹没在众多的朋友圈消息之中。

有一个心理学实验：研究人员随机找了两组消费者，在两组面前都呈现了一系列果酱，并且给他们提供试吃机会和优惠券。

第一组消费者面前摆着6款不同的果酱，第二组消费者面前摆着24种不同的果酱。结果发现，第一组中有30%的人最终购买了果酱，而第二组中只有3%的人购买。

这个实验表明，选择多不一定是好事，在心理学上这种现象叫作"决策瘫痪"。朋友圈中的信息就是摆在人们面前成千上万不同的果酱，能否让用户打开你的消息，并形成关注，就要看你这条信息征服他的速度了。

最值得注意的就是：精简，产品品类、服务项目，甚至价值主张，都要尽可能精简，减少用户选择，杜绝"决策瘫痪"，只做"单品爆款"。

- 注意准度

假如微信的好友很多，那么就要采取一定分组的策略，以提高受众人群的精准度。

众所周知，朋友圈有领导，有些动态不能发；朋友圈有爸妈，有些动态不能发；朋友圈有情敌，有些动态不能发。因此发朋友圈的时候，就要选择分组。就是选择指定的人群观看，方便更好地对意向目标客户进行产品宣传和推广，推荐合适的内容给合适的人。

除此以外，还可以使用@提醒功能，以提醒你的强目标客户。不过注意好钢用在刀刃上，不要条条提醒，而是重要信息提醒重要的精准客户。

- 注意风度

每个人在工作和生活中都难免有负能量时刻，但作为微信运营人员，如果把这些负能量宣泄到朋友圈，给别人看到就会留下不好的感受。一旦别人对你有了不好的印象，你再去做推广，就容易遭到潜意识里的拒绝。

因此，偶尔的倾诉或抱怨可能会让你显得真实，但经常性地将工作中的情绪、生活中的不顺心，发泄到朋友圈中，持续的负能量只会降低别人对你的信任度，而且因为你的发泄措辞，大家会对你本人的素质产生怀疑。当然，控制情绪是一件很难的事情，如果真的需要发泄，那么建议你可以使用两部手机，把工作和生活圈分开。

要知道在互联网上，朋友圈里的你也许就是大家眼中的你，所以在互联网的世界里，感知会大于事实。

- 注意黏度

俗话说有黏度才有关注。如果你有一些认可的客户朋友，那么在朋友圈里要想办法设计一些互动。主动在发内容时提醒他们到你朋友圈互动，当然互动的内容一定要有趣，给他们意外的惊喜或者实在的福利，加深彼此之间的认可度，从而创造更多的私下沟通或成交机会。

只有与用户之间产生了黏度，他们才会持续对你以及你发布的信息保持关注，潜移默化地受到影响，从而从陌生到熟悉，从熟悉再到依赖，最终成为忠实粉丝。

这里需要注意的是，要想加强黏性，就不要总是自说自话，几句话不离自己和自家的产品。其实你完全可以发一些与产品或服务没有直接关系的，但是让人有欲望去参与互动的内容，一旦一个人开始与你互动，你们之间就有了相识的理由，就打开了沟通的大门，进而才有机会进一步熟悉，才会有后续的转化。

- 注意尺度

大家都清楚，凡事都有个度，都得有分寸，朋友圈发内容也一样，一旦过了某个分寸，可能就会适得其反。在朋友圈里有以下两个尺度必须注意。

一个是自夸没有底线，一个是跟风转发谣言。这两种行为都会造成自己形象受损，专业度、信任感降低。尤其是转发谣言，如果涉及范围较大，一经查实，还要承担相应的法律责任。

- 注意角度

人们之所以去关注朋友圈，主要是想通过朋友圈在碎片时间里获取到不一样的信息，而如果一个人只发布所有人都知道的事情，那么他发布的大部分内容就是无效信息，所以不要总是复制粘贴做搬运工，要有你自己的观点、想法和思考。另外，建议你要站在潜在用户视角去组织内容，而不是简单进行内容推送，要写出自己所推送的信息对别人的价值，诱发别人的好奇心，进而向你打听更多的信息，创造转化的可能。

举个简单的例子，如果你是一位基金理财师，发布相关产品的介绍，你就应该清楚，如果信息内容过于专业，那么很多名词或数据对于不是太懂基金理财的人，是很难看懂的，所以你可以试试用其他方式进行表述。比如以100元作为例子，分别对比出最后的利益结果，让普通人在惊异之余产生兴趣，效果也会好很多。

所以在写内容的时候要转换自己的视角，站在用户理解能力层面做思考，而不是只站在自己的角度上提供内容。

同时，强调朋友圈发布内容不要只包括推广信息，还应该包括一些个人的生活状态、经历的故事、工作上的经验教训等，一名真正的高手会非常巧妙地将生活化的信息与自己的产品无缝连接起来。生活中真实的、有趣的内容都会成为微信内容运营里的亮点。

一般朋友圈推广做得好的人，都会有一根主线把所有不同角度的内容串起来，朋友圈中发布的内容或许繁杂众多，角度丰富，但是只要主线不乱，形散神聚，就能达到预期目的。

- 注意热度

在这个信息爆炸的时代，可以说每天都会有热点新闻、热传段子、热门视频或者一些巧妙的炒作行为和营销活动。作为运营者，不要总把这些当热闹看，要善于多联系自己，多问自己："如果我的产品与这个热点结合，可以怎么做？""如果这个形式换作是我的产品，可以怎么做？"……尝试让自己的产品和热点之间产生交错、碰撞，就有可能冒出很多的想法和创意，让流传的每一个段子、每一个热点都可以为自己所用，将热点作为传播的载体，就会使你的内容插上翅膀，引爆朋友圈。

以上是在朋友圈发布内容时应该注意的"十度"，下面来简单说下如何在朋友圈做活动。

一个上限5000人的微信朋友圈，如果有足够多好友，完全是可以利用朋友圈策划活动，同时让大家参与并主动转发到自己的朋友圈，借助社交能量去传播。当然，如果想在微信朋友圈上策划一场微活动，并且让活动取得一定成效，也需要进行系统策划。

首先是活动的目的，也就是要明确组织活动最终所要达成的目标，是为了扩大影响力，还是为了宣传品牌，抑或就是为了进行产品销售，等等。明确了活动的目的之后，还要确定目标人群和活动形式，微信中最常见的朋友圈小活动形式主要就是：转发和集赞。通过完成指定的转发和集赞的要求，获取礼物、红包、代金券或者产品免费试用的资格。

再有就是要规划好活动流程，包括：活动预热、活动公布、活动监测、活动总结。

活动预热就是在开展活动前，提前一至三天在朋友圈预告，可以先采用神秘的方式告知，在前一天才透露，预告时最好告知活动内容、活动时间、参与方式，最好还要公布奖品，因为这是吸引参与的重点。

在活动正式开始前的一小时尤其重点预热，以达到一个好的宣传效果。预热时要积极和微信好友进行互动，让他们对活动产生兴趣，互动时还要保持一定的神秘感，给用户留下一些期待的空间。

当然，活动预告除了在朋友圈推广之外，还可以在微信群、QQ群、微博、QQ空间等渠道去推广，以达到更好的效果。

经过预热和宣传，朋友圈已形成了一定热度。要想提高大家的参与热度，在活动公布的时候，要具备以下几点。

- 主题要鲜明

让人家一看就知道是什么活动，以及有什么好处。吸引人们关注你的微信。

- 内容要简洁

在微信朋友圈发布活动，内容要言简意赅，文字建议控制在150字以内，这样可以完整显示，若超过150字，就会只显示一行字，读者体验不太好。另外文案切忌死板、生搬硬套、没有趣味。如果文字功底不强，做不到精彩绝伦，至少要做到信息简明扼要，一目了然。

- 流程要简单

在朋友圈开展活动，不能太复杂，要尽量简单，参与及评选都要简单。因为刷朋友圈本身就是用来打发时间的，很少有人愿意花太多精力去参与复杂的活动。

- 时机要斟酌

发布朋友圈活动选择目标人群大量在线且有时间刷屏的时间段，效果会更好。例如，在晚上9点以后发布活动，在线人数多，刷屏时间充足，如果活动受欢迎也有二次扩散传播的时间。

活动开始后，要随时关注大家的参与情况和反馈意见，如是否有什么问题、流程是否顺畅、参与度是否很高等，要根据实际情况进行调整和应对。最好在活动开展前，制订几套应对方案，以备出现意外情况时可以及时调整和应对，让活动的效果更好。

- 效果要评估

不论是为了促销还是互动或是为自己增加好友数量，活动开始之后都一定要时刻注意目标的实现效果，如果不满意，要思考是不是可以及时补救；如果效果超出预期，要思考是不是要趁热打铁再来一轮。

活动结束后要对整个过程进行复盘总结，好的经验、教训及时写下来，单纯做活动只能叫经历，只有经过总结、改进之后才能变成经验。经历多不代表经验多，一个人不是因为活动做得多就会经验多，如果不去总结和分析，只不过是不断机械性地重复做一件事而已。

课后思考及作业

请策划一次朋友圈活动，记录活动情况，并进行效果评估，活动结束后进行复盘，写复盘报告。

5.8 微信公众号基本操作技巧

微信公众号，大家都不陌生，大家也都应该知道微信公众号有多种类型，包括：订阅号、服务号、企业微信（也就是原来的企业号和小程序）等。

➢ 微信公众号的类型

订阅号、服务号和企业号在使用方式及功能上有着不小的区别，下面详细了解一下。

- 订阅号

订阅号，主要偏重于向用户传达资讯，每天只可以群发一条消息。为媒体和个人提供了一种新的信息传播方式，构建了与读者之间更好的沟通与管理模式，订阅号主要用于做传播，通过展示自己的特色、文化、理念而树立品牌形象，每天一条的发送有很多传播利用空间，所以大部分企业和媒体都选择了开通订阅号。

- 服务号

主要偏重于向用户提供服务交互，例如信息查询，每个月可群发 4 条消息。服务号为企业和组织提供更强大的用户管理功能，帮助企业实现更加高效的交互服务，因此服务号主要用作于提供服务。

- 企业号

主要用于公司内部通信使用，需要先有成员的通信信息验证才可以关注企业号。帮助企业和组织内部建立员工、上下游合作伙伴与企业 IT 系统间的连接。因此企业号主要用于企业内部管理。对于管理运营并不复杂的中小型企业来说，开通企业号价值不大。

总而言之，如果想简单地发送消息，做宣传推广服务达到宣传效果，建议选择订阅号。如果想进行商品销售，建议申请服务号，后续可认证再申请微信支付商户。如果想用来管理内部企业员工、团队，对内使用，可申请企业号。

- 微信公众平台的注册申请

要申请微信公众平台，首先就是要正确地进入微信公众平台页面，这里主要的方法有，通过百度搜索"微信公众平台"，在搜索结果中找到标记有官方标志的结果项，点击进入。或者直接输入网址 https://mp.weixin.qq.com 进入到微信公众平台页面，单击"立即注册"开始注册。注册需要填写一些基本信息，需要注意的是：注册邮箱最好使用国内邮箱，推荐使用腾讯的 QQ 邮箱。尽量不要使用国外服务器的邮箱，主要为了防止邮箱无法登录或者来自微信的邮件被国外的服务器屏蔽的风险。

请选择注册的帐号类型

订阅号
具有信息发布与传播的能力
适合个人及媒体注册

服务号
具有用户管理与提供业务服务的能力
适合企业及组织注册

小程序
具有出色的体验，可以被便捷地获取与传播
适合有服务内容的企业和组织注册

企业微信
原企业号
具有实现企业内部沟通与协同管理的能力
适合企业客户注册

微信公众平台注册截图

密码的设置，能记得住就好，为了提高密码的安全性，建议密码使用 6 位以上，尽量包含大小写字母、数字。注意邮箱和密码设置好之后要备份，以防忘记，同时养成定期修改登录密码的习惯。另外，成功开通公众号后，通过登录邮箱是可以修改密码的，但每月只允许修改一次。

完成注册后，需要登录邮箱进行激活，按照邮件中的提示单击激活即可。如果收不到激活邮件说明微信邮件可能被屏蔽掉了，需要手动用微信发件账户 weixinteam@qq.com 添加到白名单中，然后尝试重新发送。如果设置了白名单还是收不到邮件，更换网络环境或者其他邮箱再进行尝试。

微信公众平台申请各步骤截图

完成激活，下面就需要选择运营主体类型，注意：选择公众号类型并确认后，是不可以再进行更改了，需要想清楚再进行选择。主题类型主要包括：企业、媒体、政府、个人或其他组织，根据自己的需求情况进行选择即可。确定类型后就可以进行"信息登记"了，根据所选择的主体类型不同，需要提供的相关信息也是不同的，只要按照要求进行一一填写即可。

在填写运营者信息时需要注意：一个身份证号码只能注册5个公众账号，同样一个手机号码也只能注册5个公众账号。为了验证身份，需要使用绑定了运营者本人银行卡的微信扫描二维码，该验证方式不扣除任何费用。作为运营者，只要是公司相关负责人即可，并不要求一定是本人的资料。

确定公众号类型并填写完信息登记后，就到了申请流程的最后一个环节，填写公众号信息。公众号信息主要包括：头像、名称、账号、功能介绍、运营地区等，对于微信公众平台，这些基础信息都非常的重要，在设置过程中切勿草率，因为有些基础信息一旦确定，便无法随意更改。

> 微信公众平台基础信息设置

- 头像

一般来说，公众号的头像主要有三个作用，分别是：提高品牌识别、减少认知成本、体现个性化风格或整体形象等。

对于已经建立品牌的平台、公司或者个人而言，使用品牌标志的头像，增加公众号和品牌的关联性，可以快速被粉丝识别，降低推广成本。如果使用与品牌毫无关联的头像，在推广公众号时，需要向受众解释该公众号属于某品牌，这就增加了推广的难度。

对于品牌尚未建成，还处于发展中的账号来说，公众号头像应尽可能让用户在第一印象中获取有效而准确的信息认知，留住用户，减少认知成本。

另外，一个体现个性化和独特风格的头像，可以增加好感度并诱导关注。一些有趣的自媒体微信公众号往往会精心设计自己的头像，用以鲜明地表达公众号的风格。

有些自媒体人，为了凸显定位或者人生态度，会选择知名人物来作为头像，如科学类微信公众号的头像用爱因斯坦等著名科学家的画像，又如一些与女性或美丽相关的公众号用玛丽莲·梦露、奥黛丽·赫本等知名演员作为头像。不过用这些名人头像做微信号头像还是有侵权嫌疑，要慎重。

常见的头像图片的选取主要有以下五大类型，即 LOGO 型、个人照片型、文字型、卡通图像型和角色形象型。可以根据自己公众号的定位和风格进行适当的选择，但一定要有意义，切记不可随意设置，让用户摸不到头脑。

选好了头像的图片，还要对头像图片进行"圆形测试"。之所以要有"圆形测试"，是因为微信头像会以圆形的形态进行展示，而在上传头像的时候，平台要求是一个正方形的图片。如果仅考虑上传要求，没有考虑圆形头像的情形，很有可能在实际使用过程中，头像中的部分重要信息被剪裁掉了，影响所要表达的实际效果。因此，头像显示要考虑圆形头像、方形头像两种展现方式；除此以外，上传的头像并没有大小限制，图片只要是方形的就好，为了保证清晰度，尽量选择或者设计像素高的图片。

至于微信公众账号的二维码，系统可以自动生成，根据使用途径的不同，可以选择不同清晰度的二维码进行下载。同时，还可以对二维码的样式进行选择，来提升二维码的美观程度。

- 微信公众号的名称

名称是非常重要的符号，是品牌的第一标签、第一印象。

一般情况下，一个好的微信名要符合以下三个条件。

首先，与既有品牌一致，如果已经有了足够的品牌沉淀，就应该用与品牌一致的名称。这种命名方法一般以机关、企业、媒体、学校、平台名人为主，如人民日报、央视新闻、招商银行、南方周末、豆瓣、罗辑思维、武汉大学、同道大叔等。

其次，能降低认知成本，在没有强大品牌支撑的情况下，一个号的微信名称，应尽可能让用户看名字就能知道是做什么的，如"酒店助手"一看就知道是订酒店的。

最后，要便于搜索，好的微信公众号名称还要考虑到好拼写、好输入，与前面课程提及的微信个人号名称设置一样，好名称应该要方便用户快速输入和搜索，除非特殊情况，否则不要出现难写、难拼、难读、难认的文字。所以建议在想好名字后，发动身边的人去尝试拼音打字，看是不是会遇到拼写问题。

命名这件事必须谨慎，因为头像和简介每个月都可以修改5次，而名称修改机会很有限，个人类型的公众号一年仅有一次改名的机会，企业、媒体、政府等组织类型的账号只可通过微信认证确认主体身份后，有一次更名的机会。虽然可改名，但本身频繁修改名称也不利于品牌的长期积淀。

对于新开的微信公众号，可从以下五个角度入手起名。

第一，从目标用户着手。想吸引什么样的客户群体，就该起与这个群体相关的名字，如"健身女部落""喵星人大本营""餐饮老板内参"等。

第二，从生活场景入手。让用户根据自己的生活场景搜索关注。如"今晚吃啥""周末做啥""假期去哪玩"等，这类直白的表达方式直接告诉用户这个账号可以具体帮你解决什么问题。再如"读首诗再睡觉""每天一首好音乐""办公室午休健身"等，绑定了用户生活习惯中的场景，可增加对账号的黏性。

第三，从地域文化入手。服务于本地的账号，可以以地域为特征让本地用户更有亲切感，也容易吸引到本地用户。例如，"老北京生活""天津部落""纽约那些事""上海小资美食"等，都是为了让某一个群体能快速识别。

第四，从内容比喻入手。直接把内容在命名中展现不容易，可以用一个常见的、具体的事物来辅助理解，最常用的就是"百科""大全""馆、厂、店"等，如"苏珊星座馆""销售技巧大全""心理学工具箱""电影工厂""糗事百科"等。

第五，从细分领域入手。目前，话题范围过大的账号由于受众面过大、重复性高，反而越来越不好做，所以垂直细分领域的账号反而可以独辟蹊径。例如，"服装搭配"，可以细分为"男士商务服装搭配""文艺女生服装搭配""欧美风服装搭配"等。

- 微信号

微信号的设置规则是：不支持中文，以字母开头，可以使用6~20个字母、数字、下划线和减号，同时设置后不能更改。

微信号和网站域名是一个道理，要抢注。为了使微信号好记好搜，应尽可能简短，最好和品牌有统一性。一般来说，微信号尽可能不要有下划线之类的特殊符号，因为不好输入也容易输错。一般情况下，微信号的设置主要有拼音类、英文类、音译类和网站域名类等。

- 功能介绍

功能介绍是微信公众号信息中一个非常重要的组成部分，功能介绍用于描述微信公众号的主要功能，用户在搜索的时候可以看到。

功能介绍长度为4～120个字，一个月内功能介绍只能申请修改5次。原则上，功能介绍应尽可能简单好记、容易理解，能够清晰传达给用户提供的是什么服务、能带来什么价值，让目标用户群了解你。如果有认证，认证信息里已经比较全面了，功能介绍中就不必写公司简介或主营业务了。

填写完功能介绍，后面需要对一些基础功能进行设置，主要有隐私设置，隐私设置可以禁止用户通过名称搜到你的账号，设置成功，半小时后即可生效。

图片水印设置，为了让微信公众账号得到更好的推广、获得更多的粉丝关注，在微信公众平台上传图片时，图片上会默认显示水印，该水印内容会显示公众账号的微信号 ID 或公众号名称。需要注意的是，上传至服务器的图片可以显示图片水印，若直接将复制的图片粘贴至正文内容，则图片不会显示水印。

业务域名设置，设置业务域名功能后，在微信手机端输入账号信息时，不会出现"防欺诈盗号，请勿支付或输入 QQ 密码"，从而避免网页输入框弹出安全提示，这样可以提高用户体验度也能让消费者放心。

JS 接口安全域名设置，设置 JS 接口安全域名可以让手机端网页在微信里调用相关的技术接口，实现网页高级互动功能。还可以进行密码重置，管理员微信扫码验证后可以修改密码。

> ### 微信公众号的认证

微信公众号认证是微信公众平台为了确保公众账号信息的真实性、安全性，提供给微信公众服务号进行微信认证的服务。

微信认证后，你的公众号在搜索时可以排名靠前，用户关注的机会更大一些，认证后的公众号还可以获得更丰富的高级接口，向用户提供更有价值的个性化服务。用户将在微信中看到微信认证特有的标志，单击账号主体可查看认证详情，提升公信度。

目前订阅号和服务号支持企业、媒体、政府、事业单位以及其他组织等认证主体，暂不支持个人主体的认证。

微信公众平台申请微信认证时，需支付 300 元 / 次的审核服务费用。支付完成后，进入认证审核。页面上会公布第三方审核公司的联系方式。在审核过程中，该公司将有可能与你联系沟通；如果在审核过程中遇到问题，申请者可以拨打该公司的热线电话进行咨询。

认证无论成功或失败，都需要支付审核服务费。若认证审核失败，通知中心会提示你补填资料的最后提交期限，在此期限内及时补填资料，以便继续完成认证，详情要留意微信公众平台通知中心。

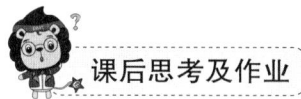

请分别注册申请三个不同类型的微信公众号，同时参考行业内优秀的微信公众号，对申请的公众号进行基础设置。

5.9 微信公众号后台基本功能设置

成功申请微信公众账号完成之后，还要对后台进行设置和完善，以订阅号为例，一个刚刚注册成功的订阅号管理后台，主页面是新建群发按钮和用户数据的简单提示。

> 群发功能

群发功能目前支持文字、语音、图片、视频、图文消息的群发，群发功能是微信公众号最基础也是最重要的一个功能，是向用户推送自己内容最重要的窗口，有不少优秀的公众号仅使用一项群发功能就可以做得风生水起。

- 不同形式的群发消息的规则和要求

不同形式的群发消息有不同的规则和要求。

群发文字消息：

内容字数上限为 600 个字符。

群发图片消息：

对图片大小要求不能超过 5MB，格式支持 BMP、PNG、JPEG、JPG 或 GIF。

群发语音消息：

直接群发语音目前要求大小不超过 30MB，语音时长不能超过 30 分钟。

群发视频消息：

不得上传未经授权的他人作品，更不能群发色情、反动等违法视频，那是要负法律责任的，中国在网络犯罪打击上力度非常大，所以一定不可以存在侥幸心理，以身试法。

视频群发支持大部分主流视频格式，超过 20MB 的视频可上传至腾讯视频后添加，视频群发不支持时长小于 1 秒或大于 10 小时的视频文件，否则上传后将不能成功转码。本地视频上传后需要审核，审核时间一般在 20 分钟内。

群发图文消息：

图文消息主要由标题，内容摘要，图片以及文字组成。标题不能为空且长度不超过 64 个字，目前不支持换行以及设置字体大小，单图文信息可填写 120 个字以内的内容摘要，若未填写则展示部分正文内容。封面必须上传图片，图片大小不能超过 5MB，图片建议尺寸：900 像素 × 500 像素，上传后图片会自动压缩为宽 640 像素，作者可选填，最多可输入 8 个汉字或英文字符。

正文必须输入文字内容，全文不能超过 20000 个字，可设置字体、字号、段落格式等。同时可以在图文消息正文中任何位置添加图片、视频、音乐、投票等功能，但不支持自定义图文消息背景。

原文链接地址，是指可以填写一个外部文章的网页地址链接发送给订阅用户，只支持填写网页地址，如果填写文字、数字等非网页地址，会提示链接不合法。

- 不同类型的微信公众号群发消息的数量限制

订阅号不论是否经过认证，每天都只能群发 1 条消息，在每天晚上零点重置，次数不会累加。服务号不论是否经过认证，每个月可发送 4 条群发消息，每月月底那天的零点重置，次数不会累加。至于这 4 条在当月什么时间发送，没有硬性规定，可以根据实际需求自己确定。

通过微信公众平台群发消息时，默认群发给了全部用户，全部用户都可以正常接收消息；若对群发对象、性别、群发地区进行了选择，而该粉丝不在所选择的范围内，则无法接收群发消息。

通过微信公众平台群发的图文消息内容，包括群发成功或群发后审核中的内容，可在"已发送"中删除，目前在微信公众平台中只能删除已发送成功的消息，正在群发中的消息，暂不支持撤回或图文消息删除后，群发权限不会恢复，被删除的消息也计入已发送数目。图文消息删除5分钟后全部生效，已经群发的非图文消息内容，暂不支持撤回或删除。

- 自动回复功能

指微信公众号的运营者可以通过简单的编辑，设定常用的文字、图片或录制的语音作为回复的消息，并制定自动回复的规则。当订阅用户的行为符合自动回复规则的时候，订阅用户就会收到自动回复的消息，目前自动回复有"被关注回复""收到消息回复"以及"关键词回复"三种自动回复类型。

关键词回复

关键词回复　　收到消息回复　　被关注回复

自动回复
通过编辑内容或关键词规则，快速进行自动回复设置。如具备开发能力，可更灵活地使用该功能。查看详情
关闭自动回复之后，将立即对所有用户生效。

三种类型的回复

被关注回复。

按照字面意思就是在粉丝关注该公众号时，公众号会自动发送所设置的消息，主要用于欢迎新关注者以及对公众号的一些重要信息进行介绍。

收到消息回复。

就是在关注者向微信公众平台发送微信消息时，自动回复给粉丝的微信消息，目前只能设置一条信息回复，同时暂不支持设置图文、网页地址消息，由于这种回复形式比较单一，容易给人一种无感情回复的感觉，使用并不广泛。

关键词回复。

通过添加规则，订阅用户发送的消息内如果有所设置的关键词，关键词设置要求不能超过30个字，系统会把设置在此关键词规则中的既定消息内容自动发送给订阅用户。目前，关键字自动回复设置规则数目上限为200，每条规则内最多设置10个关键字、5条回复内容。

还可以对关键字匹配程度进行设置，若选择全匹配，则在编辑页面会显示"已全匹配"，对方发送的内容与设置的关键字须完全一致，才能触发关键字回复。如设置"ABC"，只有回复"ABC"才会触发关键字回复；若没有选择全匹配，则编辑页面会显示"未全匹配"，只要对方发送内容包含设置的完整关键词，就会触发关键字回复给对方，如设置"ABC"，回复"ABCD"或"AABC"都会触发，但回复不完整的关键字"AB"或"AC"则不会触发关键字回复。

由于"收到消息回复"设置比较简单，而且使用场景也比较少，应用不广泛，所以下面着重看一下"被关注回复"和"关键词回复"。

前面提到过，当用户关注一个公众账号的时候，会立即自动收到一段运营者提前编辑好的"欢迎语"，而它就是依靠"被关注回复"功能设置的。对于这个设置，运营者要特别重视。因为这段欢迎语是与用户的第一次互动，内容尽可能体现企业的核心宗旨和文化理念，同时还要注意个性化，让用户一目了然，印象深刻，自主操作。

从回复形式上来说，大多都是文字，有的还会配上一些表情符号，当然语音和图片形式也有，但比较少见。

目前微信公众号暂不支持关注自动回复图文消息。要实现的话，此功能需要第三方平台作为辅助，如公众号"凯叔讲故事"，自动回复的是一条图文，是借助第三方平台"口袋通"实现的。

要想知道一个页面是不是微信平台或第三方平台，只需将该页面按住往下滑，如果是微信的页面，将会出现"网页由 mp.weixin.qq.com 提供"；否则是其他平台接口提供。"凯叔讲故事"自动回复的图文信息就显示为"网页由 wap.koudaitong.com 提供"。

▇▇▇，欢迎你加入凯叔大家庭，来看看怎么使用"凯叔讲故事"吧~

凯叔精心为小朋友们挑选，0.1元抱走480分钟好故事啦~

每天3分钟，国学童子功 盲购超过5000份，它到底是什么

好妈妈必学 育儿12课

凯叔讲故事自动回复的图文信息

作为微信运营人员，在设置自动回复的时候，主要目的就是要告诉用户公众号有什么内容，有什么服务。

首先，用户在新关注这个账号后，会很好奇这个账号里提供了什么有用的、好玩的、有价值的内容和服务，对第一条互动一般也会看得仔细一些，所以要把重要的内容介绍，栏目标题以及服务列表在第一时间让用户看到。

除了介绍主要内容和服务项目，向用户说明该公众号的使用习惯也非常重要。比如日常推送的形式、平时更新的频率、独创的互动方式等，这些需要在与用户第一次见面的时候就说清楚。假设注重内容质量，一周更新一篇，但若用户不知道，新关注后发现三天不更新，很有可能就会以为公众号不维护，就取消关注了。

另外，体现自己的个性也非常重要。很多账号都有自己的特点，或严肃、或有趣、或行业特殊、或地域特色、或有自己标志性的口号等，那么在通过自动回复进行第一次互动的时候，就可以用最符合自己个性气质的方法进行互动，一般都会获得不错的效果。

除了上面的注意事项，作为第一次与用户的互动，除了介绍自己，还能做些什么呢？其实能做的事情还非常多，例如可以引导用户回复关键词，可以引导用户查看历史消息，还可以引导用户查看菜单，甚至还可以为用户提供不同领域的资料下载。

这种方式一般适用于学习、成长、职场、培训、大学生等相关的微信公众号，在一开始就送一个大礼，留个好印象。这些资料可以植入自己的品牌，还可以植入自己企业的产品和服务的广告，用户下载之后也许还会继续分享，这也是一种传播、推广的好方式。

除此以外，还可以给自己的网站、店铺、客户端或者自己产品、服务的购买网站引流，推广并推荐用户下载 App。或者推荐关注自己或企业的其他公众账号，一些企业有多个公众号，就完全可以通过关注后的自动回复进行互推将整个公众号体系做大做强。

> **自定义菜单功能**

公众账号可以在会话界面底部设置自定义菜单，菜单项可按需求设定，并可为其设置响应动作。用户可以通过单击菜单项，收到设定的响应，如收取消息、跳转链接，等等。

从本质上来说，自定义菜单的作用与前面说到的"关键词回复"是一致的，主要目的都是使用户自主操作来满足相应的需求，只不过操作上自定义菜单需要用户单击，关键词自动回复需要用关键词触发。

其实在微信公众号早期，菜单功能只有服务号才具备，所以订阅号的运营中涉及用户自主服务时都通过设置关键词来实现。后来菜单功能全面开放，大多订阅号也将需要关键词才能触发的重要功能、网页、服务转移到了自定义菜单上。

自定义菜单的设置规则也比较简单，一个微信公众号，最多只能创建3个一级菜单，每个一级菜单下最多可创建5个子菜单。一级菜单名称不多于4个汉字或8个字母，子菜单名称不多于8个汉字或16个字母。相应单击菜单操作，可以发送信息，信息类型包括文字、图片、语音、视频和图文消息等，未认证订阅号暂时不支持文字类型"跳转到网页"。所有公众账号均可在自定义菜单中直接选择素材库中的图文消息作为跳转到网页的对象，目前非认证订阅号，自定义菜单动作仅支持跳转至素材管理，不支持跳转外部连接，认证订阅和服务号可直接输入网址，直接跳转至外部信息。

要注意编辑中的菜单不会马上被用户看到，单击发布后，会在发布成功24小时后在手机端同步显示，粉丝不会收到更新提示，若多次编辑，以最后一次保存为准。

对于菜单的设置，并不推荐全部用满，反而建议少而精，将最重要的若干服务、说明、自助查询等放上去就可以了，否则只会分散注意力。

那如何确定菜单设置呢？最简单的一个方法就是，通过客服、销售等这些经常与用户一线接触的岗位收集用户高频的咨询、困惑、痛点、需求，经过分类后整理成菜单上的功能。

> 投票管理功能

投票功能是收集使用公众平台的用户关于比赛、活动、选举等的意见，投票前与投票后在手机端的显示。

新建好投票模板后要推送给粉丝参与，需在公众号图文消息中选择插入投票，这样大家就可以通过图文信息直接参与你发起的投票。

关于投票，可以设置非关注或关注后才能操作，对于投票项目也可设置单选或多选。若是通过图文消息插入投票活动，那么一个正文只能包含一个投票。统计该投票在各个渠道的综合结果的总和，包括群发消息、自动回复、自定义菜单等，同一个微信号对于同一个投票活动只可以参与一次，且不支持查看其他参与人的微信号或昵称。

这里需要注意的是，若发起的投票通过如自动回复、关键词回复、自定义菜单、预览图文等渠道，以上几种方式的阅读量不会统计到图文消息的阅读数里，但投票数会增加，有可能导致阅读数低于投票数的情况。同时，目前暂不支持通过计算机或者手机浏览器打开带有投票选项的图文消息。

为申请的公众号设置各种回复语，语音、图文、视频等均可。注意能够引起用户兴趣或提升信任度。

5.10 微信公众号后台管理

登录微信公众号管理后台，在左侧菜单栏中管理菜单下，可以看到消息管理、用户管理和素材管理三个项目。

微信公众号左侧菜单栏

> 消息管理

消息管理用于管理所接收用户对公众号发送的消息。若一个用户48小时内未与公众号互动，那么作为公众号的运营者是无法主动发消息给这位用户的，直到这位用户下次主动发消息方可对其进行回复。

接收到的用户发送的文字消息，系统会保留5天，图片和语音只保留3天，超过时间的消息会自动清空，另外与单个订阅用户的实时聊天消息最多只能保留20条。

如果对订阅用户发送的消息标记为"星标消息"，将永久保存。在"消息管理"中可以对关注用户发送的消息进行"标记星标"收藏，便于查看和永久保存该信息。鼠标指针移动到想要收藏的消息中，单击"星标"就可以收藏了，若需要取消收藏过的消息，在已收藏消息内单击"星标"取消收藏即可。

若勾选"隐藏关键词消息"后，粉丝发来的关键词消息会隐藏掉，让公众账号运营者更方便进行人工回复用户的消息。

> 用户管理

消息管理下面是用户管理，通过用户管理，可以看到所有关注公众号的用户列表，但是用户管理不支持显示粉丝微信号，只能看到昵称。新关注的粉丝，关注24小时后才可以快速搜索；更新昵称的粉丝，新昵称需经48小时同步后，才可以根据新昵称快速搜索。

为了更好地管理用户，可以根据需要给用户添加备注，选择需要修改备注的粉丝，单击"修改备注"即可修改，这里所添加的备注信息是支持特殊符号的，但要求字数在30字以内，修改没有次数限制。

除了为用户添加备注，还可以为用户进行分组。分组名称只支持设置1~6个字符，一个用户只能放入一个分组中，目前微信公众平台粉丝分组最多可以设置100个分组。单击建立的分组进入，可以对该组重命名，若要删除分组，可在用户管理进入需要删除的分组，单击"删除"即可。

对于不希望提供信息和服务的用户，可以将其添加到黑名单中，黑名单中的用户，虽然对公众号进行了关注，但他将无法收到该公众账号的群发消息及自动回复消息，可以通过"查看历史消息"查阅10条历史消息。

用户一旦被加入黑名单，就算取消关注后再重新关注公众号，仍然无法接收到群发消息及自动回复消息。同时被加入黑名单的用户，给公众号发送的消息，不会在消息管理显示，就算后续移除黑名单，之前发的消息也不会再被显示。

为了提高分组效率，可以在用户列表界面中直接对用户进行分组，将鼠标放在头像上，在浮出的用户信息上直接选择标签即可完成对该用户的分组。

> **素材管理**

管理菜单下最后一个是素材管理，主要管理四大类型的素材，就是图片素材、语音素材、视频素材和图文消息素材。

其中图片、语音、视频都不复杂，只需按照规格要求上传即可。图片素材要求图片大小在2M以内，文件格式要求为BMP、JPEG、JPG、GIF等格式。语音素材要求语音文件大小在5M以内，语音内容时间长度要求在60秒以内，文件格式要求为mp3、wma、wav、amr等格式。视频素材要求视频文件大小在20M以内，文件格式要求为rm、rmvb、wmv、avi、mpg、mpeg、mp4等格式。

这里需要特别注意的是，图片素材管理的分组功能。随着公众号使用时间的累积，会累积大量上传过的图片，而有一些图片如特定的栏目封面、表情插画等重复使用率都会比较高，对于这部分图片素材上传后，可以新建一个图片素材组把它们分门别类进行整理，从而方便索引使用。

素材管理中使用频率最高、操作最复杂的当属图文消息素材管理。下面就来看看图文消息素材的管理。

单击"新建图文消息"即可打开图文新建编辑页面，输入标题、作者、正文内容，把需要发布给用户的相关资讯进行编辑、排版，以达到想要的内容展现效果，如此，图文消息素材就完成了。

这里，再简单介绍一下微信编辑器中的主要功能按钮。

左右箭头，大家都熟悉，就是"撤销"与"重做"，对于编辑过程中误操作可以撤销或重做。旁边是"字号"设置，用来设置文字的字号，默认的字号大小是 16px，最小可设置为 10px，最大可设置为 36px。

字号右边的引号按钮是"引用"功能，它为文字设置引用效果，文字设置引用效果后会有左边框，并且离左边框有一些间距。引用右边的横线是"分割线"，分割线会起到换行的作用，并画出一条线。

再右边的橡皮擦图标是"清除格式"按钮，单击后字号、颜色、边距等样式全部消失，慎重使用。

微信公众号图文信息编辑器

再右边大家都很熟悉，是"格式刷"，可以将其他文字已有的格式复制过来。格式刷右边的两个图标分别是"超链接"和"取消超链接"，可以为文字或图片添加、取消超链接。最后是表情按钮，可以在正文中添加表情。第二行功能图标，大家应该都不陌生，与常用的文字编辑软件一样，这些按钮都是用于排版的功能按钮，包括：加粗、斜体、下划线、字体颜色、背景色、首行缩进、对齐方式、段间距、字间距以及图片的置入方式，等等。编辑区右边的菜单中，罗列了可以在正文中插入的多媒体形式，包括：图片、视频、音频、投票和小程序。

利用微信自带的编辑器完全可以进行简易排版，但要实现比较复杂的效果，还是需要借助一下第三方编辑器，例如 135 编辑器等。

这里插入一个小话题，大家不难看出，对于公众号的操作管理，大多还是要基于 PC 端网页，但作为运营者经常需要回复消息、群发推送，总不能时刻守在 PC 端吧。有没有能够通过移动微信端来对微信公众号进行管理和操作的方法？答案当然是肯定的，目前市面上有很多第三方的公众号移动端管理 App 供大家选用，但是如果对于第三方的 App 不放心，这个时候我推荐大家使用微信官方的"公众号安全助手"，这个在微信公众号中可以搜索找到。

在公众号开启安全保护后，当公众号进行风险操作时，将需通过设置的微信号或手机号，进行验证以保护公众号安全。绑定公众号安全助手后，运营者的微信将自动关注"公众号安全助手"，同时这个微信号也将被视为公众号的管理员，在菜单处单击"首页"即可进入登录页面，运营者成功登录后可以通过绑定微信号在手机上查收消息、评论、赞赏、群发和查看群发历史等以互动为主的管理功能，就不必总守在计算机前了。

> **推广菜单**

在推广菜单下，有广告主和流量主两个功能项，他们是做什么的呢？其实细心的朋友可能早就发现了，平时在阅读公众号图文时，在文章底部经常会有一个"广告"，为公众号、应用、活动等做推广，这就是通过公众号的"推广"功能实现的。

这里的广告主要针对企业的，要花钱；而流量则主要针对用户的，可以收钱。

公众账号运营者通过广告主功能可向不同性别、年龄、地区的微信用户精准推广自己的服务，获得潜在用户。微信认证的公众号可申请开通投放服务，成为广告主，根据需求的不同投放公众号广告、朋友圈广告等，具体的可以在后台单击右侧的"帮助"进行查阅与咨询。

与此同时，公众账号运营者还可以自愿将公众号内指定位置分享给广告主作广告展示，按月获得广告收入。粉丝人数超过 2 万的微信公众账号均可提供广告展示服务，成为流量主。

可见，所谓流量主，就是坐拥自己公众号用户点击广告的结果，向广告主收取费用。在后台可以看到收入明细，这也是为什么很多公众号博主会在文章末尾提醒用户"莫忘点击广告"的原因。

> "统计"菜单

在这个菜单下目前有用户分析、图文分析、消息分析、接口分析和网页分析等五个功能项，逐一来看一看。

- 用户分析

用户数据分析是最受运营者关注的内容，用户数据分析主要关注的是用户增长数据分析和用户属性数据分析。

用户增长数据：

用户增长数据包含了有关用户的数量指标和增长来源，主要有四个：新关注人数、取消关注人数、净增关注人数、累积关注人数。

数量指标	说明
新关注人数	前一天新关注公众号的用户数量，一般情况下来自前一天推送带来的转化
取消关注人数	前一天取消关注的用户数量
净增关注人数	前一天净增长的关注用户数量，也就是"新关注人数"与"取消关注人数"之差
累积关注人数	前一天关注公众号的用户总数

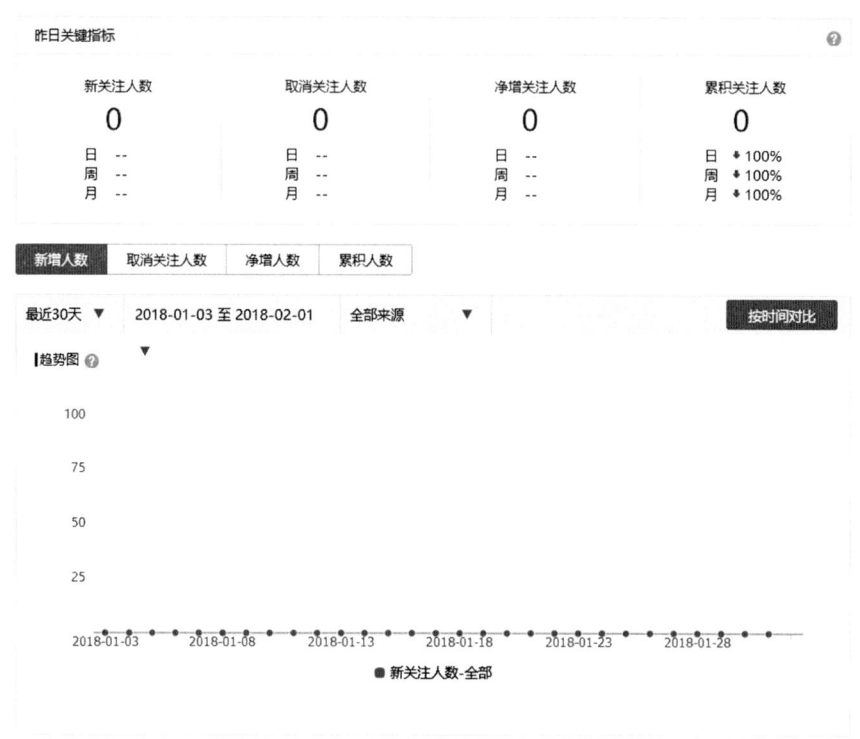

微信公众号用户分析

运营者可以通过选择不同的时间段和来源进行进一步的数据分析，可以选择"最近 7 天，最近 15 天，最近 30 天"来查看，也可以手动选择时间段。

在"全部来源"的下拉菜单里有新增用户不同来源的比例，基本上也涵盖了目前关注一个公众号的所有方式：公众号搜索、扫描二维码、图文页右上角菜单、图文页内公众号名称、名片分享、支付后关注和其他合计。

用户数量关注的增减，最直接反应公众号的整体运营质量。

如果"净增关注人数"短时间之内相比于平时突然增多，可能是前一天的推送或者活动有效，以后可以多尝试此方向的形式或内容。

如果"取消关注人数"在短时间之内相比于平时突然增多，可能是前一天推送的内容方向或者质量出了问题，那就必须马上调整，甚至可以寻找一些用户进行交流，找到核心问题。

特别要注意一点，如果一个公众号侧重于提供服务，那用户增长这块的数据远比阅读量重要，如果微信公众平台无法跟粉丝形成一种持续性的互动，或者是无法提供粉丝需要的刚需内容，取消关注只是时间问题，粉丝量再大也没有什么实际意义。

用户属性数据分析：

主要包括性别分布、语言分布、省份分布、城市分布、终端分布、机型分布等。

用户属性数据分析的最大意义在于，可以看与自己品牌、产品、服务所对应的目标人群画像是否相符，是一个公众号运营定位的重要数据参考。有了这个参考，就可以比较精准地把握大多数人的偏好，根据用户的特征进行有针对性的运营。

例如，推送内容的配色应该偏哪种？可以看看"性别"比例数据做选择；要开拓全国市场或者举办线下活动，选哪个地方最容易成功？可以看看"省份"或"城市"数据做判断；做一个地方公众号，质量如何呢？可以看看"城市"数据做评估。微信编辑在排版的时候要预览一下效果，拿什么样的手机预览呢？可以看看"机型"来做调整等。

- 图文分析

在"图文分析"中，运营者可以看到与图文阅读相关的各种数据统计，主要包括以下统计信息，如：

"送达人数"：图文消息群发时，送达的人数。

"图文页阅读人数"：单击图文页的去重人数，包括非粉丝。

"图文页阅读次数"：点击图文页的次数，包括非粉丝的单击。

"图文转化率"：图文阅读人数除以送达人数。

"原文页阅读人数"：单击原文页的去重人数，包括非粉丝。

"原文页阅读次数"：单击原文页的次数，包括非粉丝的单击。

"原文转化率"：原文页阅读人数除以图文页阅读人数。

"分享转发人数"：转发或分享到朋友、朋友圈、微博的去重用户数，包括非粉丝。

"分享转发次数"：转发或分享到朋友、朋友圈、微博的次数，包括非粉丝的单击。

作为微信运营人员侧重要分析的图文数据主要有以下四个。

图文页阅读次数。

也就是平时说的"阅读量",做品牌、做传播的文章最关注的就是这个数据,标题是影响本数据的主要因素。

分享转发次数。

如果说文章的标题决定一篇文章的打开率,那么文章的内容质量则决定了这篇文章的转发量,所以转发次数是评判一篇文章质量的重要标准。

微信收藏人数。

如果想要知道一篇文章的实用程度,则要注重查看收藏人数,这也是为什么很多教程类的文章阅读量不高,但收藏率很高的原因。

原文页阅读次数。

也就是用户单击文章左下角的"阅读原文"的次数。"阅读原文"一般是企业或运营者设置的产品、网站等的相关链接,用户的黏性以及文章的内容质量是影响本数据的主要因素。

另外,数据分析中还有一个数据非常值得运营者关注,那就是开通了"原创声明"功能的公众号,可以看到清晰的"转载"数量,所谓转载就是另外的公众号将文章通过他们的账户推送给他们的用户,这既是对文章内容的高度认可,又表示受到了行业的足够认可。

- 消息分析、接口分析、网页分析

除"用户分析"和"图文分析"以外,统计菜单下还有"消息分析""接口分析"和"网页分析"这三项功能。消息分析主要是对消息发送人数、消息发送次数、人均发送次数、关键词出现频率等数据进行统计和分析。"接口分析"和"网页分析"则是开发者比较关心的一些调用接口技术参数数据的统计和分析,这里就不做详细的介绍了,感兴趣的可以通过提示框或帮助文档获得详细的解释和说明。

至于左侧菜单栏中的设置菜单项,在前面的章节有详细的讲解,这里不再赘述,而开发菜单中的功能,则需要专业的开发知识才能够进行较好的使用,本书不做研究重点。

对所运营的公众号进行一次完善的统计分析，包括用户分析、图文分析、消息分析，并写出分析报告。

5.11 企业微信公众号的定位

企业要想做好、做大、做强自己的微信公众号，找准微信定位是公众号建设和发展的关键一步。

公众号必须制定出适合自身发展、符合自身形象的定位，明晰定位后，才好确定辐射受众面，有利于形成品牌效应，实现运营目标。找到适合企业的特色定位，才能在众多微信公众账号中脱颖而出。

怎样才能找准微信定位呢？是不是同行业的人怎么定位，自己就怎么定位呢？还是内容有特色就是定位，或者是大家常说的娱乐化才是王道才是定位？抑或官方微博的定位就是微信的定位？

其实，以上的说法都是不正确的，这些也是在微信定位中经常出现的错误。那么作为运营者究竟应该怎样对微信公众号进行定位呢？要想做好微信公众号的定位，首先要对用户进行清晰的画像，也就是要明确自己的微信究竟想要吸引什么样的人。

来看几个小例子：

"星巴克"微信公众号，在产品促销的同时，传播咖啡文化，文案出色，每张图都很具美感，把商家微信做出了艺术范儿！

"招商银行信用卡",可以说是服务号中的典范,给招行信用卡用户带来很大方便,通过微信可以实现查询账单、额度、了解周边商户等多种功能,信用卡消费也会及时给出微信通知。

"中信银行移动大学"是中信银行员工的微课堂,有大讲堂、读享汇、乐学堂、晨夕会等多种学习交流的渠道,同时在信息方面也做很好的保护,私密信息需要绑定员工ID才能观看。

以上这些公众号,不论是为了树品牌还是做促销,不论是做媒体还是做服务,不论是对外还是对内,都做得非常优秀,成为业界的典范,总结成一点:用户满意。

所以评价一个公众号做得好不好,不是去看微信号的阅读量,而是看是否通过阅读量吸引到了真正想要吸引的用户。从定位的角度对微信公众号运营的要求就是要去吸引你想吸引的人。定位的根本基于目标群体,目标群体是谁,定位就要围绕谁去策划。做好定位的思路就是针对你所要服务或推送内容的目标群体,根据他们的年龄区间、职位、社会层次、收入水平、具体需求等一系列考虑,确定辐射受众面,设计自己公众号的功能特色、服务模式、推送风格等,进而打造品牌形象,实现运营目标。

> **做好用户画像**

要做好定位,必须熟悉用户群体,也就是要做好用户画像,要避免运营者在运营的过程中用个人喜好去判断用户喜好,导致运营方向走偏。如果能明确目标用户的动机和行为,找和他们步调一致的运营者来做微信公众号运营效果会更好。

只有明白自己的用户长什么样子,才能够知道到哪里可以找到他们,才知道他们喜欢什么,什么样的内容可以打动他们,什么样的文章可以说到他们心坎里去。

用户画像可以从"地域""性别""收入""年龄""受教育程度""行业特征"和"使用场景"等七个维度入手。

地域,指用户所在的地理位置,不同地域有不同文化,不同方言,不同习俗，甚至包括不同的眼界，这对运营风格都有影响。

性别的不同对于新媒体运营也有很大的影响，用户中男女比例对于公众号的运营有着非常大的参考价值，有些文案可以触及女性心底，但男性却对之无感。例如，很多女性会对星座、娱乐新闻感兴趣，而男性则对军事、科技着迷。微信运营定位要吸引不同性别的人，运营风格也必然要跟着用户的性别做调整。

如果推销对象无法承受商品或服务的价格，那么再好的文案也很难有用。所以收入也是判定目标人群的一个非常重要的维度，就像很难说服一个月薪只有 3000 元的人参加一个 2000 元的付费社群一样。

至于年龄，众所周知每个年龄段所关心的内容是不一样的，60 后在刷养生，70 后在刷时事，80 后在刷职场，90 后在刷撩妹，00 后在刷二次元。

受教育程度不同的群体中流行的文化、风格、形式都会有所不同，一般来说受教育程度越高的用户，对内容也会越挑剔。

根据行业不同，运营者的关注点与别人也不同。其实可以到网上去搜索别人的用户画像是如何做的，但千万不可生搬硬套，而是应该结合你所在的行业，找到真正可以将用户筛选出来的特征。

产品使用场景是需要重点研究的领域，过去多用于研究 App 用户，如什么时候打开、一次使用多长时间、有无分享、付费行为等。这于新媒体运营也有借鉴意义，如用户是白天还是晚上打开订阅号多一些，是每天看还是存好几天一起看，有没有分享、留言、点赞、赞赏行为，在什么情况下他们更愿意分享等，这些都需要运营者首先在脑海里形成明确的印象，然后才能在微信内容策划过程中有意识进行策划。

> **找准目标用户**

做好了微信公众号的运营定位，也就是找准了要影响的目标用户，那么如何才能吸引并留住这些用户，又成了另一个重要的问题。

其实大家都清楚，大部分用户对一个号很难长期关注，所以微信运营一开始就要想好，如何策划内容才能吸引用户延长关注周期并带来转化变现或分发传播的机会。

经过摸索和总结，可以发现能让一个人的注意力长期保持，形成有效连接，需要有这样五个要素：内容、服务、活动、渠道、社群。

- 内容

所谓内容就是给用户推送什么内容，用户都有自己的喜好，能够关注你的公众号的用户，他们的喜好应该在某些方面大致相同，当你的内容被他们喜欢的时候，他们可能会分享传播，从而吸引更多相同属性的用户来关注你。

很多公众号也是靠内容来巩固定位，并且吸引同质、高精准的粉丝，比较著名的要数"罗辑思维"。尊敬的罗老师以自己独特的风格来持续输出高质量的内容，从而获取高精准高质量的粉丝。

公众号内容产出一般有两类模式，一种是原创，另一种就是转载。

能够持续输出原创内容的账号是很不容易的，需要在不同的选题下创作出新的内容，所以很多公众号运营者都在发愁"今天写点什么呢？""如何才能有源源不断的选题灵感呢"，这里介绍几种方法。

用户需求分析法：通过客服、销售等这些经常与用户一线接触的岗位收集用户高频的困惑、诉求和咨询话题，以此为主题进行内容策划。

搜索查询法：在知乎、百度知道、百度经验等平台上搜索相关的关键词，查看关注度、热度最高的相关问题获取选题灵感。

曼陀罗思考法：前两种方法是去寻找主题，而通过曼陀罗思考法就是在自主策划中输出主题。

曼陀罗思考法是一种图形化的思考和记录方法，被现代系统化利用之后，成为绝佳的计划、思考工具，应对学业与工作上各项疑惑，开发创意，灵感将不断自然涌出。

我们这里简单介绍一下，就其形态来看，曼陀罗思考过程就是在纸上勾画出一个九宫格，这上下九个区域便形成能诱发潜能的"魔术方块"。与以往条列式直线思考法相比较，通过曼陀罗思考法可以得到更好的激发效果。一般逐条记录的方法无法使人产生独特的想法和创意，因为思想唯有在向四面八方发展之时才可能产生创意，可以在任何一个区域内写下任何事项，从四面八方对主题做审视，没有设限的模式特别适合用来收集灵感、进行创意思考。使用者只要在九宫格的中间填上想要发挥的主题，便会自然地想要把其他周围的 8 个空格填满，而这种填满也正是创意发挥的过程，潜能便可在连续反应下持续被激发。

例如，要做一个"旅游"的公众号，在曼陀罗九宫格中把"旅游"作为关键词放在中间，向外扩展 8 个联想到的词，如：跟团游、亲子游、自驾游、穷游、自然风光、名胜古迹、旅游攻略、意外保险等。

总之就是要放飞自己的思维，并最终从你所想到的主题中，选择一个作为你内容的主题。

原创内容固然好，但是确实需要耗费较多的时间和较大的经历，相比之下，转载别人优秀的文章，从操作性上来说简单了很多。但随着微信官方对知识产权和原创内容所有权越来越重视，现在如果你想转载一篇优秀的原创文章，可不是简单的复制粘贴能够解决的，你需要向文章作者申请转载权限，甚至有时候还要支付一些转载费用。

- 服务

即用户需要的功能。有些用户关注一个公众号，并不是因为对它的内容有多大兴趣，而是看中它可以通过服务满足自己的需求。对于这类用户，只要做好用户画像，就可以了解用户具体有哪些需求，从而提供服务来满足他们，也能吸引更多类似的用户来关注。

例如，一个餐饮公司的公众号，是不是应该考虑提供在线订餐桌的服务，帮用户连 Wi-Fi 的服务，为前来就餐的用户提供停车场位置，等等。有些公众号其存在的意义就在于服务好粉丝，那么就要通过服务给他一个关注公众号的理由，推送内容反倒在其次。

那么应该如何策划和设计所运营的公众号所提供的服务呢？这里最推荐的方法就是，根据业务场景来进行设计。所谓的微信公众号业务场景应用，就是指公众号的运营者通过对自身业务场景的分析，将原本需要通过线下或线上的其他渠道才能实现的业务，部分转移到微信，通过对微信公众号功能的二次开发和特殊设置，更加便捷地满足用户的需求，从而保证微信公众号的用户黏度和粉丝忠诚度。

那如何以业务场景应用来设计公众号的服务功能呢？总结有以下几个关键步骤：

第一步：画出原有业务场景流程图，即企业业务的完整过程；

第二步：根据原有业务流程设计企业微信公众号的功能和内容填充，当然这里要求运营人员要熟悉微信平台自身和一些常用的第三方微信开发平台的规则和功能；

第三步：完善微信公众账号功能，确保和原有业务实现无缝对接；为用户提供微信号的关注场景，如扫描二维码关注，同时对服务功能的应用规则做出适当指引；

第四步：用户在应用场景便捷地完成操作，享受服务，满足需求；当用户第二次出现相同需求时主动通过微信公众号相关操作来满足；当然，在满足用户需求的互动中，还要不断改进和升级服务质量，提高用户忠诚度。

举一个大家都熟悉的例子，详细地体会一下。比如，要做一个以培训业务为主的公众号，那么，首先要列出企业培训或会议业务的完整流程：

需求调研，一般培训主管部门都会在培训前做培训需求调查；

制订培训计划，确定后公告相关内容，包括培训主题、讲师、时间、地点、报名等；

训前准备，一般培训一周前应当告知参培人员准备相关内容和预习资料；

学员签到，正式培训前需要进行不同场次、不同时间、地点的签到；

介绍老师，正式培训过程中的讲师介绍和讲师联系方式；

培训互动，对培训过程中涉及的关于问题的不同观点或决策进行投票；特别的在培训过程中会设置抽奖环节；

培训评估，培训结束后需要参培人员对讲师进行评价和打分；

培训总结，培训或会议结束后需要形成公开的培训或会议纪要及发布新闻稿，并提供课件下载等。

然后，结合每一步，列出"业务需求"和"传统方案"，进而思考如何用"微信方案"代替"传统方案"更高效地满足"业务需求"。

例如：培训或会议活动开展前的调研。

"传统方案"发放纸质调查问卷或电子问卷，回收并统计调查结果。

使用微信可以借助"金数据""问卷星"等平台设计调查问卷，链接到微信后台，并推送给目标调查者，进行培训或会议前的调研。

再如：培训或会议开展前的通知。

"传统方案"用电话、短信、邮件、即时通信工具等方式通知参培者。

通过微信可以发起培训报名，并在微信后台对准备参加培训的报名者进行分组，将拟订好的培训计划群发给该组成员。

至于培训或会议开展前的签到。

"传统方案"参培者需要在培训开始前一段时间内排队到专职人员处进行签到。

微信利用第三方签到插件，参培者只需要回复指定关键词，即可获得签到链接，单击链接后输入个人信息进行在线签到。

嘉宾或讲师介绍也可以在微信后台上传嘉宾或讲师详细资料，或者做一个美观大方的H5页面，代替传统的纸质介绍材料。

相应的培训方案表决或投票，也可以通过微信公众号简单实现，代替以往的举手表决或表决器表决，并且微信投票还可以做到精准统计和实时给出投票结果，大大提升了表决效率。

培训或会议过程中的抽奖互动环节，以往大多通过入场券编号、工号等随机抽取。而利用微信第三方开奖平台可以实现更高级的抽奖方法，如幸运人转盘、刮刮卡、一战到底等。

对于培训或会议结束后需要对讲师做出评价，也可以利用微信通过金数据等第三方数据平台，轻松便捷地实现对讲师的评价、打分及满意度调查等。

培训结束后需发布培训纪要及提供课件资料，均可以上传至微信或网盘，可通过按关键词回复、自定义菜单或消息推送等形式添加在微信后台，指引参培者到公众号后台按照规则下载。

通过这样一个完整的业务流程梳理，可以很清晰地知道应该在微信公众号设计哪些服务功能，来提升业务的服务效率和服务质量，不仅给最终用户带去很好的感受度，同时还能大大提升运营中的工作效率，把那些价值不大的重复劳动从工作中剔除掉。

- 活动

即通过微信公众号给用户设计活动。活动就是为了增加新用户或者刺激活跃用户而使用的一些激励、互动手段。做活动，往往会付出较大的成本，所以更需要对用户属性有清晰的认识，不然即使花了钱用户也不买账，得不偿失。

在做活动之前，一定要明白哪些用户是你花钱也要得到的，哪些是来不来都无所谓的，这样投入产出比才会更高。做活动不仅仅是送奖品那么简单，更关键的是通过奖品来筛选用户。

- 渠道

即用户聚焦区域在哪里。真正熟悉新媒体运营的人都知道，要想做出影响力，多渠道覆盖是必经之路。但在现今的时代，可以说渠道非常多，不同的渠道，投入产出比肯定不同，究竟哪些渠道的投入产出比较高，还是需要借助对目标用户的画像。

通过分析用户标签，找到相应的渠道，然后通过数据对比、试错，锁定最好的 3~5 个渠道，用心经营好这些渠道，会带来长期的效益。

- 社群

这是承载用户的终极容器。其实做网络运营的本质，是要做容器，能直接产生经济行为的叫强容器，间接产生经济行为的叫弱容器。

弱容器很难做黏度，就算你说得再好，用户也不买账。

而社群却是个不折不扣的强容器，设想一下，社群里成员提出的问题、对产品或服务的咨询，以及在互动过程中得到的解答，这些都是天然的、毫无痕迹的、最真实的口碑，口碑就是广告，加上群体效应，会造成冲动型消费。

趁着粉丝对微信号有新鲜感还比较热爱这个账号的时候，一定用一个强连接把他们装起来，这个连接就是社群。

通过社群的方式可以将目标用户聚集在一起，他们是质量极高的种子用户，不仅可以帮你更加了解自己用户的需求，反馈产品和运营的不足之处，也可以为你提供一些活动或者运营的创意，或者帮助你进行传播。

> **公众号粉丝生命周期规划**

即需要用户们关注的周期是多长。很多微信公众号声称有 50 万乃至 100 万粉丝，但其实最真实的粉丝数量 = 铁杆粉丝数量 + 最近三个月粉丝数量。

其实任何事物都是有生命周期的，必须认识到即便是出于商业目的而运营的公众号，在运营非常好的情况下，粉丝也是有生命周期的。大部分公众号的铁杆粉丝都不会太多，一个微信公众号的商业价值基本取决于他最近三个月新增粉丝的数量，而不是原累积的粉丝数量。经过一定周期后，原来的很多粉丝由于审美疲劳或者内容趋同的原因，大部分人渐渐已经不看这个微信公众号了。

如果已经想好了要做一个公众号，应通过统计与观察用户的周期，设计一个在每个周期结束前就能完成商业变现的方式，这样有助于公众号的长期运营。

课后思考及作业

对已运营的公众号进行定位分析，提出改进意见，提交分析报告。

5.12 公众号的品牌策略和推送策略

品牌策略对于企业微信公众号运营来说,是非常重要的。微信公众号可以说是企业的互联网名片,对于树立企业品牌,宣传企业文化有着不可替代的重大意义。

有品牌积累的企业,往往仅仅会把微信公众号当作一个新的推广渠道,而完全不考虑微信生态的特点,只是简单复制过去在其他平台的运营经验,最后只能说做得中规中矩,毫无亮点。作为微信运营人员,如果想通过微信来扩大品牌影响力和知名度,就需要在原有的品牌积累上围绕微信的特点来重新设计,也就是做基于微信生态的适应性调整。

举个例子,有个公众号叫"科技每日推送",致力于做一家科技生活类账号,从手机硬件、应用软件和智能设备三个点切入,表现科技与人的关系,传达科技生活时代的喜怒哀乐。

该公众号从 2014 年 7 月才开始重点经营,仅仅通过半年多时间便收获百万关注用户。这个账号之前叫"App 每日推送",原本在 PC 端和客户端早就有了一批用户,也积累了很多不错的内容。随着微信的发展,他们也开辟微信公众号平台。之前有用户,又有内容的积累,是不是把这些积累的内容重新用微信推送一遍就可以了呢?估计有不少人会这么认为。

但该运营团队没有这么想,他们认为原来的 PC 端、客户端的内容更偏功能性,如推荐应用、工具测评等,并不适合微信端。因为微信端的阅读需要更生活化,要有专业性但又不失趣味性,所以他们微信推送的东西非常突出生活化,适应性转型做得非常好,成为知名的科技类公众号。除了适应性调整,内容的"系列化"也是强化品牌存在感的重要手段,反映在微信推送中,就是周期性的固定栏目或形式。

这里可以使用标题强化的方法,在标题的最前或最后注明栏目名称,用竖线隔开。若要树立个人品牌形象的账号,标题栏目还可以偏个人特色,例如冯仑的"十问冯叔"。除了标题强化,封面图的统一设计也非常有效,简单地说就是在封面图上可以做特别的栏目标志。如"十点读书"就长期设有"共读、解读、选读、轻读"等读书栏目，在封面上非常显眼。

冯仑风马牛：十问冯叔　　　　　　十点读书：书单

除此以外，还可以利用开篇导航，在开篇可以做一个导航条。例如，大家熟悉的36氪在开篇的地方通过导航条深浅的变化，在展示今天推送类型的前提下还能看到整体的栏目规划。

除了利用系列化来强化品牌认知，还可以使用富有个性特征的视觉化设计来强化品牌给用户的印象。

首先是配色，一般来说推荐在图文中使用与企业或品牌相关的颜色，毕竟微信公众号也是企业品牌的一部分，是用户了解企业形象的重要入口，颜色不应该随意，应该与品牌保持一致。大家可以搜索公众号"插坐学院"，看看它的排版，可以说是非常和谐美观，与LOGO的颜色和风格也保持得非常一致。

此外，封面图风格如果能与品牌风格保持一致，高频率重复之后就是品牌标志，可以说用户看到它们就会想起你的品牌。大家可以看一看公众号"胡辛束"的推送，封面都是一致的插画，也是图文内容中经常客串的配图主角。

那如需要选用的配图风格确实没办法一致怎么办？可以通过添加自己独特的标志来实现统一。例如，公众号"意外艺术"给每张图片添加自己独特的"意"字标志，同样起到了提升品牌认知的最终效果。

另外，在公众号内容中经常需要表现喜怒哀乐等情绪，使用表情包不但最为直接，也是与如今互联网文化的衔接。更为重要的是，有了独特的表情包，就像贴了自己独特的标签，即使文章被盗转，这些标签也能被用户识别出来。例如，公众号"深夜发媸"为自己的公众号设计的表情系列。

总之，公众号运营的品牌策略，就是要使用各种高效的方法，来提升品牌对于用户的正向影响力。

有了品牌策略，基本上知道了自己的公众号要推送怎样的内容，有了内容，下一步最关键的事情就是，什么时间推送？推送几次？频率如何？这便是推送策略。

插坐学院　　　　　　　　　　　36氪

策划公众号内容的推送，选择合理的时间进行推送，培养固定的阅读习惯很重要。

那什么时间是合理的推送时间呢，其实就是最能够达到预期推送效果的时间，也称之为黄金时间。常规来说一般以下四个时间段是推送的黄金时间。

时间段	说明
7:00—9:00	作为新一天的开始，又正好是上班路上，很多人在这个时间段对信息的需求量较大，因为他们需要打发时间
11:30—13:30	吃饭、午休的时间段，看手机刷朋友圈的概率非常大
18:00—19:00	下班路上和上班时段的情形相对，排队等车、坐车都是看手机的好时机
22:00 以后	现在人们睡觉前躺在床上最后一件事基本上都是玩手机，这个时间段，大家都非常放松，更容易被优秀的消息所吸引

值得注意的是，正因为以上四个时间段是推送的黄金时间，所以也是各类型公众账号推送扎堆的时间段，这个时候错峰推送也不失为一种策略，不过最好还是结合之前的用户画像，找准用户的使用时间场景来推送。

如果运营数据比较丰富，可以通过分析数据把握用户活跃的时间段，更加精准地在合适的时间进行推送。

对不同的营销对象，企业可以采取不同的推送时间。不过，不论选以上哪一个时间段，每天的推送时间最好都定时，培养用户习惯。

此外，信息推送频次同样重要。是不是在平台能够允许的基础上进行最高频次的推送就是最好的呢？

的确，很多企业想做订阅号，就是因为特别看重每天一次的推送机会，但要提醒的一点就是，让用户取消关注的最佳方式就是"天天推送"，除非你确定你每次推送的内容是订阅者非常喜欢的，否则推送前一定想一想，今天的推送对订阅者有价值吗？

为什么微信给企业开通服务号一个月只给四次推送机会呢？显然微信认

为,作为营销,一个月在别人的信息流里存在四次已经够多了,如果你有用户需要的刚需服务,做服务号不需要靠推送激活用户,迟早他们会因为刚需而购买的。

所以,不论是确定公众号的品牌策略,还是推送策略,都要基于公众号的定位,基于用户画像,只有这样,才能运营真正符合用户需求的微信公众号,提供对于用户真正有价值的产品、信息和服务。

课后思考及作业

为什么不同类型的订阅号规定推送信息条数不一致?(订阅号每天一条,服务号每月四条)

5.13 微信公众号信息排版技巧

完成针对于内容调性的品牌策略后也制定了针对于时段和频率的推送策略,那么,如何将策划好的内容调性给展现出来呢?这就涉及微信公众号信息或文章的排版。

好的排版不但可以提高文章的阅读体验,增加文章的可读性,还可以形成个性化风格,这是从形态上和其他公众号区别的关键。

> ➢ 排版工具介绍

大家都清楚,微信编辑器只能进行简单的内容排版,如果希望有丰富的样式效果或者想要提高排版效率,一般推荐使用第三方微信排版工具,下面就来介绍几款优秀的排版工具。

- 秀米编辑器

秀米编辑器是相对来说容易上手的微信编辑器,它的界面友好清新,推荐新手入门使用。秀米2.0版本增加了更多贴心的设计,不仅满足新手需求,而且可以进行自由编辑,满足更多设计需求。

秀米的菜单栏非常简单,只有最常用的功能,秀米提供的模板质量也不错,可以进行单模板编辑,单击模板自动浮现编辑栏。

同时,2.0版本的菜单栏增加了满足更多自由设计的实用功能,增加了"布局排版"功能,可对选中模板进行自由调整,满足设计需要。

秀米还可以设计文章被用户分享后的效果,还有"另存图文给用户"发至指定邮箱、"生成长图"等小功能供选择。

除此以外,秀米的收藏功能针对单模块和整体图文,收藏后可以反复使用,减少重复编辑的次数。

当然,秀米也存在着一些不足之处,例如:秀米对浏览器兼容性较差,目前使用谷歌浏览器最稳定。如果复制文章到其他浏览器,可能会出现效果无法正常显示的情况。

其次,秀米上传图片较麻烦,需添加图片链接。

再有,因为秀米采取的是单模块编辑模式,所以进行整体修改时需要手动更改每个模板。因此,在用秀米进行排版前,最好有一个清晰的排版规划,避免重复修改。

- 135编辑器

相对比秀米编辑器,135编辑器的模板样式非常丰富,基本的图标样式都有,而且更新的速度非常快。

另外,135编辑器自带"一键排版"功能,适合新手操作,可以对空行、图片、标点进行批量更改。同时,135编辑器整体编辑很方便,粘贴后可以进行清除格式、设置行距等操作。

当然,135编辑器也有自己的不足之处,最主要的就是每次进去页面都有广告弹出,30秒后自动关闭。

其次,虽然提供很多模板,但是质量参差不齐,需要挑选。模板套用很容易出现问题，修改也较麻烦。

再有就是需要付费才能收藏编辑好的图文，外网文字内容导入也是付费用户才可以使用的功能。

- i排版

i排版的设计和运营都非常用心，是口碑很好的一款微信编辑器，与秀米和135编辑器相比，i排版的界面设计非常文艺范儿，适合简约风格的文章。同时，i排版建议提供新手运营和基础排版教程。

此外，i排版有很多符号和小图标非常简洁有特点，适合形成公众号风格。i排版还会根据节假日和季节推出特定的摸板。值得推荐的是，i排版的编辑菜单还可以插入表格，HTML源代码编辑也简单易上手。

而i排版不足之处主要在于保存草稿后，再编辑进行另存就会直接覆盖原稿，无法收藏已编辑好的文章。

以上这三个排版工具就是目前使用范围较广的。当然编辑器也可以综合使用，在不同的编辑器中分别挑选出适合自己的样式，在微信后台中组合成完整的模板，以后的图文直接套用即可。除了这三个，还有很多编辑器也有各自的特色，比如：易点编辑器、新榜编辑器、96微信编辑器、小蚂蚁微信编辑器等等。有兴趣的朋友可以自行探究、总结。

作为微信排版工具，虽然功能多元、便捷，但是工具毕竟是工具，决定微信排版精美程度的不是使用了哪款工具，而是对微信消息进行的内容和版式设计。

微信版式设计中有哪些约定俗成的排版规范呢？

> **微信排版规范**

说排版规范之前，先介绍一下微信消息排版的几个基础元素，包括：字体字号、行距、段距、边距、颜色和篇幅。

由于微信消息主要在手机上进行查看，因此，字体不宜太特殊，以免设备或者系统不支持而产生乱码，最常用的大概就是微软雅黑或者黑体字，这类字体在小型显示屏中显示的都比较清晰。至于字号，微信后台默认的16px就可以，但目前一般最流行的是正文选择14px，这个字号不会看不清，也显得精致，但最小不低于12px。标题要比正文的字号大，一般可以选择18px，最好不要超过20px。

除了字体字号外，行距也是反映一篇微信消息是否美观的重要因素。微信默认的行间距是1，视觉上会感觉有点拥挤，所以为了更加舒适的视觉效果，使用1.75比较好，也有一些公众号会使用1.5和2的行间距，大家可以根据实际效果需求，灵活选择。

至于段距，在微信中，由于手机屏幕尺寸较小，和PC端以及书本的阅读体验感非常不一样，所以一般采取首行不缩进的方式，并且使段落之间空一行，阅读体验感最佳。虽然没有首行缩进了，文章也不要大段文字堆砌，要多分段或者用小标题区分，让文章有些呼吸感，这样的阅读体验才会更舒适。

边距指的是文字和屏幕之间的距离，在两侧留白，显得比较精致，实现移动范围减小，读起来更轻松。在图书排版中都会设置文字和纸张的距离，让页面看起来更舒服。在微信后台编辑器里并没有做区分，很多人也忽略了这一点。为了更好的阅读体验，可以设置调节边距数据。在i排版微信编辑器中可以用"缩进"选项进行设置，一般设置的值可选择0.5或1.0。

说到字体颜色，很多人觉得这个有啥可说的呀，当然是黑色的啊，的确微信消息默认的字体颜色也是黑色，但是纯黑色在手机屏幕上显示时会稍有刺眼感，相较之下灰色就柔和多了，一般推荐以下几个灰色系的色号：3f3f3f、595959、888888，其中颜色最深为3f3f3f，最浅为595959。

另外，排版的第一要领是简洁，全文的颜色最好不超过3种，否则看起来会很混乱。

如果是企业品牌类的微信号，配色可以接近公司的LOGO颜色，其他颜色可以选取与之临近的颜色。如何获取LOGO的色号值呢？一般在包含企业LOGO设计的VI手册中，都会有准确色号数值的记录，直接查询就可以获得。如果不方便找VI手册，可以用Photoshop中的取色器，点击所需的颜色，便可以查看到所选取颜色的色号。

至于篇幅，微信消息文章的文字数量建议不超过2000个字，篇幅较长读者会看不下去，且中间最好搭配相关图片缓解纯文字阅读的疲劳。

了解了微信消息排版的几个基础元素，下面一起来看看微信消息排版的四大原则，很多学习平面设计专业的同学，即使没有学过微信排版，也可以在第一次上手的时候排得很精美，甚至一些PPT做得好的同学也可以很快排出专业的微信消息排版。所以，排版的好坏，不是看使用了哪一款编辑器，而是排版者的设计感觉。有平面设计、PPT设计背景的朋友，正是因为在大量学习中积累了对于设计美感的直觉，不管更换了什么样的排版场景和工具，设计美感的原则都是一样的。

> 微信排版原则

微信排版本质上也是平面设计中的一个排版场景，所以也就脱离不开设计的基本原则，只要掌握了基本原则，注意细节，就可以排出精美的版面。大家可以使用设计中的"对齐、对比、重复、统一"四个原则来看一下排版规范。

- 对齐

只有对齐了才能够看起来很整齐，文章默认是左对齐，如果文章较短字数较少，可以使用居中对齐。当然，也可以居中、居左混着用。极少数文章，如诗歌、散文类会使用居右对齐。

- 对比

微信排版中的对比，一般是标题和正文内容的对比，重点内容和正文内容的对比。

标题的强调，可以在各第三方编辑器中选择合适的标题样式进行排版。如果你想自己设计标题样式，可以在软件中设计好，另存为图片，再插入文章里。

重点内容及重点文字的强调，一般可以对文字进行加粗、加大字号、改变字体颜色、引用或者改变背景色等设置。

需要注意的是，如果标题已经使用了颜色，在正文中表示强调的时候可以直接加粗或者颜色与主题色一致，这样会让界面显得清爽，切记除非有特定的设计需求，尽量不要使用多种不同的颜色进行文字上的强调。

- 重复

人们常说少就是美，文章排版使用的样式求精不求多，太多样式的混合使用只会让读者看不下去，所以，公众号排版最好能够有几个固定样式的排版，这样便于形成公众号的风格。当文章被别人转载的时候，哪怕没有注明出处，文章的排版风格还是具有一定辨识度的。

- 统一

也有称为亲密性原则。微信文章排版的统一是由以下每个小细节统一组成的，比如说：每段文字正文字号大小、标题字号大小要统一，每个小标题的样式和颜色要统一，标题对齐方式、正文对齐方式要统一，每一张插入的图片和段落之间的距离要统一。

而公众号整体的统一是由每一篇文章排版的统一组成的，每篇文章选图风格统一，每篇文章使用排版样式选择统一，每篇文章开头、结尾样式统一。

> ➢ 什么情况下需要进行版式设计

微信消息编辑过程中到底哪些情况下需要进行版式设计呢？

- 封面图的版式设计

微信后台规定，头图的尺寸是 900×500，次图比例是 200×200。在选择和设计图文推送的封面图时，一定要想方设法让它主题突出、一目了然、引人注目，同时让栏目名称重复形成品牌，更重要的是头条的封面图要考虑分享到朋友圈以后的显示情况，因为朋友圈的缩略图只显示封面图正中方形区域，因此要让图片的主要信息集中在正中方形区域。要提醒一下，虽然形式不必一定是四个字或者一个框，但要有注重中心正方形区域的设计意识。

- 引用版式的设计

很多微信消息的文章内容都会涉及名言、诗词或者经典语句的引用，目的就是让它们要与正文进行区分，一般借助微信自带编辑器的"引用"格式或者第三方编辑器的引用样式都可以很好地实现。

另外，个别一句话采用直角引号会比较古典、直观，尤其适合用在标题中。

再有是对人物介绍版式的设计，人物介绍使用较多的场合是微信图文中对预告活动进行嘉宾介绍或者对作者进行介绍，在第三方编辑器中也有很多的模板可以套用，一般由人物图片+文字介绍组成。人物图片尽可能选择背景干净、清晰度高的，文字介绍要简洁有力。

也可以使用 Photoshop 等图形设计软件进行设计，甚至可以使用 PPT 来进行人物介绍图片的制作，制作完成后生成为图片，然后上传到后台。所以做文章编辑要会的不仅仅是排版，而是从排版、修图到内容制作的全过程。

再有是对于指引版式的设计，在文章中的配图最好能够配有说明文字，这样会有指向性，如使用类似三角或者手指标志的指向性符号，或者用小号文字在图片下方做出说明，指明出处引导视线，这样可以让文章的阅读体验感更舒适，这些符号在第三方微信编辑器中可以找到很多。甚至在搜狗输入法的"特殊符号"中也基本都有，输入非常便捷。

- 二维码版式设计

公众号被推荐或者文章底部求关注的时候一般都会放上二维码，在一般的文章中，二维码过大会看着不美观，而二维码过小则有可能导致扫不出来。所以需要处理好，一般按照 43 像素的整数倍缩放。图片的缩放可以通过图形编辑软件或者计算机自带"画图"工具直接更改即可。

一般情况下，一个二维码要配合必要文字信息，文字摆放时可遵循上下或左右的原则，所占面积不要太大，文字的内容也不要比二维码大，不要喧宾夺主。

另外，在公众号没有拿到原创功能之前，是没有超链接功能的，而且就算有原创功能，具备的也是内部链接，只能链接该公众号之前发布过的文章。

一般情况下都选择"阅读原文"作为外部链接的入口，但如果一篇文章有多处链接怎么办呢？

如果转化成文本格式，让用户自己通过复制再粘贴到浏览器中，这样的转化率会大大降低。所以这个时候最佳的方式就是将链接转制成二维码，不论是分享公众号名片还是在一篇文章中需要外链跳转，都可以将二维码作为中间桥梁，这个时候，用户只需"长按二维码"即可跳转。将地址链接转制成二维码最常用的是草料二维码生成器，输入所要的内容即可一键生成二维码，当然其他二维码生成器也都可以，但是注意有的生成器会限制二维码的有效期。

有时候所生成的二维码看起来非常密集，不美观也不容易扫描，这是由于网址过长的原因，其实网址过长带来的结果不仅是生成的二维码密集，平时给朋友发文章、活动等链接的时候，也会直接霸占整个屏幕，体验感非常差。这时最常用的方法是通过百度短网址或新浪短网址转换一下网址，这样就可以用生成的短网址制作简单的二维码了。

课后思考及作业

查找几个满意的公众号信息排版，与自己的信息排版进行对比，找出自己排版的信息的优缺点，加以借鉴改善。

/6/ 微博与微博运营

6.1 微博的特点

微博作为一种新型的网络媒介形态,在具备网络传播特征的同时,具有自己特色鲜明的传播模式与特征。微博传播模式表现为人人都是传播者、传播内容碎片化、传播效果裂变化等特征。

微博用户只需注册一个账号,就可以通过手机随时随地传送和接收微博信息,缩短了从信息源发布到信息传播的路径和时间。

和强调双向互动紧密人际关系的社交型应用不同,微博可以是单向的关注模式。微博的关注与被关注从社交网络的角度来看是一种不对称的人际关系,这种不对称形成了微博广播式的信息流动模式。用户可以任意关注他人,而不需要形成双向的好友确认关系。

微博可以随时随地迅速发布简短信息,这就使微博具有了很强的时效性和现场感。因此,微博在很多热门事件中,成为很多人现场播报的微媒体,不了解现场的人只需要关注发布者微博就好,微博的这一使用特点恰好满足了现代人快节奏的信息获取需要。

微博作为新媒体的代表,一开始虽然仅能发送 140 个字的信息,但具有实时性、互动性、社会性、便捷性等特点,其一句话围观的神奇力量可以创造神奇的效果。

> ➢ 微博的特点

微博从传播主体、传播内容和传播方式上有着非常鲜明的特点。
- 传播主体平民化、个性化

微博的广泛影响首先体现在对社会话语空间的释放，微博极大降低了博客需要长篇大论，个人的感悟，这让原来"沉默的大多数"找到了展示自己的舞台。微博时代，真正做到了每个人都可以生产、传播、接收信息。微博使每个人都成了潜在的记录者，当然这带来的弊端是绝大部分微博发布的信息对不相干的人没有多少实际价值。

微博消除了传播者和接收者的界限，激发了平民大众的创作和发表欲望。这让大众从"旁观者"转变成为"当事人"，每个人都可以拥有自己的微媒体，以前显得很神秘的媒体变成了个人的传播工具，形成了"人人即媒体"的传播格局。

大家可以自由构建个人的社交网络和社区，表达自己想要表达的观点，选择自己感兴趣的关注对象，获得自己感兴趣的信息，并可以完全按照自己的意愿编辑微博内容。

- 传播内容碎片化、去中心化

早期微博因为传播容量的限制，微博的内容和信息量受到了限定，因而呈现出"碎片化"的特点。这种信息传播特点，限制了某些复杂和有深度要求内容的传播，但这也恰恰显示了微博的独特性和分众传播的优势，它一方面契合了现代社会信息化、快节奏的生活方式，大大节约了现代人的时间成本，另一方面又在影响现代人关注信息的方式和习惯，甚至引领着整个社会的生活方式和人际交往模式的潮流。

与传统的大众传媒严肃、权威的面孔不同，微博因去中心化的特点而颇具亲和力。微博提供了一个平等的交流平台，微博让"沉默的大多数"有了更多的发声机会，建构了一个机会更为均等、权利更加平衡的舆论平台。

它允许普通人直接去名人微博下评论转发自己的看法，如果大家支持你的观点，一样可以带来广泛转发和传播，客观上营造了打破权威、鼓励创新、张扬个性的文化氛围，使精英阶层的话语权下移，彰显了平民化的传播个性。

- 传播方式上交互化和病毒化

在现代生活节奏加快、信息爆炸性增长的情况下，人际交往变得表层化和快捷化，人们普遍需要有传递信息、表达情绪、分享感受的机会。微博的交互功能自然受到人们的关注。在微博上分享信息、进行社会交往、表达个人感受，往往都能够得到其他微博网友迅速、及时反馈。

微博传播过程使每个人都可以生产信息、传播信息、接受信息。任何一个微博用户在转发关注者发布信息的同时，也可以变成微博信息的二次加工者。此时，关注者就变成了信息的接受者，然后又可以把接收到的信息通过转发传播给自己的粉丝，所以微博用户随时可以在接收者和传播者的双重身份间互换。

微博的传播路径主要包括粉丝路径和转发路径两种。在粉丝路径中，只要发布者发布信息，关注者就有可能接收到这个信息。在转发路径中，如果关注者觉得自己接收到的信息有转发的价值并选择转发，那么这个信息就会成为关注者的微博，他自己的粉丝也能随之接收到这个信息，以此类推，将这个信息以裂变的形式传递出去。由此可见，微博的传播方式不再是过去的一对一、一对多同时可以发生的裂变模式。

与传统媒体一对多的线性传播模式不同，微博的网状传播方式可以实现一对一、一对多、多对一、多对多的交互传播。在独特的交互传播方式的基础上，微博能够轻松实现人际传播、群体传播、组织传播和大众传播的兼容。因此，微博能够在这些传播方式所使用的媒体上实现传播，或者容纳多种媒体的传播功能，成为名副其实的多媒体。

传统媒体以及一些新媒体看准了微博的这种立体化传播功能，纷纷注册了微博账号，在微博上提供本媒体内容的链接，一方面是要建构一个自身推广的平台，另一方面是想借助微博的多媒体特征，实现文字、图片、音频和视频的立体化传播，以弥补自身单一传播方式的不足。

在微博最火的时候，出现了"微博改变一切"的说法，不过随着用户的成熟，大家对微博价值的认识也趋于理性。现在普遍认为，微博对于社会新闻更具有传播优势。

在寻找有价值的信息方面，微博能够为用户提供此类信息的最短接触路径，信息交换频繁、有效。微信平台上的信息通过不同朋友圈的嵌套和通连，可以形成圈子范围的传播。重大事件，往往是先通过微博发酵，然后在朋友圈中传播。与微信朋友圈不同，微博主最感兴趣并愿意关注的对象是同自己有相似兴趣爱好的网友或者各行业的名人，而非生活中的人际关系网络，而这部分职能，普通人更习惯让微信来担负。

2017年娱乐圈几起重大事件的发生，你最先是通过什么平台知道的？回想看看，是不是大多最早出现在微博，在微博发酵后才会出现在微信朋友圈，可见微博这样的媒体更适合这类新闻事件的传播。

> **微博的分类**

一般情况下，微博账号可以分为五大种类：个人微博、企业微博、政务微博、校园微博和其他类型的微博。

微博注册类型

个人微博是新浪微博中数量最大的部分，又可以分为明星、不同领域的专家、企业创始人、高管、草根等。

除了以个人名义发布的微博外，还有以动物语气发布的微博，如韩寒的马达加斯加，其实就是指代韩寒的狗，甚至还有虚拟人物微博，如电视剧《欢乐颂》开播期间就为自己的主要角色开设了微博，而且之间还会进行微博互动。

企业微博，顾名思义就是企业开设的微博，很多企业都开立了自己的官方微博，不少微博也都达到了非常好的效果。有些企业的微博还形成了矩阵式经营——企业领导人微博、高管微博、官方微博、产品微博，相互呼应，例如小米的微博矩阵，包括雷军、小米公司、小米手机，等等。

除了企业重视微博以外，政府也非常重视微博，可以说微博对于政府可谓影响深远，它为人们打开了一扇窗，各种信息蜂拥而来，可谓泥沙俱下。传统的信息管理方式已经跟不上时代的发展，微博对于调和公民言论自由、政府信息透明、国家安全和个人隐私之间可能存在的矛盾，都起着积极作用。凭借强大的舆论影响力，微博也成为群众对党政机关和公职人员的监督利器。

雷军微博首页

小米公司官方微博首页

据数据显示，截至 2017 年 6 月 30 日，经过新浪平台认证的政务微博达到 171411 个，较 2016 年年底增加 6889 个。其中政务机构微博 132012 个，公务人员微博 39399 个。

随着新媒体蓬勃发展，微博成为极具影响力的平台，校园作为社会的一个重要部分，也加入到了微博阵营中。自 2009 年起，各地学校，特别是各大高校纷纷开设官方微博，传播信息、增进沟通，发挥着扩音器和凝聚节点的作用，在教育教学、危机公关等方面也有所增益，成为学校和学生之间的沟通纽带与桥梁。

至于其他类型的微博就比较庞杂了，不方便分类。比如新电影上映会开一个微博，企业的某个重要活动也可能会单独开一个微博。这类微博，有一定的时效性，也更具专题性。虽说，这种类型的微博，在过了上映期或者是活动发布期，就会冷下去，但其发挥的作用也是不可小觑的。

> **微博与微信的区别**

微博继承新浪的媒体基因,是一个社交化媒体平台;微信是社会化沟通平台。新浪的基因是网络媒体,而腾讯的基因是社交和聊天工具,这也决定了两家产品的走向。

微博作为一个媒体的工具,用户关系主要建立在共同感兴趣的话题上,社交关系质量较弱,多为单向传播,注重的是传播速度快和内容公开。

微信作为一个社交工具,用户关系建立在社交需求之上,关系质量较强,多为双向关系,注重的是私人内容的交流和互动,信息的传播速度不快,但受众信息消化率很高。

作为一个分享和交流的平台,微博更注重时效性和随意性。这一点和微信的交流性和分享性有着本质区别。微博更能表达每时每刻的思想和最新动态,微信则更能全方位地分享自身的生活态度和最新感悟。微博重视传播,微信重视交流。微博是向外的宣传,讲究时效性和传播效果,信息刷屏也很快。而微信则是向内的交流,需要使用双方同意后才能双向互动,才能查看双方朋友圈的信息,这一点是微博和微信最主要的区别。

总结来说,微博与微信的相同点主要有,同样是交流分享平台,都能够发送文字,同样可以点赞和评论等。

微博与微信的不同点主要在于微信的朋友圈是私人的,微博是公众的。再有是,微信的朋友圈内容不可直接转发,微博内容可随时转发。可以说转发功能是微信朋友圈和微博最大的区别。大家可以自行查看一下,在微信朋友圈的互动选项中,只有点赞和评论两项功能。还有一个很大的不同是,微信的朋友圈评论陌生人是不可以查看的,而微博的评论谁都可以查看。另外,微信的朋友圈字数无限制,微博字数有限制。早期微博文字内容限定在140个字以内,而微信朋友圈一开始就能撰写很长的一段文字。

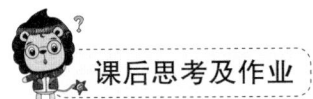 **课后思考及作业**

选择几个不同类型的微博，点击进入他们的微博主页，观察博主的粉丝及微博转发、评论、点赞情况，并尝试着分析这个博主运营好或不好的原因有哪些。

6.2 微博运营的营销价值

微博是社会化媒体中用户极其活跃的社交平台之一，它因内容短小、发送信息方便，彻底改变了媒体和信息传播的方式。不仅如此，微博的信息还可产生病毒式的传播。这些都使得微博具备极高的营销价值。

微博营销指以微博作为营销平台，利用更新自己的微博、联合其他微博设计跟网友的互动或者发布大家感兴趣的话题，让网友主动关注或传播企业的产品信息、服务信息或文化信息，从而达到树立良好企业形象的目的。

> 微博运营的营销价值的实现

对于企业和个人来说，微博运营的营销价值可分为以下四点来实现：品牌传播、客户关系管理、市场调查与产品推广、危机公关。

- 品牌传播的利器

企业可利用微博展示企业品牌形象及产品独特之处、包括企业文化等。还可以与目标消费者建立情感，听取消费者对产品的意见及建议。同时，在客户服务上，提供企业前沿资讯、服务及新产品信息，便于与消费者进行一对一的沟通，及时发现消费者对企业及产品的不满，并快速应对。

通过微博组织市场活动，可以打破地域及人数限制，实现互动营销。如通过在微博中发表与企业经营相关的内容，能与粉丝积极互动来整合线上线下渠道，以塑造和提升企业的品牌。例如，在微博上讲述企业和品牌的故事，增添产品的无形价值，给用户带去美好的体验，激发美好的情感等。

当然，除了企业通过微博打造自己的品牌以外，个人也可以通过微博建立个人品牌。例如，以个人微博原创视频火爆全网的 papi 酱、以写作得名的冯唐、以为网友解答有关营养等各类疑难问题出名的顾中一。

- 客户关系管理的绝佳助手

企业可通过微博进行对客户的挖掘、维护以及服务。现今，越来越多的互联网企业，在用户线上购买、产品包装、物流、线上线下体验等各个环节中，特意引导用户晒单和评论分享，用户使用或体验完企业的产品或服务，会通过微博拍照分享，当然也有用户吐槽产品和企业服务的时候，这时可跟用户进行实时交流，如果企业能及时发现产品的一些问题，便可通过微博提前告诉消费者，快速消除影响，而不要让负面的信息在人群中大量传播。

通过微博对自己的目标客户进行一对一沟通、交流、反馈，转化他们购买或追加购买商品，这也是很多商家推广的基本策略。

在以客户为核心的商业模式中，客户关系管理强调时刻与用户保持和谐关系，不断地将企业的产品与服务信息及时传递给用户，同时全面、及时地收集顾客的反馈信息。

微博以其高效的传输方式，很好地做到了这一点。智能手机拍照上传图片并配 140 字微博模式极大地降低了分享的门槛，而且图文并茂，相比于电话、邮件等传统的营销客户沟通模式优势明显。

- 市场调查与产品开发推广的创新工具

市场调查是企业开展营销不可缺少的环节。通常情况下，企业可以通过问卷调查、人工调研、数据购买等方式调查消费者的需求，获取企业希望了解的分散化需求信息。但这些调查方式耗费的财力和人力都较大，不同的行业，效果好坏也参差不齐。然而，微博的出现，为企业提供了一个低成本、高效率的创新工具。

从微博的运作方式来看，企业积累一定粉丝后，通过微博进行营销和市场调查，成本是极低的。企业只需要注册用户，通过实名制认证给账号加上"V"字。企业以自媒体的形式发布信息不会被收取任何费用，这样，企业就能只用投入极少量的人力与相当范围的受众进行交流。甚至企业员工也可以注册普通的微博账户，直接以消费者的身份进行讨论，对用户反馈的有关于产品的评论进行分析和总结，从而获得普通潜在消费者的意见和需求信息。

企业还可以借助企业微博发布自己产品相关的信息博文，内容中植入产品的购买链接，目标受众看到微博后，如果喜欢企业的产品便可直接购买。此外，企业还可以配合微博的营销工具——微博粉丝通、微博橱窗等功能进行精准投放，为产品带来更多的曝光率，从而让更多的目标人群看到并产生购买行为。

- 处理危机公关的理想选择

微博既是品牌推手，同时又可能成为扼杀品牌的快刀和利剑。从当今中国微博的发展现状来看，涉及知名企业产品质量、企业信用出现问题等公众事件，一般都会迅速登上微博的热门词汇、热门转发、热门评论排行榜。根据话题进行检索，企业可以迅速了解到对事件高度关注的群体，可以全面了解公众对此事件的评价和意见。由此企业能够迅速在微博上锁定危机公关的目标人群，了解危机发生的原因和经过，并据此迅速做出更有针对性的应对。快速、有效的微博危机公关，不仅能有效地将危机降到尽可能低的程度，甚至能将危机转化为重塑企业形象的一次机遇。

在信息高速发展的现代社会，企业并不能预料在哪个环节上会出现问题，当事件发生的时候，微博是很好的公关阵地，当然，不当的处理也会让事件向反面发酵。

> 微博常用的运营模式

- 明星模式

2007年，博客当道。2009年，微博当道。明星模式，不管是当初的博客还是后来的微博，一样具有影响力。

今天很多厂商都宁愿付出高额费用，也要请明星代言。而有些明星，演艺本身可能并不被特别关注，反而作为段子手，赢得爱戴。例如，前两年，薛之谦就属于这类明星，他热爱唱歌事业，却一直不能爆红，结果在微博上发段子广告赢得了关注，同时也带动了演艺事业的发展。

- 网红模式

如今网络有流行语"我为自己代言"。2015年"双十一"当日，网红张大奕凭一己之力，销售突破6000万元，卖进淘宝女装TOP商家，开业一年店铺四皇冠。这个让人震惊的现象，使得微博对电商的促进作用，再也不容忽视，而网红经济也进入大众视野。

被称为"2016第一网红"的papi酱。2016年3月，获得真格基金、罗辑思维、光源资本和星图资本共计1200万人民币融资，估值1.2亿人民币左右。papi酱，本名姜逸磊，1987年2月17日出生于上海，网络红人，毕业于中央戏剧学院导演系。2015年10月，papi酱开始在网上上传原创短视频。2016年2月，凭借变音器发布原创短视频内容而走红。在获得投资后，2016年7月11日，papi酱在八大平台同时直播，收获全网在线人数破2000万，1亿次点赞，打赏累计价值90万元。

这些网红大都和商家合作，为商家进行品牌推广。其实这也是一种明星路线，只不过是网红平台，往往是先从网络上火起来，和传统明星成长轨迹有所不同。

- 商界领袖模式

典型的例子就是SOHO中国的潘石屹。微博时代，潘石屹抢占制高点，微博的确放大了潘石屹的名气，使企业领袖成为企业名片，这样的广告效应，远远要好过在纸媒上投放广告。尝到甜头的，并不只有潘石屹。格力的董明珠，在和雷军的"世纪赌局"而引人注目后，也开设了个人微博，开始直接与粉丝对话。

不过论微博，还是要数互联网界的企业创始人玩得最得心应手，360的周鸿祎和小米的雷军，都把微博用到了极致，他们的一言一行，都备受瞩目，也给企业带来了非常好的曝光率和传播效果。

- 媒体模式

从传统媒体到新媒体，传统媒体的特征是单向传播，读者只能看不能发言，而新媒体的特征是互动，读者既可以看也可以说，而且还有可能会因为读者的互动而扭转事件的方向。微博移动端发布新闻有更大的便利性，可以随时随地获取和发布信息，形式也趋于多样：文字、声音、图片、视频、直播……

很多传统媒体开始把微博也作为自己的主平台运营，效果比平面纸媒更好。

- 自媒体模式

李开复曾经发表过一条微博，认为个人品牌会超越机构品牌，并阐述了三个理由。第一个理由是企业官方微博是官方发言，由公关部门维护，而个人微博更具有个人特点而且真实；第二个理由是企业微博发言谨慎单一而且被包装，而个人微博言论相对随性，多元化；第三个理由是企业微博抱着太强的功利性，存在是为了推广公司，而个人微博则是表现自己思想，增加个人营销力。

李开复提出的这三个理由，被广泛认可。一个成功的微博应该有灵魂、影响力与号召力，在这方面，企业微博不如个人微博更鲜活立体。所以，不少企业微博纷纷以虚拟人格出现，以拉近和粉丝之间的距离。

- 专家模式

在微博上，汇聚了各个领域的专家，这些专业人士，在微博兴起后，成名路径、个人品牌的塑造与传播及赚钱模式等都发生了变化。作为拥有过硬技能的人，专家们的变现相比草根有很大的优势。

新浪微博的功能也在不断进化，打赏、付费阅读、广告收入等层出不穷，自2014年7月，新浪微博推出付费阅读，短短一个月时间，微博"大V""林奇看盘"入账近10万元。一年2400元的阅读费用，并不能阻挡人们对财富相关信息的追逐。在首批"付费阅读"的账号中，股票类的账户堪称主力军。

很显然，人们愿意为自己关注的内容付费，而这些内容，通常和投资、情感、健康和娱乐等有关。这可算是时下内容表现的先驱。

- 微商模式

微博橱窗、淘宝智联、寻找商机、客户服务、品牌传播……微博和阿里联手后，社会化电子商务有了更多的可能性。虽然微博对电商会形成一定冲击，不过很多商家通常是多头开花。微博由于互动性和传播性好，仍然是很多电商新品爆款推广的首选平台。转发抽奖的活动虽然老套，但是参与者仍然众多。根据大数据支持下的微博推荐，用户的搜索习惯进行筛选，精准度也越来越高。

➢ 微博营销与微信营销的区别

微博和微信都属于社会化媒体营销平台，也是人们平时使用最多的两个社交平台，下面就从营销方式上分析一下二者的区别。

微博用户操作习惯是电脑端和移动端并存，而微信基本是移动端。

对于办公室用户的使用习惯来说，人们对于微博平台更倾向于电脑端，而微信的使用习惯则倾向于移动端，如手机和平板电脑。

相比较而言，微博多是发布信息，微信主要是交流。虽然微博和微信都是社会化媒体，但微博更倾向于社会化信息网络，信息的传播速度更快，同时微博属于自由媒体平台，好友和陌生人都可以看得到发布的信息，这更像是新闻媒体平台。而微信则倾向于社会化关系网络，平台注重用户圈关系，在社交圈中可以相互交流、相互分享。

从一定程度上说，微博更像是广场，而微信更像是圈子。微博的观者人数没有限制，只要你有微博账号就可以查看到任何人发布的微博内容。微信就不一样了，微信是私密闭环式传播，用户发布的信息只能在自己关注圈子或被关注的圈子中传播，没有成为好友的陌生人看不到信息。

同时，微博曝光率低，微信的曝光率高。微博的实时性很强，很注重传播性，但却不容易出现刷屏现象。因为没有谁会一直守在电脑边上或者手机面前来刷新微博内容，这样就很容易造成你发布的内容会很快被别的内容覆盖下去，导致微博的曝光率低。而微信不一样，它的交流性很高，在微信上发布的内容，关注人的手机里可快速看到。

再有，微博是媒体，微信是社交工具。微博具备很强的传播属性，就像媒体一样。微博发布的内容是针对全部用户的，是一对多的传递方式。而微信则不一样，微信是一对一的交流。微信是一种社交工具，隐私性很高。

正是由于微博是媒体，微信是社交工具的特性才导致微博营销和微信营销存在着本质上的区别。

所以，微博适合曝光，微信适合推送。微博有媒体特性，更适合做企业品牌曝光，维护公共关系和媒体关系，也可以做客户关系的维护；微信是一个社交圈子平台，适合企业信息的定向推送、客户关系的定向维护、打折促销活动及朋友圈分享等。

微博营销具有哪些价值？如何实现这些价值？请查找几家著名的企业微博，分析其微博营销的特点。

6.3 微博运营的基本操作技巧

作为新媒体运营人，你是否已经拥有微博帐号，是否了解了微博基本操作功能？下面一起学习微博运营的基本操作技巧。

> 微博账号申请

以新浪微博为例，新浪微博与新浪网用户可共用账户平台，如果已有新浪账号，如新浪博客、新浪邮箱可以直接登录微博，无须再开通。

如果你有淘宝、QQ、天翼、联通沃邮箱、360、百度等账号，可以直接和微博绑定，注册微博成功后可以进行同步信息。微博账号申请步骤与微信账号基本一致。

首先要进入微博注册页面，可以通过百度搜索"新浪微博注册"，点击进入注册页面；也可以直接输入网址 www.weibo.com，点击"立即注册"进入注册页面。

微博个人用户注册

到注册页面后，第一件事情是要选择注册类型，分为"个人注册""企业用户注册"两种注册类型，选择要注册的类型进行注册。

- 个人注册

个人新用户注册支持邮箱注册、手机注册。

通过邮箱注册，需要输入常用邮箱地址，设置密码、昵称，填写相应个人资料即可。注册微博后需要激活操作，用户可以点击顶部的"立即激活"进入注册邮箱，点击邮箱中的激活链接即可。如果未收到激活链接或链接已过期，可点击"重新发送确认邮件"获取链接进行激活，超过30天未激活邮箱的用户无法正常使用微博。

使用手机注册，则需要输入手机号码、设置密码、昵称及个人资料后，填写的手机号码会接收到验证码，输入验证码后即可注册成功。

- 企业用户注册

企业用户注册，则需要准备以下材料。

营业执照、组织机构代码证及企业公章（财务章、合同章等无效），如果企业官方微博名与营业执照上企业名不一致，还需提供相关补充证明材料。

需要注意的是，注册微博的时候经常会提示此昵称已被注册，但是在微博内搜索的时候却没有相关信息。造成这种现象的原因是此昵称已经有用户占用，但是该用户可能由于账号异常暂时被系统冻结，所以在搜索时不显示，此时你只要重新选一个独一无二的昵称即可。

对于长时间未登录微博的账号，官方将定期清理并释放昵称，具体依情况而定，所以注册了微博以后不能任由它放在那里，而是要经常更新一下，否则就可能被收回昵称。

- 微博认证

微博认证用户分为个人认证和官方认证。

申请个人认证的微博账号需要满足以下条件。包括：绑定手机、有头像、粉丝数不低于100人、关注数不低于30人、至少2个橙"V"互粉好友、有发微博内容且能体现活跃的真实个人。

申请认证填写资料时，如果实际生日跟身份证生日不一致，以身份证号码为准。

微博个人申请橙"V"认证是完全免费的，请广大网友放心。任何收费的个人橙"V"认证行为都是虚假的，如遇到认证收费的现象，可以进行举报。一经查实，微博会严厉打击这种不法行为。想了解微博认证详细信息，请进入认证页面查看。

微博官方蓝"V"认证都会收取审核服务费，但政府、媒体、校园、公益类蓝"V"认证享受站方扶植，审核服务费用由站方补贴。

企业蓝"V"认证、机构蓝"V"认证需一次性支付 300 元/次的认证审核服务费，此为认证审核服务的成本费用，不以认证成功为前提，不支持退款。

> 个人微博认证

个人认证分类目前共有三类：在职认证、职业资格认证、作品和获奖成就认证。

操作也很简单，如果在电脑端操作，在微博页右上角点击设置页面下的"V"认证选项进行申请即可。

如果通过手机端操作，更加便捷，随便点击一个认证用户的主页单击"更多资料"中的微博认证，即可进入申请页面。

微博个人认证支持好友帮助认证和上传材料认证方式。

通过邀请微博已认证的好友帮助确认身份信息的方式，可简化所提交的材料并节省认证所需时间。好友可以为申请者提供认证信用担保。

除了好友帮助确认的方式，用户还可上传在职证明、职业资格证书、作品和获奖证明进行认证。

其中在职认证是需要用户以上传盖章工作证明的方式认证本人所在政府、机构、企业等单位正式在职工作身份的认证类型。

职业资格认证是需要用户以提交合法取得国家公认的职业资格证或从业资格证等方式认证本人职业身份或技能水平的认证类型。

而作品和获奖认证是需要用户以提交在国内公开出版发行过的书刊、书画、唱片、电影、电视、舞蹈等作品证明材料的方式认证本人代表作品和作者身份的微博认证类型。获奖或成就认证，是在国际、国家的重要、知名的赛事或活动中获得奖项或称号的证明材料的方式，认证本人获奖情况或主要成就的认证类型。

至于认证审核的时间，好友帮助认证与上传资料认证也有比较大的不同，好友帮助认证要在两位好友完成帮助之后 24 小时内进行快速审核；而职业资格、作品和获奖认证、在职认证等核实单位信息会在 5 个工作日内进行审核，不论审核通过与否，系统都会收到审核通知。若未收到通知，说明审核还未结束。

除此以外，新浪微博还支持与第三方网站或应用合作，进行联合认证，对第三方网站或应用中的认证用户或优质用户，新浪微博可以予以微博认证。如在简书、豆瓣获得了认证，就可以在微博也获得相关认证。不过需要注意的是，联合认证并非永久。

如果用户符合下列条件之一，会自动去"V"：连续6个月不登录微博，用户解除新浪微博与第三方网站或第三方应用绑定，以及用户注销第三方网站或第三方应用的账号。

个人认证用户有以下几项特权：

- 微博认证标识

即昵称旁独特的橙"V"认证标识和认证说明一起凸显微博认证身份，辨识力强和搜索优先。

- page 特权

利用微博 page 可以搭建个人的对外网络展示窗口，在主页充分展示个性化的职业、兴趣内容；

- 粉丝服务站

通过微博认证后，能够拥有更丰富的粉丝互动形式，帮助个人用户提升媒体潜力与营销能力，促进个人媒体品牌成长。

此外，微博认证的账号还可以入驻微博名人堂。进入名人堂可按分类展示，方便行业交流和找人。

> ➤ 企业蓝"V"认证

目前只能在电脑端申请，暂不支持在手机端申请，相关功能正在开发优化中。

在电脑端的申请操作与个人认证操作基本一致，同样也是在微博页右上角点击设置，进入设置页面点击"V"认证，并选择官方认证，按照提示一步一步进行申请即可。

如果已有个人账号，登录后，点击"V"认证，进入页面选择"官方认证"即可。进行申请企业认证，按照要求填写并提交申请。申请过程中把营业执照和公函作为附件上传到系统，并选择付款后即可提交成功。申请成功后，客服会进行审核，如果资料缺乏，会有专门的客服人员电话核实，请耐心等待审核结果，审核结果由微博小秘书私信通知。

如果还没有微博账号，则可以在微博注册页面直接选择"官方注册"，并填写相关资料完成注册，注册成功激活邮件后，就可以进入申请认证页面。

思考个人认证与企业认证的异同，如何操作才能快速通过橙 V 认证、蓝"V"认证？

6.4 微博基础信息设置技巧

同微信一样，微博申请后也需要进行基础信息的设置。

> ➤ **微博昵称设置**

一个好的昵称能让粉丝迅速记住你，一般来说，好的微博昵称有以下这样几个特征。

- 简短有趣，便于记忆

因为微博上每天充斥着各种信息，如果想让粉丝快速记得你的昵称，就要尽量保持昵称简短且方便记忆。当然，微博上也有一些微博账号的昵称较长，但也被粉丝记住，是因为这类账号昵称要么有趣，要么是很早就入驻微博或在其他平台，已有一大批粉丝，如"小六在街角的咖啡店"。

- 与品牌一致，便于长期记忆

与微信一样，如果你的个人网名或企业品牌已经有一定的知名度，建议在其他任何社交品牌昵称保持一致。如果你是个人用户，真名有特点，也可以用真名。

如果微博昵称已经被人注册，可以采取加前缀后缀标识的方法。定好名字后尽量不要改动，保持品牌传播的一致性。

- 拼写简单，便于输入

一个好的昵称除了方便大家记忆以外，还可以让粉丝想起你来时，方便搜索到你。因此，昵称尽量用大家容易输入的中英文字符组合，少用怪字生僻字。

- 避免重复，便于搜索

在微博找人，如果你的昵称别具一格、没有重复，就容易被搜索到。所以想到好昵称前，最好在微博"找人"搜一搜，看看和你同名的微博博主实力是否强大再考虑。

> **个性域名**

个性域名是微博的一个快速入口。微博用户可以设置一个自己的个性域名，方便粉丝或者亲朋好友快速进入，这样就不需要打开微博再去微博搜索框搜索昵称，更加方便快捷。同时，还可以将个性域名链接发给亲朋好友，他们接受邀请后会成为你的粉丝。

在工作及日常生活中，个性域名经常会被用到，如邮件的签名。同时，给好友发送你的链接时，如果直接复制个人主页的链接，会出现非常长的链接，不方便打开也不美观。

因此，个性域名对于忠实粉丝来说，无疑是一个非常棒的快速入口通道。设置个性域名的方法很简单，进入账号设置页面，单击我的信息菜单下的个性域名，进入相关页面进行设置。

> ### 头像设置

微博头像是你给粉丝的第一印象。一般情况下，粉丝关注一个人，除了看他的昵称外，再看必定会是头像。所以，一个清晰有特色的头像照片是必需的，要么真实，要么有个性，但设置头像时一定要考虑大、中、小三种显现方式都足够清晰。

你可以设置自己的真人照片为头像，也可以考虑用卡通形象来代替，但如果是走专业路线，头像最好不要太娱乐化，以免影响自己的品牌形象。

有些人喜欢用假冒的美女头像，虽然可能会"骗"来一些粉丝，但当人们发现受骗，就会对品牌造成伤害。

微博头像对于一个品牌企业、政府机构和高校来说，是一个非常重要的象征，往往设置为一个LOGO、标志或校徽。

> ### 微博简介

简介是吸引别人了解你个性的关键信息，不仅需要简明扼要，还要有个性化色彩。而且，简介需要在几句话里显示出自己的特长、个性等信息。

简介对于一个品牌企业、政府机构和高校来说，同样是一项非常重要的信息，往往是一个人了解该企业、机构和高校的一种重要渠道。

如：京东的简介是中国最大的自营电商企业，京东商城集团在线销售家电、数码通讯、电脑、家居百货、服装服饰、母婴、图书、食品等类数万个品牌千万种优质商品。

再如平安北京的简介如下："这里是北京市公安局官方微博，在这里您可以了解到北京警方的新闻资讯。欢迎您给我们提出意见和建议。"

北京大学的简介则非常直接，写的是："北京大学官方微博，发布北大权威信息，展示北大校园生活，服务广大师生校友，敬请关注和支持。"

> 背景图和封面图设置

背景图和封面图是微博的活展示位。微博的背景图片和头像后的封面图是粉丝进入微博主页的主视觉，二者可以自定义，并且可以作为广告展示位来使用。

鼠标点击在微博主页右侧，会出现"上传封面图"和"模板设置"，这是两个不同的设置，模板指的是背景，如果已经购买会员，封面图可以上传自定义图片，这里可以作为广告位使用。封面图图片规格为 980 像素 x300 像素。

微博背景图和封面图对于一个品牌企业、政府机构和高校来说，是充分展示自己的一种方式，往往可以点击进入主页面的个人展示。

当有人 @ 你的时候，如果用鼠标点在你的名字上，就会出现整个背景图，所以做好背景图是一件十分重要的事。

> 个性标签

在编辑个人资料时，可以输入标签信息。不要小看这个标签，它既可以展示自己的个人品牌、兴趣特长，也能让大家方便找到你。

> 微博会员

可以说，微博会员是微博尊贵身份的象征。开通会员后，分别会获得装扮特权、身份特权、功能特权、手机特权等四方面的特权。其中重点的几个特权如下：

- 提升关注上限的特权

"关注上限提高"是会员的一项专属特权。"关注上限提高"特权能让你想加关注就加，不再为此烦恼。会员最多可关注 5000 人。

- 拥有专属微号的特权

微博会员独享微博数字短地址、专属标识、闪亮勋章、好友可搜微号找到你，发微博、私信更可直接关注你的 @ 微号，这是一项非常节约时间的功能。

- 拥有悄悄关注的特权

"悄悄关注"是会员的一项专属特权。会员最多可设置 30 个你"悄悄关注"的对象。这个功能主要用于有些关注不想显示出来，但又有必要关注的，比如竞争对手的微博。

- 拥有屏蔽的特权

用户可以设置"屏蔽用户，屏蔽来源，屏蔽关键词"，轻松地屏蔽一些恶意骚扰的人。

- 优先推荐的特权

"优先推荐"特权让用户在会员专区等推荐平台有更多的机会展示自我，赢得更多粉丝。

- 微博置顶的特权

在用户的个人主页，当鼠标进入微博内容区域时会出现置顶操作，点击后当前微博将在用户的个人主页置顶显示。

- 任意使用置顶功能特权

置顶微博不受时间限制。这个功能在做推广的时候特别有用。

- 设置封面图的特权

非会员仅可设置一次自定义封面图。开通会员后，用户可以在个人主页中，个性化设置页面下个人页封面图项目中自定义封面图。

- 语音微博的特权

"语音微博"是会员的一项专属特权。用绑定手机拨打电话 950-138-333，录制想说的话，即可发布一条语音微博。

微博会员拥有很多实用的设置特权，作为微博运营人员，可以根据自己的实际工作需求进行选择。

开通微博会员认证后，微博会员在个人中心即可看到当前的会员状态。用户能看到当前的会员等级、会员成长值及已经得到和未来能得到的特权成长值信息、下次升级所需时间以及会员到期的时间；同时用户还能了解到当前所在的会员等级拥有的特权信息，等等。

新浪微博的「加标签」功能是一个好设计吗？用户是否买单？

6.5 微博运营策略

做微博运营，首先要清楚，无论如何努力，总会有人不喜欢，所以要想清楚微博的定位，吸引想寻找的人，才是最可行的策略。要想吸引别人，就得让别人清晰判断微博的定位。

> ➢ 微博定位

在微博上有影响力的人，往往都逐步形成符合自己定位的文字风格，也就是个性。所谓个性，就是用符合你身份的口吻说话。如果一个专业领域的专家在微博天天卖萌，就不符合身份定位。就微博主流文化而言，有特点的微博博主，要么幽默，要么真诚，要么专业，要么有格调。

同时，微博的发布形式越来越多元化。除了文字和图片外，还可以发布长微博、视频、音频、投票、点评等，如今年微博更增加了直播平台。

在微博手机客户端，还可以发布商品。这对于电商人来说是个很方便的形式，可以直接运用微博橱窗进行商品售卖。

重要的微博是要精心选择发布形式的。同样的微博内容，选择不同的发布形式效果是有差异的。一条微博到底是发纯文字，还是文字加图片？图片需要配几张？视频要不要剪辑后上传？这些技巧如果应用得纯熟，就可以让自己的微博内容更加丰富多彩，更加吸引粉丝。

文字微博可以配图，配图包括单图、多图、拼图三种形式。而多图和拼图，都不可以超过 9 张，如果你想拼图超过 9 张，可以用其他拼图软件把图片拼好，如"美图秀秀"拼图，再上传到微博即可。

另外，很多人以为微博只能发 140 字和图片。其实发文字的话，现在也可以超过 140 字，超过 140 字的部分会折叠起来，点击"展开全文"就会全部显示。

> **设计微博话题**

能够引发讨论和转发的微博都是话题。为了强化微博话题，你可以把话题关键词用"#"围住，引发更多人注意。如果话题引发很多人讨论，大家都在微博中讨论这个话题，那么这个话题有可能成为热门话题。一旦话题成为热门，就有可能进入新浪微博的热门话题榜，被更多人看见，带来巨大的讨论量。

微博话题可以申请主持人，话题主持人是某个话题页面，具有相关管理权限的用户。通过对话题页的编辑，用户可以完善话题页，并提升自己的微博影响力。目前每个话题只能有一位话题主持人。

作为企业微博，话题最好系列化、品牌化，有自己的发布周期，长期经营下去就容易把话题品牌化。

> **微博内容策划**

要想做好微博内容策划，平常要注意观察身边的各种事件、网上的热点事件、阅读各种资料和图片，收集起来，建立素材库。既是自己的知识储备，也会在需要的时候方便找到，毕竟只凭关键词搜索，有可能在网上无法找到以前看过的内容，还是保存起来方便。

对于建立微博内容素材库，这里有三点建议，这个方法其实也可以推广到其他新媒体运营模式里。

选择优秀的信息源。

对收藏夹进行整理。

进行应用并不断更新。

同时文字类素材还可以去微博、简书、豆瓣等搜索文章。新闻热点可以通过今日头条、网易新闻等进行搜索查看。

微博的热门话题以及热门微博基本上包括了最受关注的热点，最好养成每天浏览的习惯。

除了建立素材库，作为微博运营人员还应该建立微博时间地图，也就是按时间地图策划内容，如节日、节气、假日等。节假日是最好的话题，节假日包括法定节假日、国际纪念日、民俗节假日、西方节假日、网络搞笑节、行业营销节、本地文化节等。如果每年都可以提前整理时间地图，对运营微博、提前准备发布内容会非常有帮助。

在网上有各类节假日明细清单，只要耐心整理，你就可以提前规划出微博节假日话题表。

> ➢ 微博发布时间策划

微博发布时间会影响对微博的阅读打开率。所谓最佳发布时间，背后的含义是能让你期望的人最先看到的时间。

对于想和高质量粉丝互动的人，最佳发布时间也许是凌晨1点以后。

对于不同地方的朋友，假如你希望是外地朋友看到，要考虑时差的影响。

对于有地铁的城市，也许很多人喜欢在地铁高峰期时刷微博。

对于不同的人群，如大学生，他们很多是越晚越精神。

对于和节假日相关的微博，选择在节假日即将开始的时候发布也许效果更好。

对于突发性新闻事件，第一时间抢发，连续跟进，快速刷屏，也许更好。

对于现场的活动，实时同步播报也许更好。

对于自己的个人感悟，也许选择大家都在休息的时间，效果更好。

假如你的微博不是特别有趣，什么时间发都行，只是不要5分钟一条的刷屏就好。

微博最佳发布时间是依据你对微博发布效果进行动态观察，不断依据效果进行反馈调整。

> **微博配图**

要提升微博内容可读性应该给微博配上好图。一条好微博如果配上合适的图片，会极大增强微博的转发量。

文案和配图是需要一体化策划的，好文案能让一般的图显得活灵活现。而且微博配图，最好的方式是自己拍。要知道，微博最大的一个乐趣是随手拍。

如果有条件，发微博尽量做到图文并茂。有时候，一张恰到好处的配图，就可以起到画龙点睛的作用，同时也能提高读者的阅读兴趣。

如果对文案的撰写没有自信，不如干脆用图说话。过去微博是140字里做文章，但现在大家对140字的阅读耐心都没有了，如果文案不是特别好的话，便很容易被自动忽略。

现在越来越多的人追求用图讲故事，或者干脆就是简单粗暴的小图，直白说就是不用用户点击，就把信息直接轰炸给用户！如人民日报微博，最喜欢用九宫图传递信息。

> **定期整理微博**

微博可以记录自己生活的点点滴滴，但不是每个点滴都值得记录。有些微博当时一时兴起，事后看没有保留的价值，定期清理还是必要的。有价值的文章，更应该定期整理，通过整理的文字，说不定还可以成为个人特色的一部分。

一般来说，整理微博可以按周进行小型清理，每周结束时，回顾一周的微博，清理已经没有存在意义的微博，如没有转发和评论的。

- 按月进行中型清理

每月结束时，回顾整月的微博，进行清理。结合月总结的习惯，正好回顾一月历程，写每月博文总结。有时候在微博上发起了一个话题，引发深入思考，变成一篇好博文，也是化零为整的好办法。

- 按年进行大型清理

如果全年发布微博较多，从头到尾阅读很耗时间，可以用高级搜索，按关键词、微博类型等进行搜索，清理无意义内容。

在给微博清理的同时，还应该顺便给一些好微博加上标签，有了标签，便于自己检索，也便于别人检索。

> 微博转发和原创的比例

一般而言，微博都是原创运营难度大，也不利于建设微博矩阵。但转发太多，缺乏原创也会让别人不想关注。要特别提醒转发微博上有大量来源不明、耸人听闻的消息，这些消息比普通消息更吸引人转发，你转发后也会得到更多的粉丝转发，但是传播谣言后果很严重，说不定还要负法律责任。所以适度的原创是必需的。

2015年以来，微博强化了对头条微博、图片微博、视频微博的支持，也鼓励原创内容从短微博走向长微博。不管是短微博、长微博、图片微博还是视频微博，都要针对目标人群提供有价值的原创内容，这样你的微博才能走得更远。

一味转贴别人的文章，是没有生命力的。而在原创文章中，也强调有自己的独立见解，有启发别人的内容，不要人云亦云式的跟风热点话题。只有你表达出独到的见解，才更容易获得读者的共鸣。

即使是转载别人的文章，最好也要给出自己的转载理由，加上了自己分析后，就会与原作有所区别，这是一种再加工，因为有思考在其中，所以也是可取的。

原创和转载最好保持一个适当的比例。以原创为主，转载+分析为辅，是比较适宜的方式。

对很多开始微博自媒体的人而言，坚持原创是一件很困难的事情。但是养成写作习惯，身边的一切包括衣食住行、各类细节、专业思考、分析研判与解答、时事……都可以作为微博素材。

更重要的是微博可以借助碎片化时间写作，用碎片化时间记录灵感，发微博，然后等有时间了再输出更成体系的长微博文字，也是一种好的自我锻炼策略。一旦你养成这样的思维和写作习惯，发微博的速度和质量都会有明显提高，也会在生活中源源不断地发现发微博的灵感。

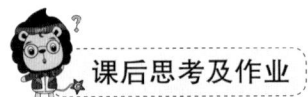
课后思考及作业

杜蕾斯作为微博界的老司机，其官方微博营销让人们佩服不已，请自行查阅杜蕾斯官方微博，找一篇你认为最好的营销文案，并说出你的理由。

6.6 如何增加微博的粉丝量

作为刚刚开始运营微博的小伙伴，最先要解决的问题就是如何快速获得第一批粉丝。

对一个新注册的微博账号来说，除了前期账号的定位和内容规划运营以外，第一步是快速获得第一批粉丝。因为有了粉丝，发布的微博内容才会被人看到，才会产生互动传播，给微博账号带来更多的粉丝。

> 首批粉丝

第一批粉丝都是谁呢？首先推荐的就是亲朋好友互粉，通过与身边的亲戚、朋友、同学进行微博互粉，增加微博互动，是微博运营前期一种不错的增粉方式。

再有就是好友推荐。除了向身边的亲朋好友互粉以外，还可以通过好友推荐的形式来增粉。好友推荐的好处有两点：一是有推荐人的信任背书；二是通过推荐语可以看出被推荐人的特点，换句话说，推荐语是给其他人关注被推荐人的理由。

当然，快速获取粉丝的前提是微博账号持续输出一些有价值的内容，这些内容往往决定着第一批粉丝是否会长期关注你。

> ➢ 通过关注同类人群增粉

有了首批粉丝，作为运营者就要考虑如何通过关注同类人群增粉。在微博上，喜欢同一领域，有着同喜好的人群往往会相互关注。如一个微博用户喜欢足球，关注了很多喜欢足球类的微博账号并马上与之互动，同时也会通过微博发布足球类的内容。此时，被关注的人很可能会反过来关注。一个比较形象的例子就是一个足球队的球迷之间会相互加关注，不仅如此，他们还会组织球迷聚会。

普通人更多关注同城好友，或者关注对同样一个话题感兴趣的人，或是关注有着同样偶像的人，人们往往围绕自己喜欢的圈子。

因此，微博的一个功能是对关注的人设置分组，分组后可以只查看某组人群的微博。对于特别重要的人，用户也可以加"特别关注"。

除此以外，还可以通过已有平台导流粉丝。微博上有着很多"大V"，刚建立不久，就聚集了大量粉丝，这些基本上都是通过之前运营过的其他社交平台进行推广引流带来的粉丝，如微信、豆瓣、博客、贴吧、人人网等。以微信为例，可通过微信推文中植入微博的账户信息、自定义菜单、自动回复等方式进行引流。

> ➢ 外部导流增粉

以上主要是通过既有的资源进行转化，要大量增粉还需要吸引陌生人，这里我们可以通过外部导流增粉。通过外部平台进行大曝光的导流增粉是一个快速增粉的方式。那么，有哪些外部渠道增粉的方式呢？

- 视频直播

2015年以来，各大直播平台火了起来。视频直播最大的特点是可以与用户现场实时互动。不少平台的网络主播通过直播给自己的微博进行增粉，主播可在自己简介中输入自己的微博号引导粉丝关注，还可在直播中通过活动的形式引导粉丝关注自己的微博账号。

- 问答平台

2016年5月15日，"分答"这款付费语音问答服务平台火了。同时，不少人借助问答自然而然地为微博带粉植入。在此之前，知乎、百度等问答平台，回答者往往会在简介或答案中植入微博账号，实现引流增粉。

- 媒体网站

随着互联网各行各业的细分媒体网站崛起，越来越多的自媒体人通过撰稿发布的形式在各种媒体上发布文章，同时利用文章内容及账户简介为微博增粉。以科技类媒体为例，自媒体人可通过在果壳网、虎嗅网等媒体网站上发布文章为自己增粉。

- 视频平台

众所周知，伴随着社交平台一起火起来的还有视频类平台，越来越多的团队开始制作精品视频，通过社交媒体传播，带动粉丝的增长。例如：papi酱的短视频，就是通过视频平台快速吸粉的典型。

- 通过博客、出版读物、口碑、搜索等其他增粉方式

与其单一渠道在微博上加粉，不如整合多个渠道为微博增粉。

> **通过活动增粉**

其实通过微博活动增粉的方式在实际运营工作中是非常常见的，但如何提高活动的参与度给微博账号带来更多的粉丝就不容易了。作为用户，他们往往愿意参与低门槛、有趣、有奖品的微博活动。微博活动的类型有很多，有转发抽奖类的活动、发起话题讨论的活动、发起动手制作的活动等。

> 通过合作增粉

在实际运营过程中还可以通过合作增粉。

微博活动固然可以带来很多粉丝，但微博活动并不是在任何一个微博上发起，都可以产生非常大的效益。当一个微博的粉丝数量少之又少，即使发起活动也没多少人参与，也带不来多少粉丝。这时，很多用户选择和微博"大V"进行合作，借助"大V"的粉丝数发起活动并为自己增粉。这种方式给合作双方都能带来好处。

> 通过原创内容增粉

输出原创内容，也就是大家都喜欢的"干货"。这种方式属于"内容营销"，运营者需要写出有质量的微博内容。每个领域的人写出的原创内容不同。当内容对受众有一定价值并写得足够吸引人，就会被大量转发扩散，有利于微博的增粉。

> 通过线下活动增粉

线下活动是一种非常好的增粉方式，如线下分享会、线下活动、公司内训、高校培训等。在这些活动中如果认真准备，给参加活动的成员留下深刻的印象，那么一场交流或者演讲结束，会发现可能多了很多主动关注你的粉丝；而且这些粉丝的互动度会很高，还会给你带来更多粉丝。这种形式的增粉属于实力增粉，粉丝与"大V"线下有见面、有交流、有沟通，这使得线下增粉比线上获取的粉丝更加真实，更加有黏性。

线下活动增粉，需要注意以下六点：

活动的邀请函和现场海报都要留下自己微博的信息。

精心准备高质量的分享，有诚意、有内涵。

在开场自我介绍中，介绍自己的微博。

交流过程中预设和微博互动的方式，如介绍一些和微博有关的案例，讲一些通过微博发送的故事。

在活动结束的时候，邀请听众就未尽事项在微博交流和互动。

活动分享的资料里要留下自己的微博联系方式。

> **微博增粉小技巧**

通过申请成为 VIP 增粉，申请成为了 VIP 的用户有可能得到新浪微博的推荐，甚至出现在新用户注册微博并推荐默认关注的用户中，这样会得到一些稳定粉丝。

通过个人社交账户标注增粉。在个人博客、论坛、空间签名、个人名片、出版物简介、演讲 PPT 介绍页等醒目位置留下微博。为了方便别人访问，也可直接用二维码嵌入个人微博等信息。

通过相互推荐增粉。假如有一群影响力相当、志趣相投的朋友，可以共同发起集合推荐关注的微博，这种微博容易互动转发，不会引起朋友的反感。不过这种微博的前提是推荐的微博对网友必须都有一定的价值，而且微博的文案设计很重要，同时推荐人需要有一定的公信力。

通过名人转发增粉。作为一名普通的运营人员，即使写出一条好微博被其他人传播，也未必能够引发转发者的关注。但是如果微博能够被@姚晨、@徐小平、@李开复、@黄健翔等微博名人转发，一次就可以增加 500 位粉丝以上。名人的粉丝看到他们转发你的微博，自然产生好奇心，转而关注你的微博，假如微博质量还不错，就很容易关注你，这是一种爱屋及乌的效应。

通过一键关注设置增粉。在你的博客或者专业社区网站上设置"一键关注"推荐，通过微博转发，会增加不少粉丝。切记推荐的质量和精准度决定了关注的效果。

借势增粉。微博上每天都有各种各样的新闻热点，微博用户可借助人们关注的热点，发表与热点结合的图片、文案、文章、视频、长微博等，同时结合热门话题引出自己的想法，就会被网友从热搜中看到。如果你的内容足够有价值创意，从而产生大量转发也会给账户带来大量粉丝。

真正快速增加粉丝的途径不是在微博，而是你在专业领域的努力，这才是正道。与其专门研究增粉，不如研究如何提升自己在专业领域的影响力，再借助这种影响力自然辐射到微博上。那么，如何提升自己在专业领域的影响力呢？

6.7 如何提升微博的活跃度

微博具有强大的传播力，微博的高活跃度能够使微博的互动量最大化。而微博的活跃度与粉丝的黏性、微博的内容有非常紧密的联系。

1. 通过高效互动增加粉丝黏性

如果有机会给企业微博或者微博"大V"做日常运营，就常会接到提高微博互动性的运营任务。

微博互动运营好比说相声，有逗哏有捧哏，一个人演不了一台戏，很多微博死气沉沉，就是因为只顾着自己说话，缺少粉丝互动。

增加粉丝黏性的方法，一是写有吸引力的内容，二是多和粉丝互动。互动的方式有四种，包括评论、转发、私信和@提醒。

评论是指在微博下面进行回复，博主会收到提醒。

转发是指把别人的微博通过转发，在自己的微博上出现。如果博主设置了接收全部提醒，也会看到你的转发。可以连同评论一起转发。

私信是指某人发送给的私密信息，其他人看不到此类信息。

提醒是指在微博中主动@他人的昵称,如"@微博小秘书",他就会收到你@他的提醒。

如何基于这四种形式来提高微博的活跃度呢?

> ➢ 及时回复

假如接到别人的@提醒或者评论,如果内容是你感兴趣的,第一时间回复很重要,快速反应往往让刚刚发布评论和微博的人更容易感到贴心,仿佛感觉到你在线和他实时互动,这种感觉会让粉丝对你增添好感。

有时候一些人会提到你的名字但是不会用@,可以定期搜索"自己名字或相关信息",找出相关微博并主动和这些人互动。

> ➢ 及时转发

如果粉丝的评论非常精彩,应该主动转发,粉丝看到自己的微博被转发会非常高兴。假如你是"大V",你的转发会给普通人带来几十次乃至上百次关注,这对他是一种难忘的体验。

> ➢ 关注私信交流

有些粉丝在线@官方微博或"大V"的问题,并不方便公开回复,可以私信沟通下,这也是一种让粉丝感动的方式,而且私信会让粉丝认为更有亲密感。需要注意的是,不要轻易晒出私信,这样会失去私信的意义,很多人的私信聊天记录被晒后会很尴尬或者被攻击。

> ➢ 主动关注

遇到一些志趣相投的粉丝,主动关注是最佳的选择,这也是微博的魅力所在,可以认识不同的人,打开不同的世界。

> ➢ 注意粉丝之间也要互动

除了博主自己与粉丝之间的互动,还可通过设置一些粉丝与粉丝之间的互动,激活粉丝群体里的活跃度。

当然,给粉丝或他人评论也要讲究策略:

在粉丝不算多的情况下,要对粉丝的评论予以重视,对于言之有物的评论,要真诚回复。

不要在评论里和粉丝吵架,粉丝有可能转出你的评论,对你的形象造成影响,和粉丝交流要礼貌、克制。

遇到不礼貌的评论,可以不理会,甚至拉黑,但不要争吵。

精彩的评论可以转发,让粉丝感受到你的重视。

多到别人尤其是忠实粉丝的微博下评论一下,会增进彼此之间的感情。

在微博发展初期,可以把评论、转发、私信对所有人开放,但渐渐影响力变大了,@太多,就会成为一种负担,这个时候就可以考虑进行"隐私设置"。

在新浪微博的"个人账号"界面里的"隐私设置"功能中,无论是评论、转发、私信还是@提醒,都有三种设置可供选择:

所有人可用。

可信用户可用(包括我关注的人、新浪认证用户、微博达人、手机绑定用户以及身份验证用户)。

我关注的人可用。

2. 通过话题提升微博的转发量

这里谈到的"话题"有两种含义:

- 热点信息

既然是热点就有话题性、传播性,而能够引发讨论和转发的微博都是话题。

- 微博里的话题功能

可以把话题关键词用"#"围住,引发更多人注意。不过话题需要注意的是:词语要有话题感;尽量短且便于别人输入,避免出现过长、冷僻词、中英文混写;避免歧义或者撞车。

一条好微博的转发,除了内容要精彩,要刚刚契合网络的情感状态,也要得到"大V"的转发,所谓天时地利人和。除了这些,转发的评语是否精彩,也是很重要的因素。

有时候一条微博火了,不是因为它自己多么好,而是激发了网友的创造性,大家高兴起来才是真的愉快。

有的人努力发了很多条,微博粉丝好不容易增加几个,可是过几天,又掉回去了,微博粉丝下滑往往是因为以下几种原因:

- 刷屏

当你频发微博,并且微博的内容没什么价值,粉丝往往会选择取消关注。

早期新浪微博的"微访谈"功能只要有提问就会自动同步到微博,那么关注你的人可能在一个小时内,连续看到关于你十几条微博,即使你是名人,回答也很诚恳,他们也只认定你在刷屏,照样会选择取消关注。

- 无病呻吟或者没有稳定的内容

很多微博主缺乏足够的原创能力,或者微博逐渐靠转发维持。时间长了,粉丝觉得关注这个人没有什么价值,便会取消关注。

- 让人反感的广告贴

粉丝多了,影响力大了,就有了广告商业价值,但是如果微博长期发布广告,有很多粉丝不但取消关注,还会引发吐槽。

- 和粉丝立场抵触

一个粉丝喜欢你,往往是认为你能够代表他的立场,一旦发现你的立场和他的预设不符,他会觉得你和他的心理预期不相符合,于是可能反对你的观点甚至展开攻击,网络喜欢把这种称为"粉转黑"。

请分析某个微博账号粉丝的活跃度,思考如何提高该微博粉丝的活跃度?

6.8 微博软文及广告植入技巧

如果你的微博有一定影响力,肯定有人找你合作,一般微博主对发硬广告的合作有顾忌,容易掉粉,他们更愿意发软文,但是写出好软文也不容易。

写微博软文要下手快,要抓热点,但不等于放弃结构化思考,只能说有很多思考已经内化,要快速执行。

建议每次软文策划都用以下核心项目进行一次结构化思考:

- 人群分析

明确本次要针对的目标人群有什么特点和偏好,如偏好福利、趣味、创意,还是情怀。

- 话题策划

就是想一想要抓哪个网络热点,植入哪个热点话题,小编界有句至理名言就是无槽点无传播。

- 文案写作

根据策划好的选题,撰写文案。

- 发布策划

策划是否需要"大V"直发、转发,是否需要群众评论,如何安排话题接龙等。

- 效果评估

统计分析转发数、点赞数、评论数、链接点开数、购买转化率。

其实,软文不是什么新东西,在论坛时代,在博客时代,在报纸新闻电视电台里面,做付费软性推广的文章文案比比皆是。但是在微博上做付费软文,和传统媒体上发软文还是有很多不同之处的。

文体文风不同——不要假大空,要显特色。

策划流程不同——不要大计划,要抓热点。

传播渠道不同——不要大媒体，要有温度。

推广手法不同——不要做宣传，要玩互动。

因为，微博首先是社交媒体，这种媒体是人和人之间点对点传播，最终形成一个人脉信息传递网，在这种人际关系基础上的阅读，大家对文字的期待就是必须是一个人的观点，必须体现出一个人的特色。

例如：韩寒的《后会无期》微博发布最有影响力的一张海报文案很短："听过很多道理，依然过不好这一生"，但转发超级高。

当时的投资人方励、韩寒的老搭档路金波、影评人和电影研究者魏君子都不赞成用这么"灰暗"的句子作为电影的口号。路金波认为"宣传语应该多用肯定句"。他们都劝说韩寒放弃这么"灰暗悲观"的句子。路金波甚至在办公室里对着韩寒大声喊："这里不仅只有你一个文青！我们也都是文青！"

最后，韩寒还是没听。

当天14：17，韩寒在微博上发布口号："听过许多道理，依然过不好这一生。"半小时后"依然体"横空出世，段子手们蜂拥而上，用"依然"造句，内容涵盖笑话、恋爱、哲思、旅游等。该微博24小时转发量达到16万，点赞12万，评论达到3万。

可见，在新媒体时代不要过多浪费精力做大策划，不要指望一个策划赢得口碑，而是随时抓热点，快速反应出微策划，快速发布，发现有传播势头，马上投入资源引爆。

如很多人看到加多宝成功策划，却看不到加多宝往往是多面下注，只要有一个策划成功就好。

很多人会缺乏策划软文话题的灵感，其实软文往往是能触动情感或欲望的内容，出路在于多和艺术结合，你可以通过以下内容找到灵感。

如：流行歌曲，看看能否改造一首歌的歌词，使之与产品有关。再有文艺金句，看看能否改造某经典广告，某文学金句，使之与产品有关。另外电影台词也是不错的选择，看看能否恶搞热门电影台词，配多组屏幕图植入自己的趣味。还有电影海报，能否用Photoshop制作热门电影海报或热门图片，并使之与自己要传达的内容相关。还有刚才举例中的热门段子，看看能否也改造流行的"××体"，变成你的粉丝吐槽的共鸣点，最后还可以考虑使用暴走动漫，借助流行的漫画体，设计你的产品对话。

其实文案中插入广告早已是大家了然接受的事实了，因此，不是不让运营者插播广告，关键是运营者插播的广告不要引起大家的反感。怎样才能插播广告而不被反感呢？微博插播广告的八大诀窍：

搭热点，结合时下热点，植入广告。

讲故事，人与生俱来可能不能很好地理解逻辑，但是却能很好地记住故事。

谈理想，广告的植入有很多种，但能把广告说得清新脱俗非常不容易。

分析目标人群，找到合适的名人，直接有效地打广告，借助"粉丝经济"的效应带来转化。

用诚信培养伙伴，当粉丝们真的信任你的时候，他们会愿意帮你输出有价值的内容，真爱小伙伴的给力支持是最佳的口碑。

要有趣味，醉翁之意不在酒，好玩才有转发。

让大家猜猜商品，人们往往喜欢神秘而有趣的东西，当直播的时候，配合猜商品形式，用户可能会更感兴趣。

推客服，与粉丝打成一片，他们便会主动做宣传。

只要用心经营，多为用户着想，就算你的微博就是一个广而告之，人家也会欣然接受并持续关注的。

要做好运营，不仅要能灵敏感知消费者需求以及需求变化，还要学会数据采集与分析、善用逻辑推理，将感知变成严谨结论。

开通微博后，有人在微博上只是逛逛，有人却可以从蛛丝马迹中获取有用信息并转化为行动，有人在微博混了几年都一事无成，有人却赚得盆满钵满。如果你想让微博发挥更大价值，就要学会微博分析方法和工具，不仅知其然，也要知其所以然，不仅了解别人，也要了解自己，帮你了解事物背后的规律和原理，透过现象直击本质！作为微博运营者，需要关注哪些微博数据呢？

- 粉丝增长速度

理想状态下人们都希望自己的微博粉丝增长速度（粉丝增长数／天）曲线是"加速度增长型"，因此，判断微博有没有潜力，主要看粉丝增长速度。

- 真实粉丝数

基于微博营销的商业化趋势和新浪微博一定程度的不严谨，微博上出现了一个名词——"僵尸粉"，除机器注册外，"僵尸粉"也包括那些基于某些原因对微博仅有三分钟热情的用户。"僵尸粉"的存在对于微博和微博用户而言都没多大实际意义，所以人们需要关注真实粉丝。

- 微博阅读数

微博阅读数是新浪微博推出的直接反映微博受欢迎程度的动态数据指标。计算方法：微博阅读数仅用户自己可以看到，只要该微博出现在好友的信息流里面即被算作阅读一次。微博被转发后，网友阅读转发后的微博也计入原微博的一次阅读数。在页面不刷新的情况下，每一次微博加载算一次微博阅读数；在页面刷新并重新载入时算多次阅读数。

- 微博互动数

微博用户可以通过转发、评论、点赞、私信等方式进行互动和交流。互动数一定程度代表着博主的美誉度、微博内容的受欢迎程度、微博话题的被参与程度。

- 销售转化率

如果微博是电商渠道，那么可以通过微博带来的购买来评估微博的运营能力，企业可以把转化率作为衡量指标。

课后思考及作业

查找几篇你非常满意的微博软文或广告，分析优秀微博软文及广告的一些特点，并实际撰写一篇微博软文或广告。

6.9 企业微博运营

企业官方微博的运营，首先要从企业官方微博的命名开始。企业官微不像个人微博，命名可以天马行空，企业微博的命名需考虑对企业的品牌建设是否有价值。因此必须注意如下几个企业官方微博的命名误区。

- 只重视品牌微博名，不重视近似命名保护

很多企业对网络反应慢，微博刚兴起时没有注意进行品牌官微注册保护，等加微博时发现一些品牌名，或者近似品牌名已经被人抢注。当年在网站域名吃的亏，很多企业还要在微博上吃一次。

- 只注重中文微博名，忽略了个性域名申请

这是在刚接触微博的用户中普遍存在的一个问题，大家把精力都集中在如何起一个"响亮"的中文微博名，让大家容易记住。但忽略了个性域名的申请，导致相符的简单域名吧被抢注，白白失去了一个让客户非常方便对我们进行快速访问的优质途径。

- 只单线考虑微博名，没有发散思维命名

像宝洁公司作为世界500强企业，在品牌保护方面有很强的意识，他们企业官微命名思路就很值得效仿。他们会从多个领域注册相应的微博账号，比如从产品领域，宝洁建立了飘柔微博、海飞丝微博；从活动领域，建立了宝洁校园；等等。

电子商务企业，其公司品牌和个人品牌紧紧绑定在一起，命名思维不妨更加开放，像罗永浩就更注意利用自己的影响力推广公司业务。

了解了企业命名策略，大家自然就很容易想到一个问题，企业到底需要多少个官方微博？对于有的企业，一个官方微博就够了，但是拥有矩阵式的微博团队在运营方面绝对更容易比单微博营销成功。像小米公司的微博矩阵设计，就非常完备，既有品牌区分，又有高管微博雷军、林斌，还有各个职能部门的员工微博，总体上构成了个人品牌与公司品牌互补。每个矩阵群都交叉关注，形成一个多维度的结构，当然不同的行业应该有不同的微博矩阵，这个需要自己思考自己设计。

为了让企业官方微博给人清晰、直观、良好、深刻的印象，传递鲜明的企业形象，需要在参数设置方面加强设计。

- 企业简介

企业简介宜简明扼要，让人一看就知道企业是做什么的。不可太短也不要太长，语句都要经过推敲。

- 特色标签

标签是非常重要的信息，可以描述企业的行业或领域、企业产品类型等的关键词，从而让更多的人更容易找到你，也可以让你找到更多同类或有相同兴趣的潜在客户。具体的设置位置在"账号设置"中的"基本信息"中的"个人标签"。

- 个性域名

好的域名不仅方便让用户记住微博地址，同时也是企业识别系统的一部分，最好和官网保持一致，这样会有较高的辨识度。

- 企业LOGO

企业的LOGO是非常重要的视觉呈现，所以在微博中必不可少，头像可以直接用企业LOGO，也可以用企业形象代言人。

- 个性模板和添加企业认证

微博内置有很多模板，可以选择比较适合自己企业的，能够体现出企业特色。众所周知，经过认证的企业可以赢得用户的信任，所以最好加一下认证，按照新浪微博的要求，上传各项资料进行申请就可以了。

- 微博背景

背景、头像应该是一体化的，最好由企业自己进行设计，而不是单纯地沿用微博的背景。

- 轮换广告

在官方微博首页上，有个轮换广告的位置需要好好利用，因为这里很醒目，凡是到达页面，都可以看到。同时，广告最好经常更换，这样才有新鲜感。

- 企业官方微博拟人化

谁也不愿意和一个冷冰冰的官方微博互动，网民都愿意和人打交道。所以企业官方微博可以拟人化,显得形象生动,这样和粉丝互动起来,才会更有效果。如有的官方微博自称主页君,或者给自己的小编一个爱称,方便和网友进行亲民化的互动。

和个人微博不同,官微关注的更多是商业上的合作伙伴。企业官微不是个人微博,关注什么不能由微博管理员个人爱好决定。而且关注类型要更多元化,对同行、客户、上下游价值链的微博都需要关注。

由于运营微博要考虑企业品牌营销和宣传的需要,不能像个人微博那样过于随性。企业官微最好设计一些固定的栏目,在相对固定的时间发布类似的内容。不同的栏目覆盖不同的粉丝,时间长了有了影响力,就会有很多粉丝主动投稿。确定了栏目规划和内容来源后,应该建立企业的微博发布节奏一览表,形成节奏就便于开展维护工作,但发布节奏并非一成不变,要随时根据微博特点和粉丝反馈互动情况加以调整,总结出新的规律来调整自己的发布安排。

不管是哪个企业官微,都建议关注下@企业微博助理,这是新浪微博官方企业服务账号,定位介绍企业运营方法,分享新浪微博相关数据和案例,更有趣的是,它的关注清单可以看作目前新浪微博成功营销公司和优秀团队的活目录。要学习优秀官微,可以多看这个账户关注的对象账户。

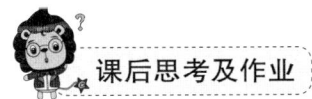

课后思考及作业

欣赏36氪(IT类媒体微博)、杜蕾斯官方微博(人称—a小杜杜)、海尔官方微博等企业微博,分析这些企业微博的运营特点,包括基础设置到内容运营等,撰写分析报告。

6.10 微博营销工具

微博运营过程中,要善于使用一些运营工具。其中,微博附带了一些优秀的营销工具,如粉丝服务平台、粉丝头条、抽奖中心和活动中心等都是非常好用的营销工具。

1. 微博营销工具

> **粉丝服务平台**

粉丝服务平台是微博用户为粉丝提供精彩内容和互动服务的平台。目前所有微博用户均可使用粉丝服务平台。

怎样使用粉丝服务平台呢?登录"管理中心"在左侧导航栏找到"粉丝服务"即可看到粉丝服务平台介绍页,单击"立即使用"按钮即可开始使用粉丝服务平台。粉丝服务平台有哪些功能呢?

- 设置关键词自动回复

可在收到特定关键词的私信时,自动回复已设置好的私信内容。

设置方法也很简单,单击"添加规则"按钮时,可直接按照展开的对话框提示进行规则创建。粉丝发给你的私信内容需与设定的关键词精准匹配,才可收到自动回复。

关键词回复最多可设置 100 个规则,每个规则下最多可设置 100 个关键词,每个规则最多对应 5 条回复内容。当规则对应的自动回复数大于1时,系统会随机抽取1条回复给粉丝;也可以在右上角勾选发送全部,那么所有回复内容都会下发。

- 自定义菜单功能

所谓自定义菜单,就是私信对话框底部的导航菜单。自定义菜单需要在粉丝服务平台中开启,按照提示进行设置。

第一步:添加菜单名。

第二步:为菜单设置回复动作。

回复内容可以是预先设置好的素材，如文字、语音、图文与图片；也可以选择跳转链接，粉丝可以通过单击菜单，直接跳转到链接制订的网页。

可以"预览"菜单样式，然后选择修改、添加菜单或修改回复内容；如果确认没有问题的话，点击发布，粉丝在进入跟你的私信对话窗口时就可以看到并使用菜单。设置好以后，当有人发送消息时，在对话框里就可以看到自定义菜单了。

粉丝服务平台是微博为认证用户提供的一个服务平台，通过这个平台可以像微信公众号一样，主动推送订阅内容给订阅粉丝。

登录"管理中心"在左侧导航栏找到"粉丝服务"即可看到粉丝服务平台介绍页，单击"立即使用"按钮即可开始使用粉丝服务平台。如果想停止使用粉丝服务功能，可以在编辑模式下的"自动回复""自定义菜单"中选择停用即可；开发模式下在"开发者中心"选择停用也可。

如果一个用户关注了认证用户，那么微博会自动默认用户会订阅认证。

用户的粉丝服务平台，默认用户可以推送消息给订阅用户，每天可以推送两条消息。如果用户不想继续收到推送消息，回复"TD"即可。

粉丝服务平台的重要功能主要有以下几方面：

数据中心帮助使用者统计数据信息。

自动回复，包括四种设置：被关注自动回复、订阅或退订自动回复、私信自动回复、关键词自动回复。可以根据自己的需要进行设置。

店铺服务可以对微博橱窗进行管理。

群发功能。

自定义菜单。

保存素材，提前编辑要推送的内容，包括图片、语音、图文消息等都可以提前上传并保存在素材库里。

订阅用户分组，也就是对订户进行分组管理。

开发者中心，使用者可根据自己的情况选择编辑模式或开发模式。

> 粉丝头条

粉丝头条是新浪微博官方推出的轻量级推广产品,当某条微博使用粉丝头条后,在24小时内,它将出现在微博主所有粉丝微博首页的第一位。

增加微博的阅读量,扩大微博的影响力。粉丝头条需要购买,投放价格和粉丝量、粉丝活跃度、投放频率有关。如果粉丝多,粉丝活跃度高,投放频率高,那么粉丝头条价格会动态上涨。

> 抽奖中心

抽奖中心是微博自带的营销功能,系统随机抽取中奖者。

微博抽奖功能本身不错,也包括了数据分析,不过采取的是随机抽取方式,有时候抽到奖的粉丝,可能根本没有过互动,甚至还可能是"抽奖专业户",因此不能保证运营的真正效果。

> 活动中心

微博后台的活动中心提供了更多的活动功能支持,大大缩短活动创建流程,让用户更便捷地发起活动;同时支持活动绑定话题,用户可以更方便地汇集精彩内容来提升活动热度,进一步加强活动效果。

2. 微博数据分析工具

除常见的微博营销工具外,还要学习一些微博数据分析工具,帮助人们更好地运营微博。

知微是目前一款功能极强大的微博分析工具。它是分析事件传播的工具利器,可分析单条微博的传播路径,找出关键节点、转发次数、地域分布、性别分布等。可以了解这条微博有多大的威力,它的传播产生了怎样的影响,人们的情绪积极还是消极。

作为微博运营工作人员,如果想知道谁的微博粉丝最假,想知道谁的活动僵尸粉最多,想知道谁的传播威力最大,只要输入微博地址到知微,就可以告诉你分析结果。需要注意的是,知微试用版只支持2000次以下转发微博传播分析,试用用户每天限10次。知微部分控件不支持IE浏览器,推荐使用谷歌浏览器、苹果浏览器和火狐浏览器进行访问。知微试用版汇集了不少精彩的分析,从中可以看出一些重大事件的传播途径,是研究运营的好工具。

收集整理常用微博数据分析工具,如知微、独到、粉丝传播分析、北大PKUVIS微博可视化分析等工具,总结不同分析工具优缺点,并利用这些工具分析自己所运营的微博。

/7/ 社群与社群运营

7.1 社群的概念和特点

谈到社群，很多人想到的是微信群，其实微信群只是容纳网络社群的载体工具，而且是重要的工具。那么社群是怎么去定义的呢？什么样的群体才能叫作社群呢？

很多人对社群的第一反应就是"有同样标签的一群人""在一起做一件事的一群人"等。但是给自己标签为"吃货"的人千千万万，他们全部是一个社群的吗？一起乘坐2路汽车的人在同一时间有"乘2路汽车"的行为，他们是一个社群吗？一堆人天天聚在一起叫社群吗？

以上显示的有这些特征的群体，从目前的这个描述来说，都不一定是社群。这些可以作为一个社群的发端，但是要形成社群，还要有诸多元素。

社群是一群有相互关系的人形成网络，其中人和人要产生交叉的关系和深入的情感链接，才能被叫作社群。

要形成一个健康的，生命周期较长的社群，至少需要5个核心要素，分别是：同好、结构、运营、输出以及复制。

> 同好

同好明确了社群运营的目的、价值和形式,是社群的内核。

有同好因素的社群,才有明确目的,也就是建群动机,它是后续一切活动开展的初衷。只有这样才可以明确后续整个社群运营及管理规则如何设置,用户价值闭环如何成型、商业闭环如何搭建。

如果一个社群的存在,既能够满足成员的某种价值需求,又在满足需求的过程中,能够给运营人员带来一定的回报,就会形成一个良好的循环,甚至可以形成自运行的生态。

做社群最怕的就是还没有想明白就风风火火地运营了,还没有想清楚到底能做什么的时候千万不要着急地去推广,事后你要想改变社群的基调那就有点难了。

一般来说,建群的常见目的有以下几种:

- 销售产品

社群成立的目的是为了能够更好地售卖自己的产品。

- 提供服务

如在线教育要组织大量的学员群进行答疑服务,或提供一些咨询服务。

- 拓展人脉

不管是基于兴趣,为了交友,还是构建自己的人脉圈,这是任何一个职场人士都会去努力维护的一种关系。

- 聚集兴趣

基于如读书、学习、跑步、艺术等爱好而聚在一起形成的社群,这类社群的主要目的是吸引一批人共同维持兴趣,构建一个共同爱好的小圈子。

- 打造品牌

出于打造品牌的目的而组建的社群,旨在和用户建立更紧密的关系。社群的规模大了,传播性就随之增强,对于品牌宣传就能起到积极作用。

- 树立影响力

利用群的模式如果能快速裂变复制的话,可以借助这种方式更快树立影响力。

> 结构

正所谓无规矩则不成方圆。在社群的结构方面，有两个主要组成部分，一个是"成员结构"，另一个是"社群规则"。

成员结构包括：创建者、管理者、参与者、开拓者、分化者、合作者和付费者。其中分化者是未来大规模社群复制时的超级种子用户，是复制社群规模的基础。合作者，负责资源的互换，与其他社群相互分享。

想要运营好社群，只需两点！

来源：人人都是产品经理。

至于社群规则，运营好社群要制定一个符合自身定位的运营规则，规则模式可以先从一个社群做起，验证模式的可行性，最后进行大规模复制。本质来讲，社群规则不是规定做什么不能做什么，而是规定这个群的文化是什么。

主要的社群规则包括：

- 入群规则

即加入社群的方式，如：邀请制、任务制、付费制、申请制或举荐制，等等。

- 交流规则

主要是在活跃度和诱发刷屏两个维护之间寻求平衡点，特别是在移动端，群的活跃度太高，会带来强烈的刷屏感，使得群成员的手机使用体验下降。例如：避谈政治话题，杜绝色情内容，远离违法言行，严惩人身攻击，抵制传销集资，拒绝商业广告，不提倡鸡汤文，克制拉票行为，等等。

- 分享规则

常见的分享规则有：领袖主导制、嘉宾空降制、轮换上台制、经验总结制和淘汰规则。

> **运营**

运营让社群生态变得丰富。社群运营首先要进行平台选择，这里，对比一下QQ群和微信群这两个平台。

就群结构而言，QQ群是金字塔结构，有一位群主，群主可以设立管理员，只有通过管理员同意才能入群。而微信群是环形结构，有创建者，每个人的关系平等，都有邀请权限，但只有创建者可以踢人。

就群权限而言，QQ群的管理员拥有更大权限，可以语音、视频、传文件等。而微信群的群员之间权限平等，只有创建者能踢人，实行邀请制度，微信群主可转让，可设置群聊邀请确认。

就运营规则而言，QQ群有匿名、群等级、改名、群@、群公告、禁言、群投票、群作业、群活动等各种运营规则；支持红包以及群收费有群公告、群语音聊天有群公告等功能。而微信群只有群公告、群语音聊天、群位置共享等功能，支持红包和群收款。

在平台选择好的基础上，就是成员的招募。

社群一开始找人时很难，没有人气的群是没人愿意加的。最开始的方式只能是邀请自己的朋友以及朋友的朋友，只要先进来帮忙撑场面，有了基础的量，再慢慢通过活动、分享等吸引更多的人加入。

一般来讲，只要有"同好"，就有建立社群的基础。在"同好"的基础上，如果能够有一个具有一定影响力的领袖振臂一呼，组建最初的社群班子就比较容易一些。

> 输出

即持续稳定的高质量输出能够形成社群的对外品牌。要做到好的输出矩阵，离不开"五化"。

- 全民化

当社群的每个成员在群体内展示自己的智慧、能力时，社群的价值才能不断提高。

- 激励化

好的输出要及时给予激励或合理的回报，不然群员的热情迟早也要减退。

- 品牌化

系列化输出能够让社群形成品牌效应，吸引更多高质量的、有同好的人主动加入，让社群的质量更高。

- 生态化

就是要将资源整合循环成闭环系统。同时，社群输出的干货要有展示的窗口，因此社群必须建立与之相关的微信公众平台，在社群内输出的东西要通过微信公众平台去展示。

- 可视化

打造社群内外兼顾的名片。未来的社群会越来越开放，而且会不断追求对外可视化。让别人一目了然地看到一个社群的能量。

> 复制

就是要找准时机和周期进行规模裂变，社群运营进入良性循环后才开始启动第二个群的建设。通过内部小窗，转移了一部分老群员到二群，于是二群一开始就有一定的规模，这样新人入群感觉就很好。由于老群员在群里，自然就把群里自觉不刷屏、禁言的文化传承了下去。但是，在复制的过程中，一定要防止误入导致社群消亡的陷阱。

- 失焦

失焦是导致群消亡的第一个原因，它是指很多群缺乏一个明确的定位。这样的社群是没有灵魂的。

- 无首

"无首"是导致群消亡的第二个原因，就是没有一个相对固定的群主或群管理员来管理群。

- 暴政

与"无首"对应的，是群主的个性过于强势，制定过于严格的群规。越严格的群规越容易引起争议，很多人不喜欢在一个网络组织中还有太多的约束。

- 无聊

一个群要想做得有声有色，不让群员感到无聊乏味，就必须定期有活动。如果一个群总是只有那么几个人热闹，大部分人失去了新鲜感也不行。

- 蒸发

当新成员不断涌入一个开放的聊天群时，群中最有价值的成员会发现群成员平均水平降低，让自己继续待在这里已经没有意义了，于是他们就会选择离开。这批成员的离开进一步降低了群的价值，于是恶性循环开始了。

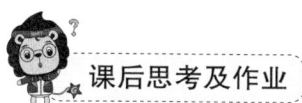

课后思考及作业

为你的社群制定社群规则，并对比其他社群规则，找出社群运营中的不妥之处，加以改进。

7.2 如何保持社群的活跃度

要想保持社群的活跃度，可以通过群分享、进行群讨论、设置社群打卡、社群福利分发、制作并使用社群表情包、建立强关系、线下交流等方法来完成。

➢ 社群分享

群分享是提高群活跃度的最有效的方式，要做一次成功的分享，需要考虑如下 10 个环节。分别是：提前准备、反复通知、强调规则、提前暖场、介绍嘉宾、诱导互动、随时控场、收尾总结、提供福利和打造品牌。

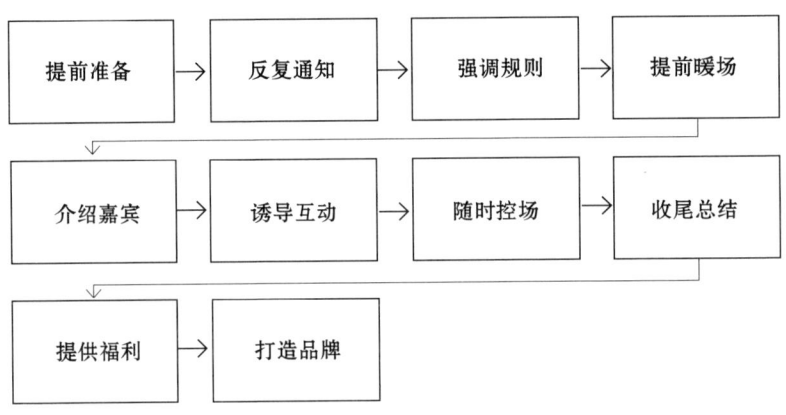

- 提前准备

要求分享者就话题准备素材，特别是对于没经验的分享者，要通过提前准备来保证分享者分享的内容质量。

- 反复通知

提前在群中多发布几次消息，提醒群员按时参加，否则很多人会因为工作而选择屏蔽消息，错过活动通知。

- 强调规则

在群分享前，再次强调一下分享规则。因为群中有新朋友进入，他们往往分不清楚分享的规则，会在不合适的时机插话影响嘉宾分享，因此在每次分享开场前都需要再次提示。

- 提前暖场

在正式分享前，应该提前打开群禁言，或者主动在微信群说一些轻松的话题，引导大家上线，营造交流的氛围。

- 介绍嘉宾

在分享者出场前，社群中的主持人对分享嘉宾进行介绍，介绍分享者的专长或资历，让大家了解分享者，从而进入正式倾听的状态。

- 诱导互动

在分享过程中，还要适时诱导互动。不管是哪种分享模式，都有可能出现冷场的情况，因此分享者或话题主持人要提前设置互动诱导点。如果发现过程中非常缺乏互动，就应提前安排几个人赶紧热场，带动气氛。

- 随时控场

诱导互动的同时，还要注意随时控场。若是在分享的过程中有人干扰，或者提出与主题无关的内容，这个时候需要主持人私聊提醒，引导这些人先服从分享秩序。

- 收尾总结

分享结束后，要引导大家就分享做一个总结，甚至鼓励他们去微博、微信朋友圈分享自己的心得体会。这种分享是互联网社群运营的关键，也是口碑扩散的关键。

- 提供福利

对总结出彩的朋友、对用心参与的朋友赠送各种小福利，就更会吸引大家参与下一次分享。

- 打造品牌

在分享的内容进行整理后，可以通过微博、微信公众号等新媒体平台发布、传播。很多社群做在线分享，但是没有打造分享的品牌，这些活动就没有形成势能，也没有考虑把品牌活动的势能聚合到可以分享的平台上，这就造成了口碑的流失，导致社群品牌积累的流失。

> 社群讨论

群分享一般是一对多，由一个主角主导输出，其他人学习。还有一种形式是群讨论，这种形式主要是找一个话题，让每一个成员都参与进来，通过相互的讨论获得高质量的输出。

另外，在网络中，"打卡"这个动词用来提醒为戒除某些坏习惯所做的承诺，或者为了养成一个好习惯而努力，而"社群打卡"就是社群中的成员为了养成某一个习惯所采取的某一种行为。

在社群中，"打卡"活动的作用有以下三方面：

- 在社群中打卡意味着一种承诺，是对很多人的一个公开宣誓和承诺。
- 在社群中打卡代表一种态度，代表这件事的重要程度，代表执行的认真程度，也决定了这个事情的结果。
- 在社群中打卡有助于养成好习惯，打卡就是在培养另一种习惯、克服不能坚持的坏习惯。

> 红包

红包是激发社群活跃度的高效方式之一。发红包的目的一般是为了：

- 活跃气氛

比如节假日，群里聊得非常开心的时候，发个红包活跃一下气氛。

- 新人报到

这也是一种发红包的方式，新人入群，发个红包给老群员当见面礼，激活气氛的同时顺利完成自我介绍，会让很多人对你印象深刻。

- 激活群员

如发通知，求投票，激活一下很久没有说话的群，也可以用红包。

- 宣布喜讯

如股票翻红了，公司上市了，项目完成了，业绩考核目标达成了，公众号粉丝量过 10 万了……都可以发个红包感谢。

- 打赏个人

在群里发定向红包或者群红包，单独或群体打赏因为某件事做过贡献的人，让大家看到激励效应。

- 发小广告

有些群很活跃，也和你的产品定位相吻合，想发个小广告又怕大家反感，只能靠发红包换取大家同意。

> 福利分发

分发社群本身的基金或者与赞助商合作争取到的福利,也是帮助社群激发活跃度的一个利器。一般而言,社群的福利主要有以下五类:

物质类,如书籍礼品;经济类,如红包;学历类,如精品课程或进修机会;荣誉类,是对成员进行评级,表现优异的成员可以晋升;虚拟类,常见的有积分、优惠券等。

除了以上说到的方式,制作并使用表情包也可以很好地激发社群的活跃度。表情包在网络上传达亚文化非常有效。

最后大家需要注意的是,人与人之间建立信任最有效的方式,不是网上聊天,而是见面。在大部分人的观念里,线下的见面聊天总是要比线上来得实在,与其在线上聊十次,不如见面聊一次。

好的社群都已经不再满足线上运营,都在慢慢从线上走到线下,只有在线下面对面的过程中,人和人之间交叉多维的联系才会建立起来。

课后思考及作业

你运营过或者加入了多少个社群?将这些社群按照活跃度进行划分,分析总结活跃度较高的社群运营特点及方法,并找到可借鉴的方法。

7.3　社群线下活动的策划与实施

有些社群是公司化运营,线下活动的资源、资金充足,并由有经验的专业团队负责运作,线下活动的成功率很高。但是有的社群没有公司化运营,他们的线下团队由社群用户组成，而社群用户大多没有举办一次线下活动的经验，各个流程也不清楚，导致活动开展不顺利而没有打开口碑。

如何举办一场线下活动呢？一般情况下，分为五个主要阶段，分别是：策划期、筹备期、宣传期、进行期和复盘期。

> **策划期**

开启一次线下活动前，应先写一份完整清晰的活动策划案，能够帮助组织方全局地把控整场活动，从而做到心中有数，有节奏有计划地开展活动，还能给团队打一针强心剂，在执行的时候也会更有信心。

线下活动策划书应该包括如下几个重要的部分：

活动策划团队名单。

工作权责与任务分配。

活动内容。包括活动名称、活动基调、活动主题、活动目的、活动日期、活动地点、参与人员、参与人数、分享嘉宾、活动环节等。

重要的时间节点的安排。

物料、场地、嘉宾安排。

宣传方式与报名方式。

费用说明和奖品设置。

合影及后续推广安排。

一般建议一场小型的线下活动至少要提前3个星期开始准备，这样才可以做到心中有数，不慌不忙。大型的线下活动则需要更长的策划准备周期。

> **筹备期**

在社群线下活动的筹备阶段，有四项核心要素一定要确定好。

- 嘉宾

社群想要做大做强,一定要跟各种名人合作,为社群带来更多有活力有质量的分享和关注。

- 合作方

一次好的活动,要善于寻找赞助,通过合作弥补自己的短板,放大活动效应,共享回报。

在合作的过程中一定要清楚对方的真正需求,以合作共赢的态度与合作方真诚相待,严格把控细节并多从合作方的角度进行策划和实施,保障双方的合理权益。但是在合作过程中,不要把期望值设置得过高,应该把期望值降低到合理的位置,合作后所有做得好的部分,都将会变成意外的惊喜而加分。

最后合作结束要有复盘总结,由于人的记忆是短暂的,不论之前做了多少的努力,如果没有复盘总结,长时间的各种事情对大脑的占据,就会冲淡之前的记忆,合作方就可能会忘记前面做了些什么事情、做了怎样的努力。

- 场地

与线上的活动不同,线下活动一定要以实体场地为载体,不论是申请还是租赁,都不是一件很容易搞定的事情。

因此要尽量寻求身边的场地资源,或者寻找免费场地,没有免费场地也可以选择平价的收费场地,或者寻找公益组织活动场地,公益组织活动场地一般都是属于政府或企业提供,而且国家现在提倡"大众创业,万众创新",所以这类场地也会越来越多,具体可以寻找当地政府或企业支持项目场地进行申请。

- 物料

建立物料清单。活动成本主要由活动场地和物料构成,要提前确定好物料清单,除了总部分发的带有社群品牌LOGO的标准物料,还需要根据自己城市的活动判断是否需要添加其他物料。

> 宣传期

活动的宣传期就是要进行线上线下的宣传。

线上宣传,宣传期主要包括设计活动海报、接受报名,同时各个平台包括微信、微博、豆瓣同城等发布活动信息、邀请媒体参加活动，增加后续报道等内容。

线下宣传，由于线下活动的影响力、辐射范围有限，必须通过整合线下工作内容，放到互联网平台上制造线上有效传播。一方面，能够以点带面引爆扩散，吸引更多人参加线下活动；另一方面，也会刺激线上社群话题二次传播，吸引更多人关注社群。

社群线下活动的进行期主要包括招募活动当天志愿者，与活动主持人对接活动流程，线上会议跟进工作进度和未完成事项，整理活动物料，确保物料准备齐全，确认通知方式、会员和嘉宾活动注意事项、邀请函发送结果、会场布置和设备调试。这些都准备妥当后，就可以从容地开展第一次线下活动了。

> **进行期**

策划方案做好后，需要把活动当天的整个流程梳理成跟踪表，查漏补缺，明确当天活动的时间节点，并列出时间清单。如活动的正式开始时间、工作人员到场时间、物料到位时间、嘉宾到场时间、参与人员签到时间、活动结束时间等相关时间节点。

> **复盘期**

一场线下活动如果做完没有进行复盘总结，很多当时存在的问题就容易被忽略和遗忘，然后就会反复在同一个地方犯错。

一个人经历过的事情并不一定能成为经验，除非能把经历总结下来，成为别人可以参考的内容，这才是经验。

线下活动举办成功后，在复盘总结经验的基础上，社群可以依据自己的发展情况确定是否需要快速从试点城市复制到更多城市，使得社群发展获得更大的空间。

课后思考及作业

按照线下活动流程,策划组织一次社群线下活动,制定活动方案,活动结束后进行总结,得出分析报告。

7.4 社群运营团队如何快速壮大

社群运营是个技术活。一般社群运营需要专门的运营执行团队,那么如何快速壮大发展社群运营团队呢?

1. 社群运营团队发展的注意事项

社群运营团队如果希望快速壮大,需要做到以下三点,分别是:看清形势,学会判断;懂得授权,舍得放手;重视成本,重视营收。

➢ **看清形势,学会判断**

在团队发展壮大的路上,最怕一群人在错的路上越跑越快。看清大形势再上路,在路上小规模地调整迭代是团队进化中最重要的事情之一。

哪些是需要看清并学会迅速判断的呢?

- 行业趋势

判断自身所在的行业处于成长期、壮年期还是夕阳期。如果是在成长期,就要看一看能不能迎接风口,快速发展。如果是在壮年期,说明存在红利,看看是否能够抓住红利。如果是在夕阳期,则要考虑的是能否转型;如果需要转型,该做哪些准备?

- 竞争对手的情况

竞争对手也是在奔跑过程中需要随时关注的问题。自己存在多少主要的竞争对手？存在多少潜在的竞争对手？主要竞争对手目前的情况如何？比自己强还是弱？对方的优势和劣势都有哪些？哪些可以学习借鉴甚至复制创新？都需要认真分析。

- 自己的核心能力

也就是自己的核心竞争力。看看能否凭借自己的核心竞争力占据市场并且迅速发展起来，这也是每个团队都需要考虑的问题。

➢ 懂得授权，舍得放手

团队越大，需要处理的事情越多，而管理者的时间却是恒定的，要求也就越高。抓大放小、学会放权是管理者进化路上的必修课。因此，要从小权开始放，逐步增强群员的办事能力。

有效的授权需要确定授权对象、明确授权内容、避免重复授权，同时授权时要信任，权责一起交授，最后授权还要有控制和反馈。

➢ 重视成本，重视营收

社群不论有没有商业化运营，都应该重视营收，公益性质的社群，也需要考虑持续的现金流营收，长期靠志愿者贴补或者非持续性的赞助很难坚持下去。

如果是商业化的运营，就更应该重视营收状况了。发展得越好，越想做大做强，资金需求的缺口可能性就越大。

2. 留住社群核心团队中的优秀人才

核心成员是社群的管理者和运营者，他们熟悉社群的流程和制度，投身于社群运营的日常工作中，维系社群的正常运转。他们参与程度高，对社群的归属感、成就感会比普通成员更强，对社群贡献更大，他们的存在是社群良性发展的重要条件。

核心团队成员离开社群仍然会贯穿社群发展的整个时期。常见的原因主要有：工作量过大，管理强度过高；再有是工作没有回报，没有认同；还有就是在团队中成长停滞，产生心理落差；其次是团队不和，凝聚力差；另外就是前途不明或者对手进行挖人。

那么如何留住社群核心成员呢？有人说社群应该是"去中心化"的，成员都是自动自发地为社群付出，你觉得这个能实现吗？核心成员愿意几十年如一日不求回报地付出吗？

归根结底，社群运营真正的挑战是如何建立一套适合互联网工作的组织模式，而不是天天谈"去中心化"，连接一切虚的概念。

一个社群如果在运营流程建设、内部沟通文化、团队组织分工、运营绩效评定、商业收益转化几个维度做好工作，社群核心成员有畅快的工作心情、有默契的工作氛围、有合理的工作回报、有可控的投入时间，那么愿意坚持下来的概率就大大增加。

> ➢ 持续完善社群运营流程

社群在运营过程中，要持续完善社群运营流程，要将工作逐步标准化，减少核心团队成员在沟通和产出比例低的琐事上耗费精力。

同时不要追求大而全的运营规模，所有的管理都强调把正确的人放在正确的位置，合理分工，尽量让成员做自己擅长的事情。

> ➢ 建立情感连接

社群核心团队成员经常在一起，彼此熟悉后鼓励大家多沟通多交流，逐步建立社群核心成员的情感联系。

> ➢ 设置有弹性的组织架构

同时尽量设置成为一个有弹性的组织架构，因为有些社群核心团队成员属于兼职或者志愿者的形式，那么当核心团队成员在本职工作和学习压力过大的时候就只能退出。

> **建立合理的回报机制**

在社群初期，留住核心成员的关键是提高成就感，精神上的回报要高于物质回报。当社群有盈利能力，更需要有一套清晰的奖惩制度和绩效考核制度，让付出有效劳动的成员有相对应的物质回报，让精神力量有物质基础的支撑。

> **及时清理不同频的人**

加入社群后开始表现积极，但是并没有真正认同社群核心价值观的人，或者加入社群更多是为谋取个人名利的人，要及时清理。因为留下一个不同频的人，就是伤害大部分志同道合的人，及时清理不同频的人，把内部矛盾从源头上肃清，使社群保持一致的价值观，反而能提高团队的含金量。

> **增加社群自身品牌影响力**

社群发展的根本在于平台本身逐步形成品牌影响力。

3. 社群运营的 KPI

KPI 大家都不陌生，就是关键绩效指标的简称。通过对组织内部流程的输入端、输出端的关键参数进行设置、取样、计算、分析，衡量流程绩效的一种目标式量化管理指标。

KPI 法符合一个重要的管理原理"二八原理"。在一个组织的价值创造过程中，存在着"80/20"的规律，即 20% 的人创造组织 80% 的价值。

在每一位团队成员身上，"二八原理"同样适用，即 80% 的工作任务是由 20% 的关键行为完成的。因此，必须抓住 20% 的关键行为，对之进行分析和衡量，抓住业绩评价的重心。

对于规模较小的社群，因为不确定因素太多，一般而言，不应采用 KPI 制度，引入此制度其实是降低效率的做法。

而对于人数庞大的大型社群，不提出目标考核管理方法，则意味着很难运营庞大的社群。

常见的社群运营KPI分为结果导向型和过程导向型两类。作为结果导向型KPI，评价指标有用户新增量、转化率、复购率、活动参与度、朋友圈点赞数等。作为过程导向型KPI，评价指标有活跃度、活动频次等。

需要提醒社群运营者，KPI指标是对社群运营关键质量的衡量，而不是对社群运营过程的管理。社群内每个职位的工作内容都涉及不同的方面，核心管理人员的工作任务更复杂，但KPI只能帮助评估社群整体战略目标实现进展，而不能评估日常工作运营的工作量和效率。

另外和企业不同的是，社群KPI不能由社群团队的上级强行确定下发。在社群内不能搞一言堂，不能搞以上压下，更不能搞普遍化的绩效考核，社群KPI最好是社群团队内部经过讨论达成的共识。

如果管理者要求运营团队把社群给做起来，你认为如何分工，或者说需要什么样的运营团队才可以运营好社群？

7.5 社群运营商业变现的模式

运营社群的终极目的是什么？相信作为一名运营人员都是知道的，那就是持续变现！社群运营实现商业变现一般有三种模式，分别是自建社群模式、承包社群模式以及打入社群模式。下面分别详细了解一下。

> **自建社群模式**

通过前面课程的学习,已经清楚了构建社群的手法,按照步骤一一执行,就可以构建自己的社群并且在恰当的时机进行规模复制。

但是自己的社群构建成功之后呢?如何从自己的社群中获得商业回报呢?

总的来说,自建社群商业变现有两种途径:一种是对内;另一种是对外。

对内模式主要是从社群内部获取经济回报,一般拼的是规模,常见的有会员式、电商式、服务式、众筹式。

对外模式不是想着向群成员收钱、将社群成员当成被榨取的目标,而是组织社群群员共同创造出更多的价值,利用这种价值换取回报。这种模式主要拼的是社群集体输出的质量,如智库式、抱团式。

对内、对外同时兼顾的也可以,不过运营难度更大。

自建社群商业变现的 10 大模式如下:

- 产品式

这种模式的前提是要有产品,社群也是因为产品而聚集在一起,所谓"社群未建,产品先行",典型的例子就是培训社群,先有课程学员,再有学员社群。

- 会员式

会员既是门槛,也是变现渠道,这也是大多数运作得好的社群最常见的变现方式。

会员式中最常见的是年费制,也就是一年缴纳多少费用,就可以享受哪些权益,这是非常易于理解和操作的付费模式。这种模式的本质是服务标准化,让服务成为标准化产品,然后把服务做好,把产品持续推广出去。

- 咨询式

实践证明,咨询群的设置,转化率非常高。一方面,用户可以在群中获得很多答疑,解决心中的疑惑;另一方面,用户可以看到已购顾客的反馈,增强信任感。

- 电商式

如今是移动互联网时代,移动互联网最大的特征就是碎片化,因为会不断地出现一些小碎片的领域，所以社群电商模式兴起。

罗辑思维曾经就一直主张社群应该走电商的道路，而且他们也在身体力行，卖书、卖年货。这种模式最关键的当然就是引入或者生产高复购率的优质产品了，如果产品口碑不好，对社群运营来说都是做无用功。

- 流量式

社群流量大了之后可以收广告费，社群是某同类人群的集合，因此对于很多商家来说，就是精准用户聚集体。

- 服务式

把成员聚在一起是为了给用户提供更好的服务，这也是大部分企业做社群的目的。虽然不一定能获取直接的回报，但是在服务的过程中，由于在更大程度上构建更多和用户的"接触点"，将企业和用户之间的连接时间变得更长。拥有与用户长期接触互动的可能，进而就具备了时刻进行交易的可能。

这种模式一般用来进行企业品牌的塑造，不需要在短期内直接带动销售，能好好地花时间和精力来维系品牌社群，就已经具有了核心竞争力。

- 众筹式

通过社群发起的众筹，有增加的趋势，利用社群聚集精准人群的特性，便于一些小众产品内部发起众筹。

- 智库式

如互联网文案专家"李叫兽"组建的社群，通过作业、练习的形式，利用群成员的集体智慧给很多前来咨询的商家提供营销服务，群成员本身就是各行各业的专家，这样做出来的营销方案既有高度又可实操，前来咨询的商家自然也会满意，并获得客户认可以及相应的报酬和奖金。

- 抱团式

如很多手艺人有很好的技术，但是一个人很难有能力获得大量订单，只能凭口碑扩散和行业经验的积累。因此大量手艺人迅速抱团成社群，就可以像公司一样运作。

- 跨界式

通过两种不同定位或者类型的社群与品牌相互之间的跨界合作，相互导流产生经济回报，共同获益。如社群与中信银行的合作。

> **承包社群模式**

经纪公司会专门有人对接这些粉丝群的群主（俗称"粉头"）。在一个完整的职业粉丝团中有一个经验丰富、能力强的"粉头"是关键。"粉头"通常受雇于明星本人或亲友，或者是职粉找来一位有经济实力和组织能力的真正粉丝，有的是兼职，有的是全职。

"粉头"经常没有收入，但工作量却很大，要安排好各部门的工作，每天在贴吧里发帖、顶帖；组织粉丝参与各项活动，如接机和见面会；经常向节目组的宣传公关汇报情况；跑服装加工厂定制会服、灯牌、宣传板，还要组织会员去街头拉票等。

"粉头"表示，因为可以为喜欢的偶像效力，再苦他们也乐此不疲。而作为回报，他们能在普通粉丝中拥有一呼百应的声望，还有时不时地和偶像通个电话，吃个便饭之类的"福利"。

对于明星来说，并没有直接建立社群，而是有人带头建立好了，明星直接通过与"粉头"的联系，就可以直接影响到粉丝群，这种类型就是"承包"社群。

对于很多企业来说也是如此，建立社群是一个非常烦琐而长远的运营，如果目标用户群体能够基于某一个特征聚集，用经济或影响力直接"承包"也是一种手段。

> **打入社群模式**

打入社群，就是针对社群行动需要找到社群的所在地、熟悉社群的结构、了解社群的偏好、从社群成员的心理和行为入手。

以往的销售经常是一对一的，本身找到一个符合你的产品定位的人，就需要消耗大量的成本。而社群化的趋势带来了一种可能，那就是找到一个符合产品定位的用户，顺势从他身上入手，顺藤摸瓜打入他背后跟他有一样特征的社群，一下子就找到了一群目标客户群。以这个群为入口，通过了解与互动，进而找到更多定位相仿的社群，不论是效率还是成交率都大大提升。

因此如果没有自己的群，就瞄准特定目标客户社群，作战前摸清社群散布图，找到据点深入打进，刷存在感，顺势完成营销。

至于怎样寻找社群，可以通过直接搜索或者参加线下活动的方式进行查找。

> **社群商业变现的四个基础效应**

- 信任效应

当下的年轻一代，他们追求个性，追求自我，并希望找到同类的部落一起玩耍。而科技的发展尤其是社交媒体的日趋成熟打破了时间和空间，不但让连接每一个个体成为可能，也让信息扩散的速度大幅提高，每一个个体的声音都可能在一瞬间被放得很大、很广、很远。我信任，所以我购买；我信任，所以我转发。

- 连接效应

从互联网诞生起，"连接"一直就是贯穿始终的主线，把这个词想通并且结合商业模式的企业都获得了惊人的商业利润。社群也是典型的连接方式之一。

- 标签效应

标签是最简化地认识一个人的方式。年轻一代消费者正在互联网上这样互相结识，从而形成一个圈子、社群。而好的社群身份正是彰显自己在互联网上的个性标签。

- 羊群效应

在群体氛围下，大家更容易形成相互感染的冲动购买效应。

心理学上有很多与群体相关的现象，如"羊群效应"，比喻人都有一种从众心理，从众心理很容易导致盲从。这便是为什么商家要努力做"超出预期"的原因，就是为了激活小组织，将信息从一个人扩散到一个社群。

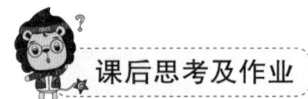 **课后思考及作业**

你运营的社群是哪些运营模式？是如何从社群中获得商业回报的呢？

附：新媒体运营师认证考试复习大纲

- ∨ 新媒体概念最早是在 1967 年，由戈尔德马克提出的。
- ∨ 新媒体的形式有很多，如网站、邮件、微博、微信、社群、直播、新闻客户端，等等；相反，传统媒体主要指：报纸、纸质杂志和书籍、手机短信等。
- ∨ 联合国教科文组织对新媒体下的定义是：以数字技术为基础，以网络为载体进行信息传播的媒介。
- ∨ 如果传统媒体利用信息技术改造自身运营模式，那么它也可以转变成新媒体。
- ∨ 注意力经济时代下，人类信息阅读的大趋势是阅读屏幕越来越小，阅读时间越来越短。
- ∨ 计算机阅读和移动阅读都是交互阅读模式，图书阅读属于沉浸阅读模式。
- ∨ 移动阅读的"三秒原则"是指：三秒钟没有显示内容，就会被关掉。
- ∨ 互联网上的一个新词"头部内容"指的是：在主流移动 APP 上抢占头条的内容。
- ∨ 为了使文章更具有参与感，我们应该：设置一个有场景代入感的标题、抓住萌点的配图、跟上潮流的表情包、有趣的话题投票、插入适合的背景音乐、发一段真人语音或播放一个个性视频。
- ∨ 今天的互联网越来越强化人和人直接的链接。
- ∨ 一个合格新媒体运营者需要做到：理解产品、积累网感、整合资源、内容策划、维护微信微博和各种企业使用的新媒体模式。
- ∨ 门户网站可以说是第一代新媒体。
- ∨ 中国人在互联网上的第一步，是 1987 年 9 月 20 日，有着"中国互联网第一人"之称的钱天白先生从北京发出了中国第一封电子邮件，内容是"穿越长城，走向世界"。

- 与不受欢迎的垃圾邮件不同，邮件营销必须是：用户为潜在的目标用户、用户事先许可且允许退订、发送的内容是有价值的信息。
- 邮件营销的好处有：推广周期短、见效快；用户查看不受时刻限制、转发传播快；发送给事先经过许可的目标用户，针对性强。
- 论坛（BBS）又名网络社区，是 Internet 上一种电子信息服务系统。
- 知乎成立于 2010 年，是目前知名的网络问答社区。
- 知乎的问答，表面上是问答，背后还引入了社交网络服务（SNS），是人、话题和问题的相互联系。
- 博客（Blog）来源于 Weblog，Weblog 指的是网络日志。
- 博主获取回报的方式主要有：写公开软文，为企业品牌背书，获取商业回报；在博客页面嵌入广告链接，通过付费广告分成获取收益，内容打赏收入。
- 微博平台发布的字数上限是 140 个字。
- 微博营销的工作内容包括：请优质博主发表专业文章，在平台或频道发布广告，打造微博团队，检查分析微博数据。
- 果壳网旗下"在行"在微信公众账号上上线了一款付费语音问答服务，叫作"分答"。
- 微信是腾讯公司于 2011 年 1 月 21 日推出的一个为智能终端提供即时通信服务的免费应用程序。
- 微信营销模式主要包括：微信公众号营销、微信朋友圈营销和微店营销。
- 秒拍与传统视频网站比较的优势主要包括：即拍即处理、上传容易和传播便捷。
- 直播的特点主要有：与关注者实时连接、真实性强、体验最直接、互动性极强。
- 社群是特殊的群体形式，普通的 QQ 群、微信群（例如：班级群，社团群，兄弟群）等在一定意义上都不能称之为真正的"社群"。
- 社群的 5 个构成要素是：同好、结构、输出、运营、复制。

- √ 社群营销的价值体现在：维护客户黏性、刺激产品销售、感受品牌温度。
- √ 社群的 5 个构成要素中"结构"是指：组织成员、交流平台、加入原则和管理规范。
- √ 社群的 5 个构成要素中"运营"要建立四感有：仪式感、参与感、组织感和归属感。
- √ 社群的 5 个构成要素中"复制"，它决定了社群的规模。
- √ 社群的 5 个构成要素中"运营"，它决定了社群的存活。
- √ 社群的 5 个构成要素中"输出"，它决定了社群的价值。
- √ 持续输出有价值的东西是考验社群生命力的指标之一。
- √ 2016 年被认为是"中国直播元年"。
- √ 直播的六大思维包括：移动思维、营销思维、粉丝思维、场景思维、体验思维和交互思维。
- √ 微信公众号推送黄金时间段包括：7:00—9:00，18:00—19:00，以及 22:00 以后，像 14:00—17:00 这样的工作时间就不适合了。
- √ 微信公众号功能介绍长度为 4 ~ 120 字。
- √ 微信公众账号功能介绍一个月内能申请修改 5 次。
- √ 支持认证的微信公众账号包括：商家、企业、媒体，目前微信不支持个人认证。
- √ 可认证的微信公众账号认证费是 300 元 / 年。
- √ 微信公众账号文字类群发，内容字数上限为 600 个字。
- √ 微信公众账号图片类群发，图片大小不超过 5M。
- √ 微信公众账号图文类群发，标题长度限制为 64 个字。
- √ 微信公众账号图文类群发，摘要字数限制是 120 个字。
- √ 微信公众账号图文类群发，封面图片大小不能超过 5M。
- √ 微信公众账号图文类群发，正文输入文字上限为 20000 个字。
- √ 微信公众账号语音类群发，文件大小上限为 30M。
- √ 微信公众账号语音类群发，语音时长不超过 30 分钟。

- √ 微信公众账号视频类群发，超过 20M 须腾讯视频上传后添加。
- √ 微信公众账号视频类群发，本地视频上传后需要审核，审核时间是 20min 内。
- √ 微信公众账号图片素材上传，要求图片文件大小是 2M 以内。
- √ 微信公众账号语音素材上传，要求语音文件大小是 5M 以内。
- √ 微信公众账号语音素材上传，要求语音长度限制是 60 秒以内。
- √ 微信公众账号视频素材上传，要求视频文件大小是 20M 以内。
- √ 微信公众账号图文类素材封面图，微信后台规定头图尺寸比例是 900x500 像素。
- √ 新浪微博是在 2009 年推出的。
- √ 微博作为新媒体的代表，其传播主题具有：平民化、个性化的特点。
- √ 微博作为新媒体的代表，其传播内容具有：去中心化、碎片化的特点。
- √ 微博作为新媒体的代表，其传播方式具有：交互化、病毒化的特点。
- √ 微博与微信的相同点包括：都可以建立一个交流分享平台，都能够发图片和文字，都能进行点赞和评论。
- √ 微博的营销价值可分为以下四点来实现：品牌传播、客户关系管理、市场调查与产品开发推广、危机公关。
- √ 微博营销与博客营销的区别可从以下三方面进行比较：内容表现形式的差异、信息传播模式的差异和用户获取信息及行为的差异。
- √ 微博开通会员后可增加下列四方面特权：装扮特权、身份特权、功能特权和手机特权。
- √ 微博粉丝下滑的原因有：刷屏、没有稳定内容、缺乏足够原创、让人反感的广告帖，以及所发内容和粉丝立场相抵触。
- √ 企业微博运营准备包括：是否适合微博运营、找准微博运营目标以及成立微博运营团队。
- √ 微博类的鼻祖是 Twitter。
- √ 搜图是制作封面图的必备技能，通过互联网进行图片搜索时，搜索的高清图片要求尽量选择无版权及可商用的图片。

- √ 微博头条文章封面图尺寸要求为 1000×562 像素，信息安全区尺寸为 1000×400 像素。
- √ 微博头条文章封面图以及微信公众号封面图支持的格式主要有 jpg、png 和 bmp 等，不支持 psd 或 ai 等文件格式。
- √ 头条号封面图选取模式主要有自动、单图模式和三图模式。
- √ 信息长图按照上下结构可以分为封面、内容、封底三个部分。
- √ icon 图标是 windows 图标文件格式的一种，不仅仅是一种图形，更是一种标识，它的使用可以使长图的逻辑线条更加清晰。
- √ 以微博、微信朋友圈为代表的社交平台，配图数量不得超过 9 张。
- √ gif 图是非常优秀的图片格式，它采用优秀的压缩算法使其在一定程度上保证了图像质量，同时将体积变得更小，它还支持插入多帧从而实现动画效果，而且 gif 图像可以设置透明色，去除背景，以产生对象悬浮于背景之上的效果，但它的缺点是由于采用了 8 位压缩，最多只能处理 256 种颜色，不适宜使用在真彩色的图片中。
- √ 有非常多的高清图片网站，图片无版权限制，同时可以用作商业用途。同时也有非常多的 gif 素材网站，供我们搜索和下载精美的 gif 图片素材。
- √ 可以实现图片尺寸剪裁的工具非常多，包括：Photoshop、美图秀秀、以及 QQ 截图和 PowerPoint 等。
- √ 创意云文字是一种文字呈现形式，主要由文字和图形组成。
- √ 文字排版的原则是：熟悉基础排版，适当优化排版，避免过度排版。
- √ 不同的手机屏幕尺寸不同，从视觉效果上看，合适的字号大小会影响阅读体验。一般来说，微信文字推荐使用字号是 14 ~ 16 号。
- √ 微信文字排版中，视觉体验较佳的行间距是 1.5 倍至 1.75 倍行距。
- √ 微信文字排版中，当字号是 15 号时，正文段前距或者段后距设为 10 至 15 时，阅读体验较好。
- √ 使用秀米编辑器进行微信文字排版时，页边距设为 10 ~ 15 较为适宜。
- √ 使用秀米编辑器进行微信文字排版时，字间距设置为 1 ~ 2 较为合适。

- √ 常见的文字排版优化内容包括：顶部关注，底部引导和文字强调。
- √ 微信排版的目的在于促进阅读体验，然而像动态背景、颜色过多、风格不定、样式繁杂等过度排版现象则会影响阅读体验。
- √ 微信图文信息中，视频大小不得超过 20MB。
- √ 微信图文信息中，视频时长不得超过 10 小时。
- √ 微信图文信息中，音频大小不得超过 30MB。
- √ 微信图文信息中，音频时长不得超过 30 分钟。
- √ 图文信息中，每篇图文消息可添加 1 条音频。
- √ 新媒体表单的设计工具包括：麦客网、金数据、问卷网等。
- √ 新媒体 H5 的展现形式有：展示型、互动型、场景型、游戏型、测试型等。
- √ H5 的制作工具包括：易企秀、兔展、we+、maka、iH5 等。
- √ 新媒体运营者需要抓热点、盯时事。可以通过微信朋友圈热文、微博热帖、百度热点、搜狗搜索、收趣云书签等。
- √ 按照广告目的分类，新媒体文案分为销售文案和传播文案。
- √ 新媒体文案的岗位要求是：文字功底强、思维活跃有创意、所学专业及学历等。
- √ 新媒体文案学习的能力目标包括：文案能力、创新创意能力、审美能力及学习能力。
- √ 一般而言，诱发网友阅读新媒体文案并持续阅读下去的要素有：看标题、看开头、读正文和做动作。
- √ 新媒体文案的标题可以从吸引力、引导力、表达力等几个角度考虑。
- √ 文案标题拟定的方法主要包括：数字化、人物化、历程化、体验化、恐惧化、稀缺化、热点化、神秘化、模拟化等。
- √ 新媒体文案正文的常见架构有瀑布式、水泵式、沙漏式、盘点式和并列式等 5 种形式。
- √ 开头抛出观点，正文讲故事、解观点，收尾观点强调与升华，这种文案结构属于沙漏形式。

- ∨ 新媒体文案的开头设计方式有：故事型、图片型、简洁型、思考型、金句型等。
- ∨ 神转折方式会形成一种强烈的反差，读者读起来更有趣，这种方式适用于新媒体文案的结尾设计方式。
- ∨ 新媒体文案中关键词策划，主要包括：关键词的罗列、选择和布局。
- ∨ 新媒体销售文案的特点主要有：有明确的购买引导，给出立刻购买的理由，制造紧张感和稀缺感。
- ∨ 传播性文案的特点包括：符号化、社交币、附着力。
- ∨ 品牌文案的特点包括：有调性、重感情、利传播。
- ∨ 节假日文案创作，要注意找到节假日元素及情感，确定目标人群的需求和情感、找出产品元素及相关卖点。
- ∨ 微博的主要特点是偏重兴趣信息的获取与分享。
- ∨ 微信的主要特点是偏重熟人关系链上的沟通。
- ∨ QQ 的主要特点是偏重年轻人认识新朋友的社交平台。

新媒体运营师认证考核模拟题（一）

一、单选题（每题1分，共40分）

1. 哪些不是微信公众号推送黄金时间段？
   A. 7:00—9:00   B. 14:00—17:00   C. 18:00—19:00   D. 22:00以后
2. 微信公众账号功能介绍一个月内能申请修改几次？
   A. 一次都不行   B. 2次   C. 5次   D. 3次
3. 可认证的微信公众账号认证费是用多少？
   A. 200   B. 500   C. 300   D. 100
4. 图片类群发，图片大小不超过多少？
   A. 2MB   B. 5MB   C. 30MB   D. 20MB
5. 图文类群发，摘要字数限制是多少？
   A. 120   B. 64   C. 32   D. 140
6. 图文类群发，正文输入文字上限为多少？
   A. 100000   B. 20000   C. 10000   D. 50000
7. 语音类群发，语音时长不超过多少分钟？
   A. 1   B. 20   C. 30   D. 60
8. 新媒体概念最早由谁提出的？
   A. 戈尔德马克   B. 马丁·库帕   C. 马可尼   D. 波波夫
9. 下列哪些媒体类型不是新媒体类型？
   A. 门户网站   B. 电子邮件   C. 手机短信   D. 微博
10. 如果传统媒体开始利用（   ）技术改造自身运营模式，那么这些传统媒体也可以变成新媒体。
    A. 音频   B. 视频   C. 图文处理   D. 信息
11. 移动阅读媒介的"三秒原则"是什么意思？
    A. 3秒钟没有显示内容   B. 3秒钟没播放音乐

C. 3 秒钟没启动机器　　　　　D. 3 秒钟没有客服应答

12. 你认为下列哪些方式会让文章更有参与感？

　　A. 有场景代入感的标题　　　B. 抓住萌点的配图

　　C. 有趣的话题投票　　　　　D. 以上三个答案都是

13. 一个合格新媒体运营者需要做到？

　　A. 内容策划、发微博微信　　B. 理解产品、积累网感

　　C. 整合资源　　　　　　　　D. 以上答案都是

14. 中国人在互联网上的第一步是什么？

　　A. 发了一封电子邮件　　　　B. 发了一条博客

　　C. 发了一条短信　　　　　　D. 发了一条语音

15. 中国发出的第一封电子邮件是哪一年？

　　A. 1973 年　　　B. 1967 年　　　C. 1946 年　　　D. 1987 年

16. 和不受欢迎的垃圾邮件不同，邮件营销必须是（　　　）。

　　A. 用户事先许可且允许退订　　B. 用户是潜在目标用户

　　C. 发送内容是有价值信息　　　D. 以上答案都是

17. 论坛（BBS），又名网络社区，是 Internet 上的一种（　　）服务系统？

　　A. 聊天　　　　B. 电子信息　　　C. 营销　　　　D. 购物

18. 知乎成立于哪一年？

　　A. 1973 年　　　B. 2010 年　　　C. 2000 年　　　D. 1987 年

19. 知乎的问答，表面上是问答，背后还引入了社交网络服务（SNS），是（　　　）的相互联系。

　　A. 平台与平台　　　　　　　B. 人、话题和问题

　　C. 人与人　　　　　　　　　D. 人与话题与网络

20. 博主获取回报的方式有哪些？

　　A. 写公开软文，为企业品牌背书，获取商业回报

　　B. 在博客页面嵌入广告链接，通过付费广告分成获得收益

　　C. 内容打赏收入　　　　　　D. 以上答案都是

21. 微博取代博客的原因：

A. 入门简便、社交传播　　　B. 碎片时间

C. 互动性强　　　D. 以上答案都是

22. 果壳网旗下"在行"在微信公众账号上上线了一款付费语音问答服务，它是什么？

A. 知乎　　B. 问答　　C. 分答　　D. 芬达

23. 微信是哪一年推出的？

A. 2011 年　　B. 2008 年　　C. 2005 年　　D. 2004 年

24. 秒拍与传统视频网站比较的优势有（　　）。

A. 上传容易　　B. 即拍即处理　　C. 传播便捷　　D. 以上答案都有

25. 下列哪些群是社群？

A. 班级微信群　　　B. 社团 QQ 群

C. 篮球的兄弟群　　　D. 以上均有可能是

26. 社群营销的价值体现在（　　）。

A. 感受品牌温度　　　B. 刺激产品销售

C. 维护客户黏性　　　D. 以上答案都是

27. 社群的 5 个构成要素中"运营"要建立四感有：仪式感、参与感、组织感和（　　）。

A. 使命感　　B. 责任感　　C. 归属感　　D. 存在感

28. 社群的 5 个构成要素中"运营"，它决定了社群的（　　）？

A. 价值　　B. 规模　　C. 寿命　　D. 存活

29. 持续输出有价值的东西是考验社群（　　）的指标之一。

A. 规模　　B. 生命力　　C. 规则　　D. 销售业绩

30. 哪一年被认为是"中国直播元年"？

A. 2010 年　　B. 2016 年　　C. 2017 年　　D. 2011 年

31. 新浪微博是哪一年推出的？

A. 2009 年　　B. 2016 年　　C. 2011 年　　D. 2008 年

32. 微博作为新媒体的代表，其传播内容具有：去中心化、（　　）的特点。

A. 个性化　　　　B. 碎片化　　　　C. 专业化　　　　D. 情绪化

33. 微博与微信的相同点包括：建立一个交流分享平台、能够发图片和文字和（　　）。

   A. 能点赞和评论　　　　　　B. 用户公众化

   C. 可转发　　　　　　　　　D. 评论公开化

34. 微博营销与博客营销的区别可从以下三方面进行比较：内容表现形式的差异、信息传播模式的差异和（　　）。

   A. 操作习惯的差异　　　　　B. 曝光频率的差异

   C. 用户获取信息及行为的差异　D. 传播属性的差异

35. 微博开通会员后可增加下列四方面特权：装扮特权、身份特权、功能特权和（　　）。

   A. 手机特权　　B. 勋章特权　　C. 专属标识　　D. 粉丝折扣

36. 微博粉丝下滑的原因有：刷屏、没有稳定内容、缺乏足够原创、让人反感的广告贴、以及（　　）。

   A. 设置话题　　　　　　　　B. 和粉丝立场抵触

   C. 及时转评　　　　　　　　D. 放干货

37. 微博类的鼻祖是（　　）。

   A. Facebook　　B. ICQ　　C. SKYPY　　D. Twitter

38. 搜图是制作封面图的必备技能，通过互联网进行图片搜索时，搜索的高清图片要求：

   A. 无版权，非商用　　　　　B. 无版权，可商用

   C. 有版权，非商用　　　　　D. 有版权，可商用

39. 微博头条文章封面图以及微信公众号封面图不支持下列哪种格式？

   A. AI　　　　　B. JPG　　　　C. PNG　　　　D. GIF

40. 信息长图按照上下结构可以分为哪几个部分？

   A. 标题、正文、结尾　　　　B. 背景、逻辑元素、文字

   C. 封面、内容、封底　　　　D. 封面、内容、结尾

二、多选题（每题 2 分，共 40 分）

41. 新媒体的概念是（　　）年，由（　　）广播电视网 CBS 技术研究所所长戈尔德马克率先提出的。

    A. 1967　　　　　　　　　　B. 美国哥伦比亚

    C. 1968　　　　　　　　　　D. 美国时代周刊

    E. 1990　　　　　　　　　　F. 美国国家

42. 对于新媒体，联合国教科文组织给出的定义：新媒体是以（　　）为基础，以（　　）为载体的信息传播的媒介。

    A. 数字技术　　B. 信息技术　　C. 模拟技术　　D. 编辑技术

43. 不同形式的新媒体（包括传统媒体），他们所覆盖的人群是不同的，下面合适 90 后人群的媒体形式有（　　）。

    A. 微博　　　　B. 微信　　　　C. QQ 空间

    D. 报纸　　　　E. 哔哩哔哩

44. 抓住新媒体阅读者注意力的方法有（　　）。

    A. 通过技术手段　　　　　　B. 抓住读者好奇心

    C. 提高视觉吸引力　　　　　D. 增加互动小游戏

45. 成为合格的新媒体运营者，需要掌握的知识技能至少要包括（　　）。

    A. 分析自家的产品　　　　　B. 积累网络感觉

    C. 善于整合资源　　　　　　D. 内容策划

    E. 活动运营　　　　　　　　F. 高超的软件开发技能

46. 通过论坛、知乎、分答这种新媒体形式做产品信息宣传推广或营销策划，需要考虑以下几方面（　　）。

    A. 话题选定　　B. 文案撰写　　C. 产品植入

    D. 内容投放　　E. 效果分析

47. 如果说今日头条是个性化的信息推荐引擎，与今日头条不同的新闻客户端有（　　）。

    A. 搜狐新闻客户端　　　　　B. 一点资讯

C. 网易新闻客户端　　　　　　D. 腾讯新闻客户端

48. 真正的社群应该包含以下要素（　　）。

A. 同好　　　B. 结构　　　C. 输出

D. 运营　　　E. 复制

49. 新媒体时代广告传播所具有的新特点有（　　）。

A. 新媒体广告的传播定位更加精准

B. 新媒体广告的传播秉承内容为王

C. 新媒体广告的传播非常注重整合

D. 新媒体广告的传播强调技术导向

50. 新媒体运营人员要学会提高网感，以下方法可以帮助我们提高网感（　　）。

A. 多看报纸、杂志　　　　　　B. 要时刻关注微博热搜榜

C. 关注百度新闻的"热搜词"　　D. 关注一些专业的微信公众号

51. 大数据与新媒体相辅相成，大数据给新媒体带来以下新变化（　　）。

A. 大数据下的新媒体传播中心更广阔

B. 大数据云计算推动新媒体的发展

C. 大数据对新媒体的发展会产生深远影响

D. 大数据制约新媒体的发展

52. 基于支付功能，微信还推出了以下各种功能（　　）。

A. 余额提现　　　B. 微信红包　　　C. 面对面收付款

D. 群收款　　　E. 余额宝

53. 从大数据分析可以看出，用户普遍关注朋友圈的时间主要集中在以下几个时间段：（　　）。

A. 早上 6:00—9:00　　　　　　B. 中午 12:00—13:30

C. 下午 17:00—19:00，　　　　D. 晚上 21:30 以后

54. 一般而言，添加朋友圈微信好友，可以用以下这些方法技巧（　　）。

A. 导入手机通信录的好友，进行批量添加

B. 扫二维码加好友

C. 通过微信的"发现"功能，去发现和添加新的朋友

D. 借助其他人推荐

E. 电子邮件落款处留下微信号方便别人添加

55. 微信号的设置规则对的是以下几项（　　　）。

A. 支持中文

B. 以字母开头

C. 可以使用 6 ~ 20 个字母、数字、下划线和减号

D. 设置后不能更改

56. 群发功能是微信公众号最基础也是最重要的一个功能，群发功能目前支持的群发类型有（　　　）。

A. 文字　　　　B. 语音　　　　C. 图片

D. 视频　　　　E. 图文消息

57. 微信群发视频消息要注意以下方面（　　　）。

A. 不得上传未经授权的他人作品

B. 不能群发色情、反动等违法视频

C. 超过 20MB 的视频可至腾讯视频上传后添加

D. 视频群发支持时长小于 1 秒或大于 10 小时的视频文件

58. 目前，微信关键字自动回复设置规则为（　　　）。

A. 数目上限为 200

B. 每条规则内最多设置 10 个关键字

C. 5 条回复内容　　　　　　　D. 内容没有限制

59. 微信公众号消息管理正确的是（　　　）。

A. 接收到的用户发送的文字消息，系统会保留 5 天

B. 图片和语音只保留 3 天，超过时间的消息会自动清空

C. 与单个订阅用户的实时聊天消息最多只能保留 20 条

D. 接收到的所有信息都会永久保留

60. 微信公众号素材管理要求中，关于视频正确的是（　　　）。

A. 视频素材要求视频文件大小在 20M 以内

B. 文件格式要求为 rm、rmvb、wmv、avi、mpg、mpeg、mp4 等格式

C. 视频素材文件大小没有限制

D. 视频文件所有格式微信公众号都支持

三、判断题（每题 1 分，共 20 分）

61. 微信公众账号功能介绍一个月内能无限次申请修改。

62. 图文类群发，摘要字数限制是 64 字。

63. 语音类群发，语音时长不超过 1 分钟。

64. 新媒体概念最早由马丁·库帕提出的。

65. 联合国教科文组织对新媒体下的定义是：以互联网技术为基础，以网络为载体进行信息传播的媒介。

66. 移动阅读媒介的"三秒原则"是指 3 秒钟没有显示内容。

67. 第一代新媒体指的是博客。

68. 中国互联网第一人是马云。

69. 论坛（BBS），又名网络社区，是 Internet 上的一种聊天服务系统。

70. 知乎属于考试学习的社区。

71. 微博平台发布的字数上限是 120 字。

72. 社群的 5 个构成要素中"结构"是指组织成员、交流平台、加入原则和管理规范。

73. 新浪微博是 2009 年推出的。

74. 微信订阅号每月可以群发一次信息。

75. 微信企业号的主要功能是便于企业内部沟通。

76. 微信公众号类型在确认提交后无法修改。

77. 微信公众账号的图像、简介每天可进行一次修改。

78. 用户对公众号发送的文字消息，系统会保留 5 天。

79. 微信公众号后台管理中素材管理里，图片素材要求图片大小在 2M 以内。

80. 秀米是微信公众号管理助手。

新媒体运营师认证考核模拟题（二）

一、单选题（每题1分，共40分）

1. 微信公众号功能介绍长度为多少字？
   A. 4~120　　　B. 0~150　　　C. 0~140　　　D. 4~140

2. 下列微信公众账号属性哪个不支持认证？
   A. 网店商家　　B. 企业　　　　C. 媒体　　　　D. 个人

3. 文字类群发，内容字数上限为多少个字符？
   A. 150　　　　B. 140　　　　C. 500　　　　D. 600

4. 图文类群发，标题长度限制为多少个字？
   A. 120　　　　B. 64　　　　　C. 32　　　　　D. 140

5. 图文类群发，封面图片大小不能超过？
   A. 600MB　　　B. 5MB　　　　C. 30MB　　　　D. 20MB

6. 语音类群发，文件大小上限为多少？
   A. 600MB　　　B. 5MB　　　　C. 30MB　　　　D. 20MB

7. 视频类群发，超过多大需腾讯视频上传后添加？
   A. 600MB　　　B. 5MB　　　　C. 30MB　　　　D. 20MB

8. 图片素材上传，要求图片文件大小是多少？
   A. 2MB 以内　　B. 5MB 以内　　C. 20MB 以内　　D. 30MB 以内

9. 语音素材上传，要求语音长度限制是多少？
   A. 20 分钟　　　B. 30 分钟　　　C. 60 秒　　　　D. 30 秒

10. 图文类素材封面图，微信后台规定头图比例是多少？
    A. 200×200　　B. 900×500　　C. 400×300　　D. 300×200

11. 新媒体概念最早是哪一年提出的？
    A. 1895 年　　　B. 1973 年　　　C. 1967 年　　　D. 1946 年

12. 联合国教科文组织对新媒体下的定义是：以（　　　　）技术为基础，以网络为载体进行信息传播的媒介。

  A. 音频　　　　B. 视频　　　　C. 数字技术　　　D. 通信

13. 计算机阅读和移动阅读都是（　　）阅读模式，这和图书的静态阅读模式完全不同。

  A. 交互式阅读模式　　　　　　B. 沉浸式阅读模式

  C. 非可视性阅读　　　　　　　D. 体验式阅读

14. 互联网上的一个新词"头部内容"指的是什么？

  A. 脑子里第一个蹦出来的内容

  B. 主流移动 APP 上抢占头条的内容

  C. 领导想出来的内容

  D. 和头部相关的内容

15. 今天的互联网越来越强化（　　）的连接？

  A. 人和人直接的　　　　　　　B. 人和组织的

  C. 任何社会的　　　　　　　　D. 人和网络的

16. 第一代新媒体是什么？

  A. 微博　　　　B. 微信　　　　C. 博客　　　　D. 门户网站

17. "中国互联网第一人"是谁？

  A. 胡启恒　　　B. 马云　　　　C. 钱天白　　　D. 张树新

18. 中国第一封电子邮件的内容是什么？

  A. 打开国门，走向世界　　　　B. 穿越长城，放眼未来

  C. 穿越长城，走向世界　　　　D. 打开国门，放眼世界

19. 邮件营销的好处有：

  A. 推广周期短，营销见效快

  B. 用户查看不受时空限制，转发传播快

  C. 通过发送给事先经过许可的有需求的目标用户，针对性强

  D. 以上答案都是

20. 知乎是什么性质的网络平台？

  A. 网络问答社区　　　　　　　B. 考试学习社区

C. 婚恋交友社区　　　　　　D. 母婴社区

21. 博客（Blog）来源于 Weblog。Weblog 指（　　　）？

　　A. 在线日记　　B. 广告推广　　C. 视频网站　　D. 网络日志

22. 微博平台发布的字数上限是多少？

　　A. 120　　　　B. 150　　　　C. 140　　　　D. 100

23. 微博营销的工作内容：

　　A. 在博客门户或频道中做广告　　B. 请优质博主发表专业文章

　　C. 打造博客团队、监测博客网站　　D. 以上答案都是

24. 微信是哪家公司推出的：

　　A. 新浪　　　　B. 腾讯　　　　C. 微软　　　　D. 谷歌

25. 微信营销模式有：

　　A. 公众号营销　　　　　　B. 朋友圈营销

　　C. 微店营销　　　　　　　D. 以上答案都有

26. 直播的特点：

　　A. 真实性强　　　　　　　B. 体验最直接

　　C. 极强互动性　　　　　　D. 以上答案都有

27. 社群的5个构成要素有：结构、输出、运营、复制和（　　　）？

　　A. 同好　　　　B. 同乡　　　　C. 同校　　　　D. 同小区

28. 社群的5个构成要素中"结构"是指？

　　A. 群主、活跃成员、潜水成员

　　B. 组织成员、交流平台、加入原则和管理规范

　　C. 群主、管理员、讲师、学员

　　D. 以上答案都是

29. 社群的5个构成要素中"复制"，它决定了社群的（　　　）？

　　A. 价值　　　　B. 规模　　　　C. 寿命　　　　D. 存活

30. 社群的5个构成要素中"输出"，它决定了社群的（　　　）？

　　A. 价值　　　　B. 规模　　　　C. 寿命　　　　D. 存活

31. 直播的六大思维包括：移动思维、营销思维、粉丝思维、场景思维、

体验思维和（　　）。

A. 逻辑思维　　B. 形象思维　　C. 交互思维　　D. 空间思维

32. 微博作为新媒体的代表，其传播主题具有：平民化、（　　）的特点。

A. 个性化　　B. 普遍化　　C. 专业化　　D. 情绪化

33. 微博的营销价值可分为以下四点来实现：品牌传播、客户关系管理、市场调查与产品开发推广、（　　）。

A. 产品开发　　　　　　　B. 引导关注和购买

C. 整合渠道　　　　　　　D. 危机公关

34. 企业微博运营准备有：是否适合微博运营、找准微博运营目标以及（　　）。

A. 提升品牌知名度　　　　B. 促进销售

C. 市场调研　　　　　　　D. 成立微博运营团队

35. 微博头条文章封面图尺寸要求为（　　）像素，信息安全区尺寸为（　　）像素。

A. 1000×400, 1000×562　　B. 900×500, 900×400

C. 1000×562, 1000×400　　D. 900×400, 900×500

36. 下列哪种方式不属于头条号封面图选取模式？

A. 自动　　B. 单图模式　　C. 三图模式　　D. 多图模式

37. 下列对 icon 图标的描述不正确的是：

A. icon 不仅仅是一种图形，更是一种标识，具有高度浓缩并快捷传达信息、便于记忆的特性。

B. icon 图标能够最大限度地取代语音信息，满足视觉化设计需求。

C. icon 图标的使用可使长图的逻辑线更加清晰。

D. icon 是 Icon file 的缩写，是 Windows 的图标文件格式的一种。

38. GIF 图的缺点是：

A. 优秀的压缩算法使其在一定程度上保证了图像质量，同时将体积变得更小。

B. 可插入多帧，从而实现动画效果。

C. 可设置透明色，以产生对象浮现于背景之上的效果。

D. 由于采用了8位压缩，最多只能处理256种颜色，不宜应用于真彩色图片。

39. 以下哪些工具可以裁剪图片尺寸？

  A. QQ截图、PPT裁剪 B. Photoshop

  C. 美图秀秀 D. 以上都可以

40. 开头抛出观点，正文讲故事、解观点，收尾观点强调与升华，这种文案结构属于何种形式？

  A. 瀑布式 B. 沙漏式 C. 盘点式 D. 并列式

二、多选题（每题2分，共40分）

41. 品牌文案主要有以下三个特点（ ）。

  A. 有调性 B. 重感情 C. 利传播 D. 有文采

42. 新媒体环境下，怎样的广告语才更容易被传播呢？以下两个标准可以参考（ ）。

  A. 语言风格应简洁有力口语化 B. 具有行动力号召力

  C. 文采华丽有专业水平 D. 内容深刻有思想高度

43. 要做的品牌具有高识别度，一般可以用以下几个方法：（ ）。

  A. 一看就懂：运用已知符号

  B. 脱口而出：品牌话语口语化

  C. 非凡内涵：品牌价值融入

  D. 常被提起：品牌联想场景化诱因

44. 一般而言，新媒体文案的开头有以下几种设计方式：（ ）。

  A. 故事型 B. 图片型 C. 简洁型

  D. 思考型 E. 金句型

45. 新媒体文案标题拟定，可以从以下哪几个维度思考？（ ）

  A. 吸引力 B. 引导力 C. 表达力 D. 行动力

46. 《消费者行为学》研究者发现以下哪几种主要的价值观驱使消费者进行

品牌选择？（　　）

　　A. 自由　　　　B. 归属　　　　C. 优秀　　　　D. 联系

47. 对竞争对手的分析有很多分析方法，通常使用的有 SWOT 分析法，SWOT 是指（　　）。

　　A. S（Strengths）是优势　　　　B. W（Weaknesses）是劣势

　　C. O（Opportunities）是机会　　D. T（Team）是团队

　　E. T（Threats）是威胁。

48. 新媒体音频和视频的作用主要有以下三个方面：（　　）

　　A. 解释内容　　B. 加强内容　　C. 补充内容　　D. 替代内容

49. 引发 H5 传播的心理因素主要包括以下几个方面：（　　）

　　A. 好奇心　　　B. 认同感　　　C. 攀比心理　　D. 炫耀心理

50. 新媒体运营常用的 H5 具有以下特点：（　　）

　　A. 无须下载安装，即点即玩；

　　B. 不受平台限制；

　　C. 对影音、图像、交互动画等高度支持

　　D. 完全免费

51. 在微信公众平台添加视频有以下要求：（　　）

　　A. 视频可以自行上传

　　B. 视频文件大小不能超过 20MB

　　C. 视频时长不能超过 10 小时

　　D. 可以复制视频网址进行添加

　　E. 目前仅允许添加腾讯视频的链接

　　F. 允许添加所有网络资源视频链接

52. 一般而言，文字排版有以下几项原则：（　　）

　　A. 熟悉基础排版　　　　　　B. 适当优化排版

　　C. 避免过度排版　　　　　　D. 天马行空排版

53. 微博头条文章对封面图有以下几个要求：（　　）

　　A. 尺寸要求为 1000 像素 ×562 像素

B. 信息安全区尺寸为 1000×400 像素

C. 封面格式为 JPG\PNG\GIF

D. 封面图大小不超过 5MB

54. 社群运营实现商业变现一般有以下几种模式：（　　）

A. 自建社群模式　　　　　　B. 承包社群模式

C. 打入社群模式。　　　　　D. 出卖社群模式

55. 保持社群的活跃度，可以通过以下方法来完成：（　　）

A. 群分享、群讨论　　　　　B. 设置社群打卡

C. 社群福利分发　　　　　　D. 制作并使用社群表情包

E. 建立强关系　　　　　　　F. 线下交流

56. 微博通过外部导流快速增粉的方法有以下几种：（　　）

A. 视频直播　　B. 问答平台　　C. 媒体网站　　D. 视频平台

E. 通过博客、出版读物、口碑、搜索等其他增粉方式

57. 对于微博，以下说法正确的是：（　　）

A. 文字微博可以配图，配图包括单图、多图、拼图三种形式

B. 多图和拼图，都不可以超过 9 张

C. 微博只能发 140 字和图片

D. 可以发超过 140 字长度的微博，超过 140 字的部分会折叠起来，点击"展开全文"就会全部显示

58. 开通微博会员后，分别会获得以下会员特权：（　　）

A. 装扮特权　　B. 身份特权　　C. 功能特权

D. 手机特权　　E. 优先付费特权

59. 对于企业和个人微博运营的营销价值可分为以下几点：（　　）

A. 品牌传播　　　　　　　　B. 客户关系管理

C. 市场调查与产品推广　　　D. 危机公关

60. 一般认为，微博与微信的有以下区别（　　）

A. 微博是社交化媒体平台；微信是社会化沟通平台

B. 微博为单项传播；微信是多维双向关系，强调互动

C. 微博注重时效性和随意性；微信注重交流性和分享性

D. 微博中老年人使用多；微信年轻人使用多

E. 微信的朋友圈评论陌生人不可以查看；微博的评论谁都可以查看

三、判断题（每题 1 分，共 20 分）

61. 可认证的微信公众账号认证无需费用。

62. 图文类群发，标题字数限制是 64 字。

63. 图文类素材封面图，微信后台规定头图比例是 900×500。

64. 新媒体概念最早是 1967 年提出的。

65. 注意力经济时代下，人类信息阅读的大趋势是阅读屏幕越来越小，阅读时间越来越长。

66. 今天的互联网越来越强化的是人与互联网的链接。

67. 中国人在互联网上的第一步是成功发了一封电子邮件。

68. 中国发出的第一封电子邮件是 1973 年。

69. 知乎成立于 2010 年。

70. 博客（Blog）来源于 Weblog。Weblog 指网络日志。

71. 果壳网旗下"在行"在微信公众账号上上线了一款付费语音问答服务是知乎平台。

72. 社群的 5 个构成要素有：结构、输出、运营、复制和同好。

73. 2015 年被认为是"中国直播元年"。

74. 微博类的鼻祖是 blog。

75. 图文信息中，每篇图文消息可添加音频数量无上限。

76. 微信公众平台分为订阅号、服务号和企业号。

77. 微信服务号每天可以群发一条信息。

78. 微信公众号的密码每天只能修改一次。

79. 一个身份 id 可以拥有五个微信公众账号。

80. 用户对公众号发送的文字消息，系统会保留 5 天。

新媒体运营师认证考核模拟题（一）参考答案

一、单选题

1-5：BCCBA　　6-10:BCACD　　11-15:ADDAD　　16-20:DBBBD

21-25:DCADD　　26-30:DCDBB　　31-35:ABACA　　36-40:BDBAC

二、多选题

41. AB

42. AB

43. ABCE

44. ABCD

45. ABCDE

46. ABCDE

47. ACD

48. ABCDE

49. ABC

50. ABCD

51. ABC

52. ABCD

53. ABCD

54. ABCDE

55. BCD

56. ABCDE

57. ABC

58. ABC

59. ABC

60. AB

三、判断题

61–65: × × × × ×　　66–70: √ × × × ×　　71–75: × √ √ × √

76–80: √ × √ √ ×

新媒体运营师认证考核模拟题（二）参考答案

一、单选题

1-5：ADDBB　　6-10:CDACB　　11-15:CCABA　　16-20:DCCDA

21-25:DCDBD　　26-30:DABBA　　31-35:CADDC　　36-40:DBDDB

二、多选题

41. ABC

42. AB

43. ABCD

44. ABCDE

45. ABC

46. ABCD

47. ABCE

48. ABC

49. ABCD

50. ABC

51. ABCDE

52. ABC

53. ABCD

54. ABC

55. ABCDEF

56. ABCDE

57. ABD

58. ABCD

59. ABCD

60. ABCE

三、判断题

61–65: × √ √ √ ×   66–70: × √ × √ √   71–75: × √ × × ×
76–80: √ × × √ √

参考资料

[1] 秋叶.和秋叶一起学——互联网+新媒体营销规划丛书[M].北京：人民邮电出版社，2017.4.

[2] 仇勇.新媒体革命：在线时代的媒体、公关与传播[M].北京：电子工业出版社，2015.12.

[3] 朱家安.文案觉醒：激活新媒体人内容创作的本能[M].北京：机械工业出版社，2017.2.

[4] 舒扬.共鸣：内容运营方法论[M].北京：机械工业出版社，2017.5.

[5] ［美］加里·维纳查克著，张树燕译.新媒体营销圣经：引诱，引诱，引诱，出击[M].北京：北京联合出版公司，2016.6.

[6] ［美］斯蒂芬·甘布尔 著，邱墨楠 译.视觉内容营销[M].北京：中信出版社，2017.5.

[7] ［日］加藤公一莱奥著，马云雷、杜君林译.精准推送：新媒体时代的营销活动守则[M].北京：北京联合出版公司，2018.1.

[8] 金错刀.爆品战略：39个超级爆品案例的故事、逻辑与方法[M].北京：北京联合出版公司，2016.7.

[9] 叶茂中.冲突[M].北京：机械工业出版社，2017.8.

[10] 袁国宝，谢利明.网红经济[M].北京：企业管理出版社，2016.5.

[11] 马楠.尖叫感：互联网文案创意思维与写作技巧[M].北京：北京理工大学出版社，2016.7.

[12] 苏杭.H5+移动营销设计宝典[M].北京：清华大学出版社，2017.6.

[13] 张天一.伏牛传：一个社群品牌的内部运营笔记[M].北京：机械工业出版社，2016.5.

[14] 黎万强，周鸿祎.参与感：小米口碑营销内部手册[M].北京：中信出版社，2014.8.

[15] 张亮.从零开始做运营[M].北京：中信出版社，2016.3.

[16] 王付刚.移动互联网新思维[M].北京：清华大学出版社，2016.6.

BMT新媒体运营学院讲师团

BMT新媒体运营学院
高级顾问·张文强
曾任搜狐集团培训负责人

- 博冠财富联合创始人
- 搜狐《职场一言堂》《商界非常道》总策划和主持人
- 搜狐搜狗搜索，全国业务渠道培训负责人
- 北京燕园智游科技有限公司联合创始人
- PPT国际商务应用大赛组委会 副秘书长
- 《名师在线》栏目总策划、主持人

BMT新媒体运营学院
高级讲师·郑宗滨
搜狐《职场一言堂》特聘讲师

- 博冠财富联合创始人
- IPPTA（国际演讲演示能力协会）中国区副秘书长
- 《商界非常道》栏目高级策划
- 搜狐《职场一言堂》特聘讲师
- 燕园财税商学院特聘讲师
- 北京燕园智游科技有限公司联合创始人
- NEWMEDIA新媒体联盟成员、新媒体运营研究员

BMT新媒体运营学院
教练导师·杨连合
淘宝大学千人讲师总教官

- 筑人教育总经理
- 互联网研究院资深研究员
- 曾任新浪、搜狐、阿里等互联网企业培训总监
- 清华、北大等高校EMBA客座讲师
- 网商教育研究院执行院长

BMT新媒体运营学院
教练导师·申源
搜狐网评选的中国十大金牌讲师

- 英国剑桥访问学者
- 教练型学习组织联盟主席
- CCTV-12《心理访谈》特邀嘉宾
- 山东教育卫视《名家论坛》特邀主讲人
- 湖南卫视《零点锋云》特邀嘉宾
- 北京德融达教育机构创办人

BMT新媒体运营学院
高级讲师·石雨彤
BMT新媒体学院联合创始人

- 传媒大学播音主持系毕业
- 北京半壶仙儿茶文化发起人之一
- CFO书院创始人
- 北京三愚文化传媒有限公司联合创始人
- 燕园智游特聘专家讲师
- 《商界非常道》栏目特邀嘉宾

BMT新媒体运营学院
高级讲师·程方亮
《商界非常道》栏目特邀嘉宾

- RTC人力资源量化管理分析师
- RTC个人天赋特质管理解读师
- 《BMT（商业媒体脱口秀）》新媒体运营特约讲师
- 和君商学TTT训练营特约讲师
- 北京电视台特约主持人、嘉宾

BMT新媒体运营学院
高级讲师·王跃静
微医集团高级项目经理

- 曾任搜狐集团博客编辑
- 搜狐健康频道编辑
- 新浪市场部地方站全国业务渠道健康运营负责人
- 新浪微博健康垂直领域负责人
- 创业公司DOCTORPLUS运营总监
- 《搜狐职业发展规划ABC》讲师

BMT新媒体运营学院
高级讲师·王瑛
乐视生态营销中心商务拓展专家

- 2006年至今，服务于乐视、搜狐、中央数字电视青年学苑频道等知名机构
- 十余年新媒体从业经历，擅长互联网商业模式设计及大客户营销

BMT新媒体运营学院讲师团

ⓑⓜⓣ新媒体运营学院
高级讲师·班魁
给道科技有限公司创始人兼CEO

- 中国传媒大学商学院硕士毕业
- 2002年开始在北京从事互联网至今已有十五年
- 先后在DONEWS、鞭牛士、艾瑞、赛迪、比特、易观国际、今日头条、百度百家等网络媒体开设专栏
- 曾接受《中国经济时报》、新浪、腾讯等多家媒体采访

ⓑⓜⓣ新媒体运营学院
高级讲师·王昆
新浪微博营销顾问

- 清华大学、北京大学、厦门大学、上海交通大学、中国传媒大学新媒体营销讲师连续三年被搜狐网评为十佳讲师
- 北京高等珠宝研修学院（国检珠宝培训中心）互联网顾问
- 辅导众多企业新媒体营销落地，参与指导多个行业创新变革

ⓑⓜⓣ新媒体运营学院
高级讲师·高秋红
"爱上微课堂"创始人

- 国家注册企业培训师
- 培训课程开发与设计研究者
- 北京正向能量管理咨询有限公司CEO
- 中国企业培训师联会首席讲师
- 十年企业培训管理及授课经验
- 曾任大北农集团、克拉斯集团等内部讲师

ⓑⓜⓣ新媒体运营学院
高级讲师·罗高见
知行问道企业家私塾 创始人、院长

- 国家人力资源管理师，心理咨询师，
- 北京知行亿合管理咨询有限公司董事长
- 北京城市学院 特聘社会导师
- 中国中小企业人才发展专家组特聘专家
- 燕园智游特聘专家讲师，新媒体高级运营师
- 受聘于多家企业管理顾问

ⓑⓜⓣ新媒体运营学院
高级讲师·李明杰
互联网化转型升级操盘手

- 爱上微课堂合伙人
- 北京正向能量管理咨询公司总经理
- 北职协助孝行中华促进会副主任
- 多家管理培训、咨询机构特约培训师

ⓑⓜⓣ新媒体运营学院
高级讲师·李斌
北测云链创始人、中国区块链联盟理事

- 中国双创研究院主任研究员
- 原新晨科技金融贸易软件事业部总经理
- 近20年金融IT行业从业经验，主要负责金融及相关领域产品的研究与分析，涉及领域包括：资金系统、结算系统、现金管理、贸易金融、供应链金融等

ⓑⓜⓣ新媒体运营学院
高级讲师·王付刚
搜狐网络编辑与网络舆情资深专家

- 首都互联网行业自律专员
- 烟台大学研究生兼职导师
- 中国经济报刊协会新媒体委员会副秘书长
- 移动互联网商业文明发起人
- 搜狐网络编辑委员会的主要成员，曾主编《网编修炼》一书，并陆续出版《10招炼就金牌网编》

ⓑⓜⓣ新媒体运营学院
高级讲师·詹泳鸿
搜狐新闻中心资深主编、副总编辑

- 中国网络编辑职业筹办人
- 网络编辑国家标准制定人
- 全国人力资源和社会保障部网络编辑职业鉴定专家
- 曾任联想门户网站FM365，任新闻中心主编
- 曾任门户网站TOM在线，任新闻中心主编
- 任雅昌艺术网总编兼雅昌艺术市场研究中心总监